实用工商管理专业规划教材

市场营销理论与实务

马进军 主编

上海大学出版社

图书在版编目(CIP)数据

市场营销理论与实务 / 马进军主编. —上海：上海大学出版社，2014.8（2022.9重印）
ISBN 978-7-5671-1382-4

Ⅰ.①市… Ⅱ.①马… Ⅲ.①市场营销学
Ⅳ.①F713.50

中国版本图书馆 CIP 数据核字 (2014) 第 163307 号

责任编辑　钟　瑾
封面设计　施羲雯
技术编辑　金　鑫　钱宇坤

市场营销理论与实务

马进军　主编
上海大学出版社出版发行
（上海市上大路99号　邮政编码 200444）
（https:// www.shupress.cn 发行热线 021-66135112）
出版人：戴骏豪

*

上海华业装潢印刷厂有限公司印刷　各地新华书店经销
开本 787×960　1/16　印张 16.75　字数 243 千字
2014年8月第1版　2022年9月第7次印刷
ISBN 978-7-5671-1382-4/F·137　定价：32.00元

实用工商管理专业规划教材
编委会

主任　唐　豪
编委　徐勇谋　林财兴　杨谊青
　　　严惠根　李怀勇　聂永有

序

　　高校的根本任务就是培养适应社会需要的各类人才，培养应用型人才是高等教育由精英教育向大众化教育转变的产物，是社会经济发展的要求。在发达国家，实施应用型教育的本科院校和就读的学生同样占有很大的比重。在一定意义上，成教学生也是应用型人才的重要组成部分。

　　2001年以后，我国高等教育事业迅速发展。全日制本科院校不断增多，应用型院校本、专科（高职）学生的规模明显扩大，民办高校如雨后春笋。随着经济社会的持续发展和城市综合环境的改变，招生与就业政策的调整，高校专业设置有了大幅度的调整，与全日制教育密切关联的成人教育也发生了一系列显著的变化，主要表现在以下几个方面：

　　第一，以就业为导向的入学专业的变化。在上海应用型高校招生中，外语、外贸、计算机等原先的热门专业趋于饱和，不再受青睐，会计、金融类专业则受制于师资能力而逐步萎缩，宽口径的工商管理成为诸多应用型院校招收经济管理类本、专科（高职）生主要的专业选择。

　　第二，应用型院校的生源结构发生巨大变化。由于高校的扩招，生源入学的门槛有所下降，学生的理论基础与以往的学生相比不够扎实，对专业研究的潜力和兴趣不大；但是这批90后的学生又不乏思想活跃、知识面宽、兴趣广泛和信息搜索能力强等特点。传统的高等院校的教育培养模式已不再适合这样一批特点鲜明的学生了。

　　第三，招生培养方案和教学计划的改革。目前就读于经济管理类尤其是工商管理专业的成教学生，大多数就职于中小企业，在最基层的岗位工作；他们工作压力大，加班加点多；非本地户籍的外来务工青年的比例逐步上升，而他们大都在远离市中心的郊区上班，在学习中的工学矛盾比较大。在这种情况下，按以往的招生培养方案和教学计划实施教育管理，难以保证学生顺利地完成学业，更不能保证教学质量。

这是摆在诸多应用型院校和高校成人教育组织机构面前的现实问题。为此，应用型院校的教育（包括成人教育）必须进行改革和调整。在实践中我们认识到，现有工商管理专业采用的教材大多数是针对传统院校本科编写的，篇章较多，内容深奥，不利于学生的全面理解，反而会影响学生阅读和学习的兴趣。

为了配合高校专业调整和成人教育管理的改革，我们萌发了重新编写一套适应应用型院校与成教学生特点的专业教材的想法。编写的要求可概括为三点：一是压缩教材内容，强调各课程最基本和最实用的章节；二是强调知其然，有关知其所以然的内容，通过参考书刊导读的方式让有兴趣的同学知晓；三是保留必要的案例内容，通过网络导航和其他书刊的介绍帮助同学获取更多的案例信息。

在教材内容调整后，我们要求任课教师突出重点，改善与完善教学方法，鼓励教师积极探索，及时总结，相互交流，进而提高课程的教学质量。

限于编委会的水平以及各位作者对此问题的认识，本套教材肯定存在种种不足，欢迎大家批评指正。作为一种尝试，我们更期待来自应用型高校学生以及成教学生的积极反馈。

编委会　唐豪
2013年12月

前 言

市场营销学是一门科学性和艺术性兼备的应用型学科，是建立在经济科学、行为科学及现代管理理论基础之上的综合性应用科学，研究以满足消费者需求为中心的企业市场营销活动及其规律性。它是管理类各专业的必修课，同时也是人文、哲学、社会科学等专业的重要课程。市场营销学20世纪初产生于美国，20世纪50年代以后才形成现代意义上的市场营销学。中国真正引入该课程是在改革开放之后，三十多年来，市场营销理论在中国的传播、研究和应用取得了长足发展。实践的呼唤，理论的探索，改革的推进，经济的发展，社会主义市场经济体制的确立及当前全面深化改革的迫切要求，都为市场营销学在中国的研究和应用创造了极为有利的条件。目前，全国几乎所有的综合性大学及财经院校皆开设了"市场营销学"课程，足以说明其影响力十分广泛。今后，中国还应结合自身的基本国情，积极探索和创新适合市场环境的营销理论，不断推动市场营销学的发展。

本教材在体系结构上沿用了市场营销学的核心框架，遵循前沿性、系统性与应用性的原则，同时着力强调其本土化特色，特别是站在我国中小企业发展的视角对市场营销理论进行深刻解读，从中找寻理论应用及创新的土壤。本教材的编撰立足于成人教育培养目标和特点，尤其注重学生实际能力的培养。在每一章的开头确定学习目标，以核心概念为学习重点，并以小结和思考题（含案例分析）作为检测点，激发学生对各章内容的阅读兴趣，加深对营销理论的理解和运用。本教材在内容上力争贴近现实的经济生活，理论联系实际，对市场营销理论和实践中出现的新情况、新问题进行认真探索，突出实用性、操作性和应用性。

  本教材的适用对象主要是成人高等院校管理学科类学生。在撰写期间，上海大学副校长、博士生导师唐豪教授，从提纲到内容都提出了指导性意见，并对教材的尝试性变革提出了宝贵建议。与此同时，本教材还得到了上海大学出版社的鼎力支持，尤其是彭俊、钟瑾、石伟丽编辑的热情指导。编写人员在各方帮助和指点下，对教材的整体框架与内容进行了多次讨论与修改，编写分工为：马进军负责第四、五、六、七、八、九章写作；章宇虹负责第一、十章写作；吴颖负责第二、三章写作。马进军承担了本书的组织工作并对全书进行总纂统稿。编写期间，研究生刘京、韦智文、刁雅楠参与了资料收集与整理工作。

  本教材的编写参阅了国内外大量的文献资料。我和诸位同仁在此谨向作者和资料提供者表示衷心感谢。限于编者学识，其中难免有欠妥之处，祈请国内外专家学者、读者不吝赐教。

马进军

2014年6月于上海大学

目录

第一章　绪论
第一节　营销的核心问题　　/ 1
第二节　营销学的概念体系及其发展　　/ 7

第二章　消费需求
第一节　消费需求的产生　　/ 16
第二节　消费需求的特性　　/ 21
第三节　需求调研　　/ 23

第三章　市场营销环境
第一节　营销环境分析的意义　　/ 29
第二节　宏观营销环境　　/ 34
第三节　微观营销环境　　/ 50

第四章　购买行为分析
第一节　消费者购买行为模式　　/ 58
第二节　影响消费者购买行为的因素　　/ 61
第三节　消费者购买决策过程　　/ 71
第四节　组织市场购买行为分析　　/ 76

第五章　目标营销战略
第一节　市场细分　　/ 87
第二节　目标市场选择　　/ 98
第三节　市场定位　　/ 105
第四节　营销战略的制定和实施　　/ 108

第六章 产品策略
- 第一节 产品概述 /116
- 第二节 产品组合策略 /122
- 第三节 产品生命周期策略 /127
- 第四节 新产品开发策略 /136

第七章 价格策略
- 第一节 影响定价的因素 /147
- 第二节 主要定价方法 /158
- 第三节 价格调整策略 /164

第八章 渠道策略
- 第一节 分销渠道 /173
- 第二节 分销渠道成员 /182
- 第三节 渠道设计与管理策略 /191

第九章 促销组合策略
- 第一节 沟通和促销组合 /207
- 第二节 人员推销 /214
- 第三节 广告 /218
- 第四节 促销组合的其他构成因素 /222

第十章 网络营销
- 第一节 网络营销概述 /234
- 第二节 网络营销模式及策略 /239

第一章 绪 论

本章学习目标

1. 了解：营销学的形成、营销理论的形成、营销理论的发展和变革；
2. 熟悉：生产观念、产品观念、推销观念、市场营销观念、社会营销观念、关系营销观念、知识营销；
3. 掌握：企业营销的核心问题、顾客满意度的衡量、营销学的核心概念体系。

本章核心概念

需要 欲望 需求 产品 效用 价值 交换 交易 市场 市场营销 社会营销 关系营销 知识营销 顾客满意度

第一节 营销的核心问题

企业营销的核心问题是什么？是营销战略还是营销策略？其实，企业的营销战略和策略只是企业营销的规划和方法，如果这些规划和方法不是建立在以营销为出发点和目标的基础上，那么企业的营销结果就如同空中楼阁，终将倒塌。

一、企业营销的核心

小张从偏远地区到大城市谋生，学历不高又没特长，要得到一份体面的工作可能性微乎其微。于是，小张开动脑筋要为自己的生活找一条出路。他走过了一条又一条街道，一个又一个居民小区，看着别的小商贩早出晚归，于是得到了启发：凭着自己还算聪明的头脑和能吃苦的精神一定能找到一份合适的生意。那么，小张要做什么生意呢？他能做什么呢？在接下来的几个星期里，小张把目标定为居民小区的生意，他在某居民小区门口发现一个允许卖早点的摊位，做起了摊煎饼的生意。这是他在老家再熟悉不过的事情，不需要很高的技术，也不需要很多的资金。一年后，小张用卖煎饼赚的钱承租了附近的小店面，开起了正规的点心店。几年后，小张扩大了门面，升格为小饭店老板。至此，他终于在大城市过上了稳定的生活。

这里所说的小张，虽然不懂什么是市场营销，但懂得要使自己的生意能够做起来，就要有人买他的东西，就要了解自己的销售对象是谁，他们喜欢什么样的东西，这样才能制造出他们要买的东西。这其实就是营销的基本问题，也是营销学研究的核心问题。

企业的营销活动不仅是要把东西卖出去，而且要把东西卖得更多，卖得更快，让顾客更满意。这样，企业才会有更多的顾客，进而才会有更多的盈利，企业的品牌才会更加深入人心。从理论上讲，无论哪一层次的营销活动都要以消费者为中心，以消费者的需求为中心。

如果撇开以消费者为中心这一前提，那么美国西北大学教授菲利普·考特勒（Philip Kotler）在其专著《营销管理》中提出的："营销是个人和集体通过创造，提供出售，并用它自由地交换产品和服务的价值，以获得其所需所想之物的一种社会活动过程"这一概念也显得缺乏了一定的前提条件。

然而，不是所有的营销人员或企业都明确这一营销的核心问题，因为它们持有不同的理念或处于不同的环境之中。

二、企业的营销观念

处于不同生产水平或不同制度下的企业，其经营活动的指导思想不尽相同。即便持有相同的指导思想，企业的营销行为也有所不同。企业的营销理念在指导企业市场活动中经历过四个阶段：

第一章 绪论

（一）企业导向阶段

1. 生产观念

生产观念是一种传统的经营理念，是在供给相对不足、卖方竞争有限的前提下存在的生产经营理念。生产观念的核心是企业，是生产者。

生产观念认为，消费者喜爱那些随处可得、价格低廉的产品，管理者应致力于获得高生产效率和广泛的分销覆盖面。另外，许多小企业不具备顺应市场消费需求变化趋势的能力，希望通过改良产品来改善营销效果，通过扩大生产和销售规模来降低成本和售价。在近现代工业发展历程中，不少持有生产观念的企业获得过成功，但在市场供求状况发生变化的当今社会，如果一味固守这种观念，则可能使企业走向衰亡。

2. 产品观念

产品观念下的市场主体也是企业。

产品观念认为，消费者喜爱高品质、多功能并具有特色的产品，企业应致力于生产这样的产品并不断进行产品改进和升级。许多企业在产品开发中，沉迷于产品本身，而忽视了顾客因素对产品设计的介入，忽视了市场需求趋势的变化，忽视了替代品的竞争和对顾客的吸引，常常引发"营销近视症"。

3. 推销观念

推销观念的市场主体还是企业。

推销观念认为，在产品丰富的前提下，消费者不会主动购买某企业的某一产品，该企业需要主动积极地向顾客推销该产品。大多数企业在产品过剩时，常常奉行推销观念。这种观念只注重近期目标，而缺乏长期目标设定；只是销售本企业能够生产的东西，而不是销售能够出售的东西。在产品过剩初期，推销观念普遍存在于企业的市场活动过程中。

（二）市场导向阶段

1. 市场营销观念

市场营销观念的出现是对上述企业导向的挑战，是一种新的企业市场活动的指导思想。它从明确的市场出发，协调影响顾客的活动，以顾客的满足来实现企业的盈利。

市场营销观念认为，实现企业的市场活动的目标在于准确定位目标市场的欲望，并且比竞争对手更有效、更迅速地传输与市场的期望相适应的企业产品。营销观念基于四个基本因素：目标市场、顾客需要、整合能力和盈利能力。

2. 社会营销观念

社会营销观念出现在20世纪70年代中期，面对环境恶化、资源短缺、人口爆炸、世界性贫困等问题，企业的市场活动不仅要满足消费要求，还要考虑社会发展的需要。

社会营销观念认为，企业在营销观念的基础上，有责任和义务保护并提高整体消费者和社会的长期利益。

社会营销观念要求企业在营销活动中考虑社会伦理道德问题。一个企业在其市场活动中既要满足市场的需求，又要自觉受到伦理的约束，这对其经营管理者的素养提出了很高要求。但是如果一个企业囿于市场需求的满足而轻视伦理道德的社会广泛性，最终定会被社会抛弃。

（三）顾客导向阶段

这里所提出的顾客导向阶段，是建立在现代经济社会的特征"以人为本"的市场活动基础上的，其载体是关系营销观念。

关系营销观念认为，在市场的基本活动中，存在着两大主体的各自的市场行为，强调并追求它们的和谐与平衡成为迄今为止的营销理念的主流。

关系营销的核心是"和谐与平衡"，其中"和谐"是氛围，"平衡"是结果，包括了人与人之间、人与自然之间、人与社会之间、人与企业之间的和谐与平衡。

（四）知识导向阶段

21世纪的人类社会，开始迈入知识经济社会形态。人工智能产品支持下的数字化和网络化将全球经济推入一体化的进程，这一过程的显著特点表现在经济社会的发展不再简单依靠萨伊（Jean Baptiste Say）的"三要素"，知识的投入也不仅简单地作为一种生产要素，而是作为一种经济增长的基本的综合要素。作为市场竞争力的本源，知识在社会经济中的地位产生了质的变化，并且带来了社会文化、人力资源、生活方式等与以往社会形态不同的一系列变化：信息沟通以"人机对话"为主要交流方式；大部分专业知识迅速为普通人所掌握；知识作为社会的基本力量，更强调其用于创造的能力；知识成为"创造财富的新体系"。

当社会进步到更为高级的知识经济社会形态时，营销思想的特征是什么？

第一章 绪 论

我们认为，此时企业营销思想的核心在于更突出知识的重要性和实践性，在这样的社会里，谁掌握了更多更新的知识，谁就拥有未来的市场。整个经济社会将围绕知识占有率展开更高层面的竞争，"知识导向"的时代已经到来。

知识营销认为，以文化为基础，通过知识的创造、组合、传播、提供和使用，提升社会和顾客满意程度的企业市场活动是知识经济前提下的企业营销思想特征。

知识营销本身具有一些特殊的要素：① 创新；② 共同性市场；③ 文化的消费；④ 新的价值观与评价体系；⑤ 有效率的沟通。

三、判断企业营销结果的标准

如果说企业的营销是为了满足顾客的需求，那么顾客购买行为产生则是希望得到满意——一种需求利益的满足感。只有满意，才会使顾客购买到的需求利益达到最大。这种满意不仅仅体现在对一件产品、一项服务、一种思想、一次机会之上，还体现为对一个体系的满意。

明确营销实质的意义在于：从营销的起点到终点的全程分析，顾客对企业的市场行为是否满意，不仅决定了顾客是否再次光顾或发展其他潜在顾客，是否会成为企业固定消费群的一员，是否会忠诚地持续购买企业的产品，从而影响企业的利益，更是检验企业是否将营销落实在根本上的唯一标准。

（一）顾客满意度的衡量

顾客的满意，不仅表现为经济性，在一个产品较为丰富、人们生活水平较高的市场中，还同时表现为社会性和精神性的满意。因此，顾客的满意是多方面、多层次的，但不论从哪一方面归纳，顾客的满意度均可表示为顾客购买的总价值与购买的总成本之比，即：

顾客满意度=顾客购买的总价值/顾客购买的总成本

顾客满意的标准与其购买的价值成正比，而与购买的成本成反比。因此，向顾客提供最大的购买价值和最大限度地降低购买总成本就可以使顾客的满意度达到最大。只有这样，才能让企业的产品进入顾客的选择范围，才能在竞争中战胜显见的和潜在的竞争对手。

（1）顾客的总价值，是指顾客购买某一件产品或服务过程中得到的一组利益,可归纳为:产品价值、服务价值、员工价值和形象价值。

(2)顾客的总成本,是指顾客为了获取这一组利益不得不付出的货币成本、时间成本、精神成本和体力成本的组合。

由于顾客在参与市场时都希望把总成本降到最低,并从中得到最大化的总价值,因此,顾客在购买产品或服务时,只能从"价值"与"成本"两个方面进行比较分析,从中选择优先购买的产品或服务,所以,只有当"总价值"最高、"总成本"最低时,顾客才会是满意的。

(二)顾客让渡价值

与顾客满意度相关的顾客让渡价值,是顾客总价值与顾客总成本之差。即:

顾客让渡价值=顾客总价值-顾客总成本

=(形象价值+员工价值+服务价值+产品价值)

-(货币成本+时间成本+精力成本+体力成本)

当顾客让渡价值大于零时,顾客有可能产生购买行为;反之,当顾客让渡价值小于或等于零时,一般不会产生购买行为。顾客让渡价值越大,顾客购买产品的可能性就越大。

(三)提高顾客满意度的几个问题

得到较为理想的市场份额,立于不败的市场竞争地位,始终保持顾客的满意度,是企业营销行为的根本。具体来说,有以下几个问题必须引起注意:

(1)顾客购买的总价值和购买时支付的总成本,是一个相对指标,只有与顾客的行为比较才会产生实际的评价效果,由此可见,总价值和总成本是一对相互影响的比较因素。

(2)在不同的产品和环境下,不同顾客对购买的总价值或购买的总成本的要求与重视程度有差异,这有利于企业有针对性地采取增加总价值或降低总成本的措施。

(3)顾客购买的总价值提高或购买时支付的总成本降低往往伴随着企业的经营成本上升,因此,顾客总价值的提高或总成本的降低应该达到什么水平,要符合企业营销战略的规定,应该以企业潜在的利益和长期利益增长为控制原则。

(4)由于顾客的市场行为是一个系统,其购买的是一个整体消费体系,因此,顾客的满意也是一个系统,顾客的总价值或总成本中的任何一种因素的变化都会影响顾客的满意程度。

（5）顾客的市场行为是与商品价格相联系的，只有当顾客愿意支付商品的价格时，才表明顾客对商品是满意的，所以，价格是衡量顾客满意与否的标尺，企业可以科学地、艺术地利用价格因素使顾客的满意度达到更高。

第二节 营销学的概念体系及其发展

营销学作为研究企业营销活动的应用性学科，诞生至今已近80年。早在20世纪20年代末，该理论即已初具雏形。其概念体系首先涉及营销的核心问题。

一、营销学的概念体系

（一）需要、欲望和需求

人类的各种需要、欲望和需求是营销活动存在的基点。正因为如此，对它们进行区分有助于我们进一步理解营销的内涵。

1. 需要

人们为了生存，需要吃、穿、住、行、用等，人格也要求获得尊重。而这些食品、衣服、住所、安全、归属并不是社会能完全创造和提供的，它只存在于人的生理要求及其所处于的条件之中。因此，人的需要是指产生于人的本能、不具有明确的标的并且没有得到基本满足的感受状态。

2. 欲望

当人处于某种环境之中，受到某些条件的刺激，就会产生某种主观上的要求，这种要求具备明确的标的。欲望就是指具体人对于具体可满足物的愿望和追求。值得注意的是，人的需要并不多，而他们的欲望却多得无法统计。一种欲望的基本实现预示着另一种欲望的产生，正因为如此，才有了社会经济的持续发展。

3. 需求

需求就是具体人解决问题的能力，即有货币支付能力且愿意购买具体产品和服务的欲望满足。

(二) 产品和效用

人们依靠产品或提供物来满足需要、欲望和需求。

一个产品或提供物由三个因素组成：创意、服务、实体。其中，创意提供给具体人购买和消费的概念；服务在于满足具体人的购买和消费的心理价值实现；而实体则是输送需要—欲望—需求实现的手段。例如：水是人体的组成部分——渴了想喝水——有钱去买水喝，于是水帮助实现了人的要求。

需要指出的是，如果企业仅仅关注产品而忽视服务，仅仅关心需求而忽视欲望，则患了"营销近视症"。

效用是指产品满足顾客要求的效率和效果，即有用性程度，可分为计数效用和序列效用。

(三) 价值

人们常说，在对具体人某一特定需求的满足过程中，价值的满足是该具体人选择的基础条件。那么什么是价值呢？价值是指消费者对产品满足自己特定需求的能力的评价，用古希腊思想家色诺芬（Xenophon）的话说，就是"一支笛子对于会吹它的人来说，是一支笛子，对于不会吹它的人而言，无异于一块石头"。因此，价值的衡量有成本和满意两个基本标准。

(四) 交换和交易

交换是市场参与者的一种行为过程，常被描述为一个价值的创造过程，即交换通常使双方得到交换前未能得到的价值，取得更好的境况。交换能否真正产生，取决于交换双方能否找到互相能够接受并愿意共同推动实现的交换条件。

交易是交换这一市场行为过程的基本单位，是由交换双方之间的价值所构成的，它可以是货币交易，也可以是实物交易等多种表现形式。

一次交易总是包括几个可以度量的实质内容，例如有价值的事物、共同认定的协议以及应建有的完善法律制度，否则交易就无法在一种合理和统一的规范活动中实现。

(五) 市场

传统观念认为，市场是指商品交换的场所或交换双方的关系集合。

营销学认为，市场是指由特定需要或欲望，以及愿意和能够通过交换满足这种需要或欲望的全部潜在的和实际的顾客所组成的经济事物。市场的大小取决

第一章 绪 论

于以特有资源换取特有需求的人数。

市场的结构可以表述为：人＋购买力＋购买意愿。

市场是一个历史悠久的商品经济产物，它的存在必须符合五个条件（见图1-1、图1-2）：

（1）至少存在着双方的交换者；
（2）每一方都具备有价值的交换客体；
（3）交换具有能够沟通信息和传递的通道；
（4）每一方都是在自由的状态下交换各自拥有的东西；
（5）每一方都认为进行的交易是满意的。

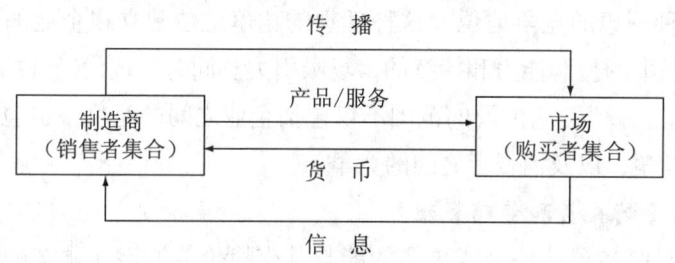

图1-1 简单的市场流程图

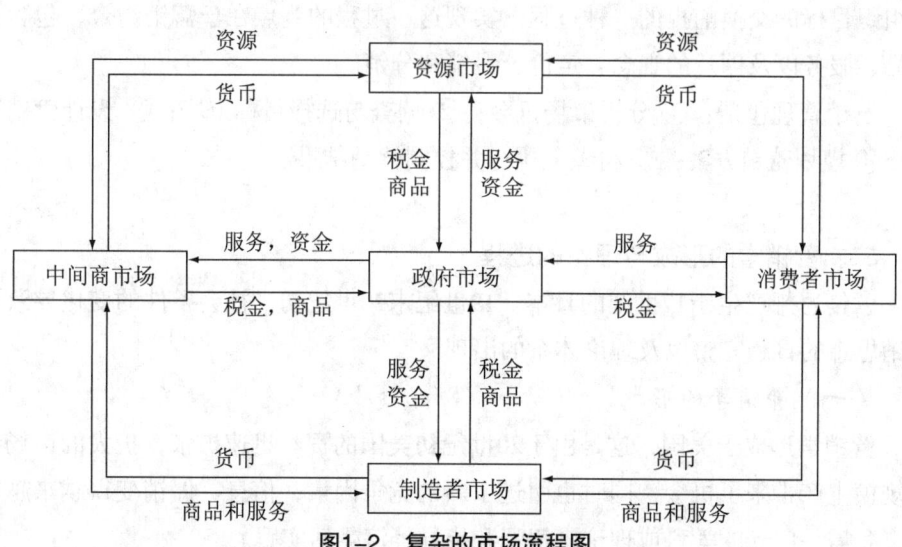

图1-2 复杂的市场流程图

（六）关系和网络

关系，本义是事物之间的连接情形，这里指企业的经营行为和顾客以及供应链的所有企业建立良好信赖的基础。当这种关系成为企业的一种资产或者必不可少的技能化营销工具时，称为营销网络。

关系和网络以关系营销为实现载体。关系营销的结果是与市场有关方建有稳定的纽带关系，减少了交易成本和时间成本，并且在最佳状况下可以按惯例进行交易。

（七）竞争

竞争是企业经营成败的关键因素，决定了对企业经营有所贡献的各种市场或非市场的活动是否适当，例如创新、文化。营销强调竞争在于帮助企业在市场上追求到一种理想的竞争地位，这种理想的竞争地位建立在企业的核心竞争力上——具有长期的盈利能力和持续的市场吸引力。同时，现代经济的发展表明，竞争应该是"双赢"，它涉及的范围不仅包括企业之间的竞争，也包括企业与消费者之间的竞争，以及消费者之间的竞争。

（八）营销人员和营销管理

营销人员是指寻找一个或更多的能与其交换价值的潜在顾客的人。营销人员需要在一定的制度下进行工作和发挥技巧。因此，营销管理是创造能符合个人和组织目标的交换前提的一种过程。实现这一过程的基点在于营销组合，包含了商品、服务以及创意的观念、定价、促销和分销。

营销管理包括：①分析市场机会；②调查与选择目标市场；③设计营销策略；④规划营销方案；⑤组织、执行并控制营销结果。

二、营销学的形成与理论的进程

营销思想产生于17世纪的日本。19世纪末20世纪初，社会条件的变化导致了营销思想的日趋完整以及理论体系的出现。

（一）营销学的形成

营销学形成于美国，这是由于20世纪初美国的资本迅速扩张，扩大的市场给大规模生产带来了机会，同时也引进了新的竞争因素，信息、促销变得越来越重要，急需一门新的学科或理论来解释和指导经济生活实践。

第一章 绪 论

1910年，美国威斯康星大学的拉尔夫·斯达·巴特勒（Ralph Starr Butler）教授率先提出了"Marketing"一词，他说："我查阅了当时可以获得的极为有限的商业文献，惊讶地发现竟无一个作者曾涉足我所简述的这个领域。我决定开设一门相应的课程，专门讨论这方面的商业活动。这一领域需要一个新名称，我最后决定使用'营销方法'（Marketing Method）这个词。"

1912年，杰·哈格蒂（J. E. Hagerty）出版了"Marketing"一书，这是第一本以营销学命名的教科书。

1914年，韦尔达（L. D. H. Weld）在美国经济学协会宣读的《市场分配》被公认为第一篇有关营销学的论文。

1930年成立的美国营销学会，是第一个营销研究与交流的专业学术性组织。

（二）营销理论的形成

营销理论的形成大致可划分为三个阶段：

1. 萌芽时期（1900~1920）

在此期间，出现了几位被视为市场营销研究先驱的人物，其中最著名的有阿切·肖（Arch W. Shaw）、拉尔夫·斯达·巴特勒、约翰·斯威尼（John B. Swinney）和韦尔达。

这一阶段的市场营销理论大多以生产观念为导向，其依据仍然是传统经济学，以供给为中心。但是这些研究在经济学者所持的生产观念和营销学家所持的消费观念之间架起了一座桥梁，所以这一时期可称为市场营销学的萌芽时期。

2. 早期研究时期（1921~1945）

1932年，克拉克（F. E. Clerk）和韦尔达合写的《美国农产品营销》一书中指出，市场营销制度的主要目的是"使产品从种植者那儿顺利地转移到使用者手中"。

这一时期的营销研究主要集中在功能研究上面，但是对于"推销"这一功能的不同定义则是耐人寻味的。

3. 形成和巩固时期（1946~1955）

在此期间，有两部重要著作问世：范利（Roland S. Vaile）、格雷特（E. T. Grether）和考克思（R. Cox）的《美国经济中的市场营销》（Marketing in the American Economy, 1952）以及梅纳德（Harold H. Maynard）和贝克曼（Theodore N. Beckmann）的《市场营销原理》（Principles of Marketing, 1952）。

营销理论在这一时期开始形成。营销已被明确为满足人们需要的行为。市场调研也在现实经济生活中受到了越来越广泛的重视,甚至连营销的社会效果也开始受到人们的极大关注。至此,营销已在消费者领域为自己找到了立足点。

(三)营销理论的发展和变革

20世纪50年代之后,营销思想进入了一个新的成长时期,并在不同年代出现了不同的具有标志性的营销思想。

1. 50年代的营销思想

从50年代开始,营销学发展为一种帮助企业家建立和保护市场的思想体系。在这10年里出现了六个里程碑式的概念,包括:市场营销组合、产品生命周期、品牌形象、市场细分等。

2. 60年代的营销思想

60年代,杰罗姆·麦卡锡(E. Jerome McCarthy)等多位营销专家相继提出了一些著名的概念,如:4P组合、"营销近视症"、生活方式、买方行为理论、扩大的营销等。

3. 70年代的营销思想

70年代是一个经济和社会变化迅速并扭曲的时代。杰拉尔德·查特曼(Gerald Zaltman)和菲利普·科特勒等人提出了社会营销、低营销、定位等概念。

4. 80年代的营销思想

80年代,营销学家创造了更多的概念来描述如何在这一缺乏生气的年代的经济中得以生存。在此期间,相继出现了营销战、内部营销、全球营销、直接营销、关系营销、大营销等概念。

5. 80年代后期至90年代的新发展

1985年,美国市场营销协会(American Marketing Association,AMA)赋予营销新的定义,它与1960年界定的定义的最大区别在于拓展了市场营销的领域,即营销并不仅限于企业的活动,还可以扩展到非营利性事业组织与公共机构等。

营销的新定义,使营销的理论、方法、手段与营销组合策略得以扩展到非企业活动的新领域。发达国家的非营利事业组织、公共机构,如学校、医院、警察部门、教会甚至政党活动及总统选举都运用了营销的方法与手段,细分化及营销组合策略更是被大量运用。

第一章 绪 论

20世纪末，绿色营销、网络营销、光明营销等新的营销思想和模式已成为营销发展的必然趋势。

本章小结

现代营销，是人类基本活动之一，指明了企业换取交易费用最低的有效路径，指导着企业的市场行为。

营销理念在其指导企业市场活动中经历过四个形成与发展的阶段，分别是：企业导向阶段，市场导向阶段，顾客导向阶段和知识导向阶段。每一阶段都有其各自的载体。

营销实践要寻找和识别市场机会，并且要注意如何提高顾客满意程度。

营销作为一种理念体系，由核心概念组成，这些核心概念指出了营销过程的基本约束条件，而企业的本质又使得这些基本约束条件得以发挥作用。

营销学的形成及其理论的发展是一个漫长的过程，这一过程清楚地表明了营销活动是一个与环境和条件紧密结合的人类基本活动，而理论的发展又反过来推动了营销实践的合理运行。

本章思考题

1. 企业营销的核心是什么？
2. 营销学有哪些核心概念与营销理念？
3. 企业价值的实现途径是什么？
4. 企业经营理念发展的过程说明了什么？
5. 营销的实质是什么？如何衡量顾客满意度？
6. 案例研究：

"蒙牛真果粒"营销法则：产品与营销双料创新[①]

重创新、善沟通，蒙牛真果粒从新鲜果粒牛奶这一概念的推出到别出心裁的市场推广，在时尚乳饮行业一路领先。

2010年9月14日至23日，由蒙牛真果粒牵手国家话剧院重磅打造、著名导演

---

① 资料来源：《成功营销》2011年第1期。

田沁鑫执导的话剧——《红玫瑰与白玫瑰》成功登陆国家大剧院，彰显了极高的艺术价值。该剧自2010年4月起便展开全国巡演，尤受时尚达人的热烈追捧。每场演出后，女性观众都可以品尝到一份蒙牛真果粒饮品。联手话剧演出尝试品牌营销，可谓新鲜。这种方式也赢得了消费者的一致认可。2010年10月，蒙牛真果粒一举夺得了艾菲奖和金网奖两项大奖。

赢得国际权威广告奖项艾菲奖，就意味着赢得了市场和消费者的认可。能够蝉联两届艾菲奖，足以证明蒙牛真果粒的卓越品质和品牌魅力。而金网奖则代表了数亿网民的选择。作为快消品牌，真果粒从数万竞争对手中脱颖而出，捧得金网奖之网民口碑奖，可谓实至名归，更验证了其乳饮行业明星品牌的地位，树立起果粒牛奶的时尚风向标。

1. 产品与营销的双料创新

2006年，蒙牛在业内率先提出"真实果粒+纯鲜牛奶"概念，推出含有可嚼果粒的时尚饮品——蒙牛真果粒。真果粒倡导的新鲜活力，贯穿于整个品牌营销活动的全过程，无论是品牌与话剧结盟，还是发起职场喜剧的全国巡演，始终与消费者保持着良好、顺畅的沟通，清晰、准确地传达着品牌理念。

蒙牛真果粒市场总监柴洪女士认为，真果粒的品牌魅力，源于其独特的产品属性和品牌定位，以正确的方法和目标受众进行充分沟通，是真果粒开拓出时尚乳饮的真正原因。"时尚无需标榜，真果粒重在创新。"柴洪如是说。贴合消费需求、内涵独特创新、营销手法高效务实，三重功效的叠加为真果粒的热销打下了坚实基础。

鲜明的产品特点，为真果粒后期营销活动的开展提供了有力支持。真果粒与国家话剧院联手打造的2010时尚版《红玫瑰与白玫瑰》之"女人就爱真果粒"，对张爱玲的同名经典力作进行了颠覆和重构，轻松诙谐地道出真果粒对时下爱情纠葛的宣言——双重营养才更美丽，辩证爱情才更富有。该剧先后在全国12座城市巡演120余场，并走出国门，在韩国得到观众与业内人士的赞誉。

2. 营养与时尚内外兼修

蒙牛真果粒系列产品包含草莓、黄桃、猕猴桃、芦荟、椰果等颇受年轻女性和时尚达人喜爱的口味，将可嚼果粒从视觉、味觉和口感等多个方面立体呈现给时尚人群。水果和牛奶的双重营养，使真果粒更具健康品质，也增添了饮

第一章 绪 论

用乐趣。

由于真果粒定位于时尚人群,使其主导《说出喜欢TA的理由》时尚FUN剧征集活动变得顺理成章。该活动引起一场全网互动的爱情剧本大创作。搜狐、人人、优酷以及真果粒官网四大平台集合了网友的海量精彩创作,由网民对报名者进行筛选,并最终打造出一部时尚的经典爱情大片。全新的品牌营销方式,开创了品牌与消费者充分互动的新时代。

思考与讨论:

(1)蒙牛真果粒成功的原因是什么?

(2)蒙牛采用了哪些营销观念?

(3)蒙牛真果粒采取了哪些营销策略?

本章参考文献

1. 徐盛华等:《新编市场营销学基础》,清华大学出版社2006版。

2. 吴泗宗:《市场营销学》,清华大学出版社2005年版。

3.〔美〕菲利普·科特勒:《营销管理》,上海人民出版社1987年版。

4.〔美〕罗纳德·科斯著,盛洪译:《企业、市场与法律》,上海三联书店1990年版。

5. 邝鸿主编:《现代市场营销大全》,经济管理出版社1990年版。

第二章 消费需求

本章学习目标

1. 了解：消费需求的产生背景；
2. 熟悉：消费需求的类型、消费需求的特性；
3. 掌握：消费需求的调研过程。

本章核心概念

消费需求　潜在需求　消费调研

第一节　消费需求的产生

现代营销观以市场为导向，以顾客需求为中心。尽管所有营销活动都是建立在洞悉顾客群体需求的基础上，但个体需求的产生以及在此驱动下的行为研究显然是洞悉群体需求的基础。

从竞争的角度看，传统的竞争思维以打败竞争对手为目的，认为只要比竞争对手功能多、价格低就可获胜。这种竞争思维要么让一个新兴产品迅速陨落，要么容易引发"营销近视症"，产品功能繁多但可能无人问津，即使能打败对手，其利润也往往被削弱。而新的竞争思维则强调在关注竞争对手的同时，更要关注顾客需求，以创造、满足顾客需求为中心，以创新为手段，通过"创造需求—满足需求—顾客满意"的过程来赢得竞争优势。洞悉顾客需求已经成为竞争优势形成的基础。

第二章 消费需求

一、消费需求产生的原因

顾客需求包含在人类的一般需要之中，它既可以由人体内在机能的感受而引发，又可以由外部条件刺激而诱导，当然，有些需求可能是内外因素共同作用的结果。需求产生的过程就是需求确认的过程。概括而言，顾客需求主要有以下几种：

（一）自然驱动产生的需求

自然驱动产生的需求是由人的器质性器官通过人的植物神经作用而诱发形成的需求，它是人类与生俱来的一种需求，这种需求的产生基本上不受外界的干扰，也无需营销人员的诱导。

（二）功能驱动产生的需求

功能驱动产生的需求是由人的功能性器官通过动物神经作用而诱发形成的需求，比如人们看到色香味俱全的食物会产生对美味的需求。

（三）自身经验总结产生的需求

自身经验总结产生的需求是指人们对曾经购买或消费过的某种产品在消费过程中所感受到的经验进行总结，并且把这种经验储存在大脑中，一旦下次再遇到类似的情景，人们就会再次产生对这种产品的需求欲望。

（四）人际交往引发的需求

在交往过程中，人们难免要谈到购买和消费的问题，会从多个角度自觉或不自觉地向他人学习购买和消费的经验，并且用这种学习来的经验来指导自己的未来购买与消费，效仿与攀比是这种需求最为直接的行为体现。

（五）营销活动引发的需求

受企业市场营销活动的诱导，人们也会产生需求。也就是说，营销活动引发的需求是一个由企业有意识地向顾客施加影响，从而促使顾客产生需求，进而产生购买行为的过程。

不同原因引发的需求在需求的必要性、强度和持久性方面是不同的。自然驱动和功能驱动产生的需求是个体生理所必需的，这两种需求不需要营销人员加以诱导，对不同的人来说也是基本一致的。自身经验的总结并不能产生新的需求，只是当顾客需求产生时，留有美好印象的产品被再次选中。人际交往和营销活动引发的需求是一种社会的或心理的需求，这种需求受到较多因素的影响。当经济形势不好时，收入水平下降或通货膨胀有可能促使人们放弃一部分此类消费；而在经济形势较好、收入水平较高时，人们又会增加这一方面的支出。这类需求对不同收入水平和社会文化背景的人来说都会有所差异，奢侈品的需求就是这方面的典型。

总的来说，上述五种需求，其强度是依次减弱的。另外，需求可以由学习而产生，这一观点是现代营销学创造并传递需求的理论基础。

二、消费需求类型

需求可以被多方面因素驱动，需求无处不在，并且有着多种多样的表现形式。

（一）按照需求的起源分

根据需求的起源，需求可分为自然需求和社会需求。

1. 自然需求

自然需求是顾客为维持和延续生命，对衣、食、住、行、健康、安全等基本生存条件的需要。这种需求是顾客作为生物有机体与生俱来的，是由其生理特征决定的，也常被称为生理需求。

2. 社会需求

社会需求是顾客在社会环境影响下所形成的带有人类社会特点的某些需求，如社会交往、荣誉感、自我表现等。这种需求是顾客作为社会成员在后天的社会生活中习得的，是由其心理特征决定的，因此又被称为心理需求。

（二）按照需求的利益分

根据需求的利益，需求可分为功利性需求和表意性需求。

1. 功利性需求

功利性需求是指顾客寻求获得一些实际的产品利益，如保暖的衣服、多功能的手机等，这种需求强调的是决定产品性能的产品功利性特征。

2. 表意性需求

表意性需求追求的是从产品消费或拥有中获得与众不同甚至高人一等的感受，如名贵手表、花园别墅等，这种需求大多与品牌所宣扬的品位、社会地位、身份等有关。

第二章 消费需求

(三) 按照需求的层次分

美国社会心理学家马斯洛（Abraham Maslow）在1943年提出需求层次理论，他认为人的消费需求从低到高分为五个层次，即生理的需要、安全的需要、社会上的需要（友爱和归属）、尊重的需要和自我实现的需要。其中，生理需求位于最低层次，其余需求依次上升，最高层面是自我实现的需求。通常认为，在低层次的需求得到满足后，人们会转而寻求较高层次的需求。

但今天很多学者认为，任何人都同时存在以上五个方面的需求，只是由于受教育程度、收入水平、宗教信仰和成长历程的不同，对各个层次的需求强度不同、重要性不同。

(四) 按照需求的结构分

日本学者狩野纪昭（Noriaki Kano）根据企业所提供的产品对顾客需求的满足程度，将顾客需求分为基本型需求、期望型需求和兴奋型需求。

1. 基本型需求

基本型需求是顾客认为产品所必须具有的属性，是最基本、最低限度的消费要求。当产品特性不能满足顾客需求时，顾客将会很不满意。

2. 期望型需求

期望型需求是要求企业提供的产品比较优秀，是对产品性能的一种高要求，而不是必须具有的属性。所以，有些期望型需求尽管顾客能够意识到，并且希望得到，但由于知识结构、表达能力等个体因素或外部环境的影响，顾客可能很难直接、清楚、明确地将这些需求表述出来。期望型需求被实现得越多，顾客就越满意。

3. 兴奋型需求

兴奋型需求是很少被顾客表述出来，甚至可能还没有意识到的产品属性和服务。这些方面超越了顾客的期望值，当产品提供了这类需求，顾客就会产生强烈的惊喜，会非常满意，从而提高忠诚度。

(五) 按照需求的形态分

根据需求的形态，需求可分为以下八种：

1. 现实需求

现实需求是指顾客已经具备对某种产品的实际需求，并且具备足够的货币支付能力，市场上也有充足的产品，因而顾客需求随时可以转化为现实的购买行为。

2. 潜在需求

潜在需求是指目前尚未显现的，但在未来可能形成的需求。潜在需求通常是由于某种消费条件不具备所致。

3. 充分需求

充分需求是指顾客对某种产品的需求总量与市场产品供应量基本一致，供求之间大体趋向平衡。由于消费需求受多种因素的影响，供求平衡的状况是暂时的、相对的，充分需求不可能永远存在。

4. 过度需求

过度需求是指顾客需求超过了市场产品供应量，呈现供不应求的状况，这类需求通常由外部刺激和社会心理因素所引起，如盲目的抢购行为。

5. 退却需求

退却需求是指顾客对某种产品的需求逐步减少，并趋于衰退。通常情况下，是由时尚变化、消费者兴趣转移、新产品上市、价格变动等引起的。

6. 不规则需求

不规则需求又称波动性需求，是指顾客对某产品的需求在数量和时间上表现出不均衡波动状态，如季节性产品、旅游、交通运输等消费需求，就具有明显的不规则性。

7. 否定需求

否定需求是指顾客对某类产品持否定、拒绝的态度，因而抑制其需求。出现这种情况，可能是顾客缺乏对产品性能的了解，也可能是错误信息误导所致等。

8. 无益需求

无益需求是指顾客对某些危害社会利益或有损于自身利益的产品的需求，如香烟、赌具等。

（六）按照需求的表述分

依据顾客对消费需求的表述情况，需求可分为显性需求和隐性需求。

1. 显性需求

显性需求是顾客已经意识到的，能够清楚表达出来的，有明确的具体产品可以达到其基本期望的一种内在要求。

2. 隐性需求

隐性需求是指顾客尚未意识到的、朦胧的，没有明确的具体产品，还未明确表述的一种内在需求。

第二节　消费需求的特性

一、消费需求特征

为了更好地满足市场需求，企业必须了解和把握消费需求的特点。一般来说，消费需求具有多样性、分散性、伸缩性、可诱导性、发展性、替代性等特点。而在目前网络经济和低碳经济的大背景下，消费需求也呈现出一些新的特点，如便利性和绿色性等。例如，"沈大成食品"就能很好地抓住消费者的需要特点，从消费者的特点出发，设计生产具有浓郁上海特色的食品，并且使用更先进的生产工艺生产出更多符合国家食品卫生标准的食品，将传统产品推向家庭的同时，通过创新来发展自己的品牌。

（一）多样性

消费者需求受到年龄、性别、习惯、文化、职业、收入和教育程度等多种因素的影响，对商品的品种、质量和价格以及其他属性的需求也是千差万别的。

（二）分散性

消费者市场以个人或家庭为购买单位，家庭一般具有空间有限和人口较少的特点，消费品市场丰富的商品供应和方便的购物条件使得消费者每次购买的数量少，而次数频繁。

（三）伸缩性

消费者在购买商品数量和品级选择上具有较大的伸缩性，如价格低或收入高时会增加购买；反之则减少购买。不同性质的消费品，其需求弹性或伸缩性也不同。基本的日常消费品需求的伸缩性较小，高档商品或耐用消费品等需求的伸缩性则较大。

（四）可诱导性

由于消费者在一定程度上对所购商品的质量、价格和性能等方面缺乏了解，大多凭借个人偏好做出购买决策，在这种情况下，企业可以通过发布广告和开展促销等方式有效地影响消费需求。

（五）发展性

随着社会生产力的不断发展以及消费者收入水平的不断提高，消费需求逐步呈现出从无到有、从少到多、从低层到高层的发展趋势。人们开始消费过去未曾消费过的高档商品；大量消费过去消费少的高档耐用品。而这种消费，不仅仅是为了满足最基本的生活需要，更多地是用来满足社会交往和精神生活的需要。

（六）替代性

不同品种或同一品种的不同品牌的商品之间往往可以相互替代。如宝洁公司的多个洗发水产品，对其品牌忠诚的顾客可能会在使用"力士"较长时间后，换用"潘婷"，所以"力士"和"潘婷"之间可相互替代。

（七）便利性

随着互联网的飞速发展，我国电子商务发展的环境和条件日趋改善，越来越多的消费者开始热衷于网络购物。这是因为网上购物能够为消费者提供极大的便利，例如可以24小时随时上网购物，不会遇到往返商场购物时的交通堵塞，不需要排队等候而浪费时间等。因此，相对于传统购物，网络购物在时间、空间和使用工具上都表现出便利性和快捷性。

（八）绿色性

无论从国内还是从国际看，资源约束、环境恶化和气候变化压力不断加大，因此人们的消费观念也正在发生重要变化，消费需求向节能、环保、低碳、绿色方向发展，已成为一大趋势，消费习惯和消费行为也因此发生改变。绿色食品、低碳产品等越来越受到消费者的青睐。

二、影响消费需求的因素

消费需求在一定条件下是会发生变化的，那么导致需求变化的因素有哪些呢？这也是营销人员关心的重要问题。通常，以下因素可以使消费需求发生变化：

第二章 消费需求

（一）消费者的嗜好和偏好

经济学所论及的嗜好和偏好，大多存在于消费者生活的社会环境之中。所以，这些嗜好和偏好的形成和改变，主要取决于消费者所在的社会文化、风俗习惯以及观念定位等。

（二）消费者的个人收入

一般来说，在其他条件既定的情况下，人们的收入越高，对产品的需求就越多。

（三）产品的销售价格

以最少的支出获取最大量的商品和劳务，一直都是消费者追求的利益目标。商品销售价格越高，人们愿意购买的数量就越少；反之，价格越低，人们愿意购买的数量就越多。

（四）其他商品的销售价格

当人们消费的总量既定时，某种商品的价格提高（或降低）时，会减少（或增加）对该商品的需求量，而增加（或减少）对另一种商品的需求量。当然，这种情况大多出现在有关联的商品之间。如人们对棉织品的需求量，随着化纤产品价格的提高（或降低）而增加（或减少）。

（五）人们对产品价格变化的预期

当人们在一定时期内预料到某种商品的价格将上涨时，会增加对该种商品的购买量；相反，当人们预期该种商品的价格将有所下降时，那么在近期内就会减少购买量甚至等待购买。

第三节　需求调研

需求无所不在，但要准确认识顾客的需求并非易事。营销人员要通过一定的调查研究来掌握消费者的需求。

一、需求调研的定义

需求调研是指系统地设计、收集、分析和提出信息资料以及特定需求状况的调查研究过程和结果。

需求调研是通过信息,把消费者、顾客与市场决策者连接起来。不管是大公司还是小公司,信息是营销人员和外部环境的一个纽带。通过调研可以明确处理一些问题所需的信息,并且通过实施调研计划,分析解释所收集的资料,提出可能的行动建议,最后把调研结果向有关部门传达。因此,需求调研是做出有效营销决策所需信息的主要来源。在消费者市场,需求调研对生产商尤为重要,因为生产商并不直接面对最终消费者,要使企业的新产品很好地满足潜在消费者的需要,提高产品的销售业绩,增加成功的可能性,市场决策者就必须获得精确、可靠的信息情报。通过调研还可以分析自己的产品和竞争对手产品的销售情况,衡量现有产品的表现,指导促销活动,使营销人员不断调整他们的营销策略。因而需求调研能帮助公司制定有效的市场营销策略。

二、需求调研过程

当一家公司决定开展一项调查时,必须系统而条理分明地计划并执行此项调查,以便尽可能快速、充分、有效、明确地完成目标。为了保证需求调研的系统性和准确性,应依据一定的科学程序进行。需求调研的过程可分为五个阶段(见图2-1):

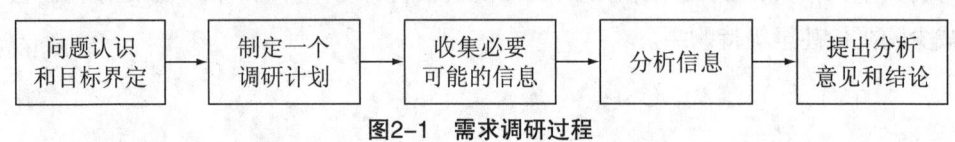

图2-1 需求调研过程

(一)问题认识和目标界定

需求调研问题必须是和企业营销战略设定相吻合的"营销问题"。对于问题的定义不能过宽,过宽将使调研的效率不高,时间拖得太长;也不能过窄,过窄将影响准确地认识问题。因此,要与调研本身的主题相结合,以此设定具体的调研内容和目标。

(二)制定一个调研计划

需求调研过程的效率,是建立在切合实际的调研计划之上的。该调研计划至少应包括以下内容：

1. 资料来源

无论一手资料还是二手资料，焦点小组还是问卷调查，随机电话访谈还是随机定点调查等，都是计划中所要界定并分配的，综合地使用不同来源的调研资料，将有助于资料的准确性。目前，在电脑技术支持下，数据库的建立将使资料来源更加稳定和固定，便于跟踪分析。

2. 调研方法

二手资料大多可从报刊杂志、统计表和各类文件中得到。一手资料的获得方法基本有四种：观察法、深度访问、调查、实验。

3. 调研工具

从实际效果看，调研工具通常由各类调查表和一些实验仪器充当。其中，各类调查表是主要工具。

4. 抽样计划

对一次调研活动而言，准确地运用抽样调查的方法是保证数据可靠、准确的主要依据，它包括抽样单位范围的确定、样本大小的确定和程序的安排等。

（三）收集必要的信息

需求调研的信息收集是一个耗费较多，也最容易出错的过程。虽然在电子技术支持下，信息收集方法正在迅速变化，而且一些专门的信息资源调研和管理公司已经运用电脑和互联网取得了较理想的信息并建有数据库。但传统的信息收集方法仍然是有效的，例如随机电话访问、问卷调查、资料采编、促销广告资料等。

（四）分析信息

分析信息的目的是对信息的提炼。尽管信息取得的手段是客观的、科学的，但这仅是保证信息准确性的基础，准确的信息不一定就是帮助企业进行营销决策的有用信息，因此，需要对所得信息进行去粗存精、去伪存真、去废存宝的甄别。从信息中提炼出对企业恰当有用的数据，并进行归类总结，得出调研结果，就是该阶段的主要工作。

（五）提出分析意见和结论

通过对信息的分析，陈述发现的企业营销的问题，是该阶段所要完成的任务。如果光有分析而无意见，就是无意义的分析；光有意见而无结论，就是不彻底的调研。因为调研结果会受到多种因素的综合作用和影响，而调研人员所要做的就是让这些可能导致事实发生偏差的影响降到最低点，通过意见和结论，用建立在客观依据基础上的主观判断对这种可能的偏差进行修正，提供正确的营销方案和决策依据。

本章小结

顾客需求包含在人类的一般需要之中，它既可以由人体内在机能的感受而引发，又可以由外部条件刺激所诱导，也可能是内外因素共同作用的结果。需求产生的过程就是需求确认的过程。顾客需求产生的主要驱动力包括自然驱动力、功能驱动力、自身经验驱动力、人际交往驱动力和营销驱动力。

按照不同的划分标准，需求可以表现出不同的形式。按起源分，顾客需求分为自然需求和社会需求；按利益分，顾客需求分为功利性需求和表意性需求；按层次分，顾客需求分为生理的需要、安全的需要、社会上的需要、尊重的需要和自我实现的需要；按结构分，顾客需求分为基本型需求、期望型需求和兴奋型需求；按形态分，顾客需求分为现实需求、潜在需求、无益需求、过度需求、退却需求、不规则需求、否定需求、充分需求；按表述分，顾客需求分为显性需求和隐性需求。

需求调研是指系统地设计、收集、分析、提出信息资料以及特定需求状况的调查研究过程和结果。需求调研是通过信息把消费者、顾客与市场决策者连接起来。为了保证市场调研的系统性和准确性，需求调研应依据一定的科学程序进行，其过程分五个阶段。一个良好的需求调研要符合一定的标准。

本章思考题

1. 如何认识消费需求产生的背景？
2. 试从顾客需求的形态来分析消费需求的类型。
3. 如何理解消费需求的特点？
4. 哪些因素会影响顾客的消费需求？
5. 简述需求调研的五个阶段及其内容。

6. 案例研究：

佐丹奴服饰的市场需求调研

合理的市场调研是制定合理的发展目标和发展战略的依据，是提高管理水平的重要手段，是确立长久竞争优势的基础。"佐丹奴"服饰于20世纪90年代初进驻国内市场，短短几年里，其专卖店数量发展迅猛，而且销售和利润率都跃居同行业榜首，成为成功实施品牌战略的经典之作。"佐丹奴"服饰的成功有什么秘诀？本文将从市场需求的角度来分析。

首先，从面料的选择上看，当今世界科技日新月异，各种面料层出不穷，但人们经过长期使用和筛选，始终钟情棉制品。棉布面料以其透气性好、吸水性强、手感舒适、耐用廉价等特点，表现出长久的生命力。而该品牌服饰无论T恤、衬衫、夹克衫，还是长裤、内裤和袜子，无一不是由全棉或高支棉面料制成的。这就满足了各年龄段消费者的需求，为获得尽可能多的消费者群体奠定了基础。在广大消费者中，重点服务于18~45岁的中青年，因为这一年龄层的消费者不仅服装购买欲最旺盛，更新换代的频率也最高。

其次，从服装的价格定位来看，"佐丹奴"敏锐地察觉到我国服装市场上中高档价格男装花色品种的匮乏，尤其是在款式上，表现为"大路货"的断档。针对这种情况，"佐丹奴"将产品价格定位为：全棉长短袖T恤50~150元，棉布衬衫100~200元，长裤100~300元，皮带100~200元，夹克与加厚棉料夹克200~400元，风楼500元左右，羊毛衣150~300元。这种价格定位非常适合我国现阶段大中城市居民的消费水平。

再次，从该品牌服装的款式看，不难发现其经营者对我国服装文化下了一番功夫进行研究，深谙国人的着装习惯和心理。我国是一个历史文化悠久、崇尚中庸的古老民族，穿着朴素、不寒碜亦不过火乃最高境界，较之西方民族的着装更含蓄、传统。尽管现在我们生活水平提高很快，与西方文化亦有所交融，但人们的穿着打扮潮流却显示出渐进的发展态势，大多数人并不追求新奇。针对这种市场状况，"佐丹奴"服装款式设计力求简明、流畅，给人的感觉是透着古典、浑朴的平凡，但又毫无落伍、过时之感，体现出其一贯秉承的"优雅中愈见洗练的沉稳风格"。

思考与讨论：

试从需求调研角度分析佐丹奴服饰成功的秘诀。

本章参考文献

1. 钱旭潮、王龙编著:《市场营销管理:需求的创造与传递》,机械工业出版社2013年版。
2. 唐豪、魏农建:《现代营销管理:原理、方法与案例》,上海大学出版社2004年版。
3. 晁钢令主编:《市场营销学》,上海财经大学出版社2008年版。
4. 胡正明:《市场营销学》,山东人民出版社2002年版。
5. 马进军:《市场营销学》,机械工业出版社2011年版。

第三章 市场营销环境

本章学习目标

1. 了解：营销环境对企业进行市场营销决策的重要性；
2. 熟悉：市场机会与环境威胁的关系；
3. 掌握：影响企业营销决策的宏观和微观环境因素、企业如何应对营销环境的变化。

本章核心概念

营销环境　市场机会　环境威胁　宏观环境　微观环境　网络营销环境

第一节　营销环境分析的意义

一、市场营销环境的含义

任何企业的营销活动都是在一定的营销环境中进行的，并随着市场环境条件的变化而处于变动之中。然而，任何一种环境条件的变化都会与其所处的整个环境条件体系之间存在价值联系，因此，企业的营销行为也就可以循着这种必然的价值链进行深入的探索，从中概括出企业自觉利用环境条件、把握营销机会的现实意义。企业仅是社会环境的一个组成部分，它只能够适应和利用营销环境的条件变化实现自己的营销目标，而不具备充分的能力去改造环境条件。这不是单靠企业自身的能力就可以完成的，而主要在于环境条件本身的形成是一个漫长的积累过程，所以，企业的生命力就在于怎样去能动地适应环境。

菲利普·科特勒将营销环境定义为"在营销活动之外，能够影响营销部门建立并保持与目标顾客良好关系的能力的各种因素和力量"。具体地说，就是"影响企业的市场营销管理能力，使其能卓有成效地发展和维持与其目标顾客交易及关系的外在参与者和影响力"。因此，市场营销环境是指与企业营销活动有潜在关系的所有外部力量和相关因素的集合，它包括影响企业生存和发展的各种外部条件。

一般来说，营销环境由宏观环境和微观环境组成。宏观环境又称为间接营销环境，它是指那些作用于直接营销环境，因而造成市场机会或环境威胁的主要社会力量，包括人口、经济、自然、技术、政治法律和社会文化等企业不可控的宏观因素。微观环境也称直接营销环境，它是指对企业服务于其目标市场的营销能力构成直接影响的各种力量，包括企业本身、供应商、营销中介、顾客、竞争对手和公众。这两种环境之间不是并列关系，而是包容和从属的关系。微观营销环境受宏观营销环境大背景的制约，宏观营销环境则借助于微观营销环境发挥作用。

二、市场营销环境的特点

（一）差异性

差异性是区分营销环境的核心意义所在，这种差异性不仅表现为企业所处的环境不一样，同时也可表现为不同企业在同一环境中受到的环境因素的影响不一样。

（二）多变性

既然环境因素是多方面的，且各自因素又都自成价值链，那么每个价值链上的环节哪怕只发生细微的变化都有可能"牵一发而动全身"，因此，多变性不仅是环境的特征，在某些时候也成为一些企业营销行为的特征。

（三）相关性

如前所述，营销环境不是由单一因素决定的，而是多种因素组合的结果，而它们之间又存在一定程度上的价值联系。例如，消费者的购买力不仅取决于工资收入，也取决于可支配收入，同时还要看社会福利水平和保障制度的约束，以及消费倾向和偏好等。

（四）动态性

动态性是事物具有生命力的基本表述，也是环境的特征之一。尽管环境的变化通常可以划分成即期的、长期的、缓慢的、急剧的、稳定的、动荡的……但变化都是绝对的。从总体上看，动态的速率取决于平衡的持久力，其中要害之处在于企业不能做"经济恐龙"。

三、市场营销环境分析的意义

市场营销作为企业和外部世界的纽带，必须对外部世界提供的机遇和企业内部的能力、资源进行权衡。但是，外部世界是复杂的，有很多因素会影响消费者基本需求的发展和变化，或抑制企业在竞争环境中满足消费者的需求。因此，企业为了充分了解消费者的未来需求，开发出使消费者满意的市场营销组合，调整营销策略以适应环境变化。营销环境分析对企业营销活动的重要性主要表现在：

（一）识别市场机会和环境威胁

1. 市场机会

营销活动是以满足消费者需求为中心的，因此，市场机会就是指市场上所有存在的尚未满足或尚未完全满足的欲望和需求。对于企业来说，某个市场机会的存在，仅仅意味着它具备了吸引企业参与市场活动的客观条件。然而，我们也应该注意到市场机会的各种形态，可能是一种需求，但形成不了市场；可能是一个市场，但没有企业的顾客；可能有顾客，但不是企业所希望的规模市场；可能是规模市场，但企业没有相应的能力去满足它；可能有能力满足它，但不具备获利的现实性或可能性。因此，对市场机会有一个识别的过程，这一过程的结果是形成营销机会，即通过企业的努力能够盈利的需求领域。这里特别指出，营销机会要依赖营销想象力得以实现。

由于不同的市场机会所具有的市场容量大小不同，给企业可能带来的潜在利润不同，因此，其潜在吸引力也不同。另外，企业在利用某个机会时，所能超越其他竞争对手而取得成功的可能性也有大有小。结合这两方面因素，企业可通过"机会潜在吸引力与公司成功概率分析矩阵"来进行具体分析（见图3-1）。

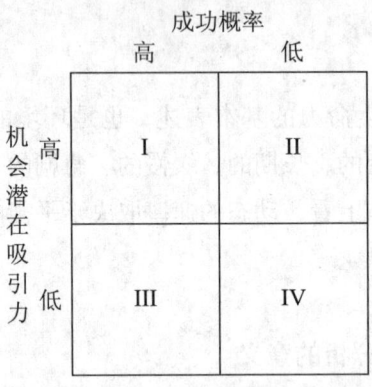

图3-1 吸引力与成功概率分析矩阵

对于第Ⅰ象限的市场机会,企业一般应尽全力发展,因为它是对公司最有利的市场机会。

对于第Ⅱ象限的市场机会,企业应设法改善企业本身的不利条件。例如,通过招聘专业技术人员来扭转企业技术方面的不利局面。总之,如能通过企业主观努力将不利因素加以改善,第Ⅱ象限的机会也可逐渐移动到第Ⅰ象限变成有利的市场机会。

对于第Ⅲ象限的市场机会,大型企业往往会搁置在一边,观察其变化趋势。但对于中小企业来说,大企业的第Ⅲ象限机会,往往是中小企业能够加以利用的,因为其产生的利润已足够中小企业生存和发展。

对第Ⅳ象限的市场机会,公司应主要观察其发展变化趋势。

市场机会和企业使命或企业目标必须相互适应、相互配合,企业必须兼顾这两个方面。

2. 环境威胁

环境威胁是指环境中一种不利的发展趋势所形成的挑战,如果企业不采取相应的规避风险的措施,这些因素会导致企业营销困难,造成威胁。为保证企业营销活动的正常运行,企业应注重对环境进行分析,及时预见环境威胁,将危机减少到最低程度。

每一个环境因素的变化,都可能为某些企业创造机会,也可能对另一些企业造成威胁。而且,鉴于营销环境的动态性,市场营销机会和环境威胁在一定的

第三章 市场营销环境

条件下还会互相转换。

（二）能动地适应营销环境

企业营销活动受制于客观环境因素，必须与所处的营销环境相适应，这既是营销环境客观性的要求，也是企业营销观念的要求。由于消费者需求的不断变化，市场上不存在永远正确的营销决策和永远受欢迎的产品。对企业来说，唯有通过满足消费需求从而实现盈利的目标是永恒的。而要成功地完成这一任务，能动地适应环境是关键。

在客观环境面前，强与弱的划分标准是对环境的适应能力，善于适应环境就能创造竞争优势。市场营销学认为，企业营销活动的成败、营销目标能否实现，就在于企业能否适应环境的变化，并比竞争对手更加快速地以创新的对策去驾驭变化了的营销环境，做到"以变应变"。在纷纭变化的市场竞争中，"适者生存"是颠扑不破的真理。企业的大小决策、各种活动都应是有理有据的，这便有赖于对市场营销环境的分析。而企业的营销活动从本质上说，就是企业利用自身可控的资源不断适应外界环境中不可控因素的过程。

企业对环境的适应不应被动地接受，还应能动地适应；既有对环境的依赖，又有对环境的改造，即采取积极主动的行为影响营销环境因素。在企业与环境这组对立统一的关系中，企业是居于主动地位的。成功的营销人员往往是那些主动的认识、适应和改造环境的人。所以，企业还需要学会运用自己有限的能力去影响某些宏观环境和条件。

四、网络营销环境的发展

网络营销环境是指对企业的生存和发展产生影响的各种外部条件，即与企业网络营销活动有关联的因素的部分集合。营销环境是一个综合性概念，由多方面因素组成。环境的变化是绝对的、永恒的。社会的发展，特别是网络技术在营销中的运用，使得环境更加变化多端。虽然对营销主体而言，环境及环境因素是不可控的，但它也有一定的规律性，我们可以通过分析营销环境来对其发展趋势和变化进行预测及判断。企业的营销观念、消费者需求和购买行为，都是在一定的经济社会环境中形成并发生变化的。因此，对网络营销环境进行分析是十分必要的。

互联网自身已经构成了一个市场营销的整体环境，从环境构成上来讲，它具有以下五个方面的要素：

（1）提供资源。信息是市场营销过程的关键资源，是互联网的血液，通过互联网可以为企业提供各种信息，指导企业的网络营销活动。

（2）全面影响力。环境要与体系内的所有参与者发生作用，而非个体之间的互相作用。每一个上网者都是互联网的一分子，可以无限制地接触互联网的全部，同时也在这一过程中受到互联网的影响。

（3）动态变化。整体环境在不断变化中发挥其作用和影响。不断更新和变化正是互联网的优势所在。

（4）多因素互相作用。整体环境是由互相联系的多种因素有机组合而成的，涉及企业活动的各因素在互联网上通过网址来实现。

（5）反应机制。环境可以对市场主体产生影响，同时，市场主体的行为也会改造环境。企业可以将自身信息通过其官方网站存储在互联网上；也可以通过互联网获取外部信息，做出自己的决策。

因此，互联网已经不只是传统意义上的电子商务工具，而是独立成为新的市场营销环境，并且以其范围广、可视性强、公平性好、交互性强、能动性强、灵敏度高、易运作等优势为企业的市场营销创造了新的发展机遇与挑战。

第二节　宏观营销环境

营销成功的企业往往能认知宏观环境中的需要和趋势，并能够做出盈利反应，这就意味着企业不仅可以通过辨认需要把握营销机会，也可以通过趋势的确定发现新的营销机会。

一、人口统计环境

市场主要是由人构成的，这里的"人"是指从营销角度认识的人，表现为地理的人、年龄的人、性别的人、经济的人、欲望的人、教育的人、民族的人、信仰的人等。因此，多层面、多角度、正确认识人口统计环境，是企业营销行为的起点。具体说来，包括以下六个方面的考量：

（一）世界人口的增速

随着科技的进步和人民生活条件的改善，人类的平均寿命大大延长，死亡率大大下降。根据联合国经济和社会事务部2013年6月13日发布的报告《世界人口展望：2012年修订版》，到2025年，全球人口预计将从现在的72亿人增至81亿人，并于2050年达到96亿人。印度将在2028年左右超过中国，成为全世界人口最多的国家。目前增长的人口主要来自发展中国家。全球12亿年轻人中，近90%来自发展中国家，平均每10个年轻人中就有8个人来自非洲和亚洲。未来40年，亚洲、非洲、拉丁美洲和加勒比海地区的人口增长，约占全球人口增长的97%。而美国、加拿大这样的发达国家人口增长率并不高，其人口的增长一半来自本国人口的自然增长，一半来自移民数量的增长，如此庞大的人口为营销人员创造了机遇和挑战。人口的增长意味着人类需求的增长，如果人们有足够的购买力，人口的增长就意味着市场的扩大。另一方面，因为地球上的资源是有限的，人口的无节制增长必然导致生态环境恶化，森林、草原、耕地等土地资源减少，主要矿产品耗尽。如果人口的增长对粮食以及各种资源的供应形成压力，企业的生产成本就会暴涨而利润下降。

我国目前是世界上人口最多的国家，如果维持20世纪70年代初的出生率，现有人口将超过17亿。自1982年我国将计划生育政策定为基本国策以来，人口增长率有所下降，低于世界平均水平。现人口数达到13.28亿（不含港澳台地区），每年出生1 600万人。30年少生4亿人，使人口对环境资源的压力得到缓解。另外，由于限定一个家庭只能生一胎/一个孩子，这就意味着父母有更多的钱花在这个孩子身上，溺爱孩子的祖父母、外祖父母、阿姨、叔叔同样可能为孩子花更多的钱，因此营销人员发现这是一个没有得到满足的、可以盈利的潜在的大市场，会给企业带来很大的机会。

综上所述，人口迅速增长对营销活动产生的影响表现在：一是人口的增长带来消费需要总量的增加，特别是生存资料的消费，也就是说，企业所处的市场容量扩大了；二是虽然市场容量扩大了，但人口规模与市场购买力并无直接的关系；相反，在这个资源有限的地球上，人口的增长产生了较大的生存压力，会给企业带来成本上升、利润下降的后果；三是如果以政策手段抑制人口的增长，它的正效应是缓解了人口增长带来的巨大经济和社会压力，它的负效应是会招致一些人权保护组织的抗议，并产生家庭人口的倒三角形赡养关系，导致未来的社会劳动力不足，赡养人口负担加重。

（二）人口年龄结构的变化

据预计，到2050年，发展中国家人口将增加到79亿人，而发达国家变化不大，会从目前的12.3亿人增长到12.8亿人。发达国家的人口出生率下降，而发展中国家的人口出生率高。发达国家的人口出生率下降，意味着儿童的减少，这种变化会对某些行业造成机会和威胁，如经营儿童用品、儿童食品、儿童玩具的企业，这是一种环境威胁，相关行业应该积极地寻找新的市场或到出生率高的国家去，或者改行经营，但对经营旅游、旅馆、娱乐业的企业而言，无疑获得了更多的市场机会。发展中国家的人口增长意味着这些国家的消费需求不断增长，市场潜力较大。

与此同时，全球人口趋于老龄化。60岁以上人口增长速度最快，全世界现有60岁老人6.06亿人，预计2050年将上升到20亿人，是目前数量的3倍多。在发达国家，老年人口以平均1.9%的速度递增，预计到2050年将从目前的2.64亿人增长到4.16亿人。发展中国家的老年人口增长率则超过3%，预计到2050年将从目前的4.75亿人增长到16亿人。伴随着人口的老龄化，市场对一些青少年用品的需求在减少，一些高档用品、体育用品的需求也日趋下降；另一方面，老年用品的需求将会不断扩大，如医疗、保健用品、旅游等市场的需求，这些行业在人口老龄化趋势中获得了机会。

在国际上，传统标准为60岁以上老年人口达到10%，新标准为65岁以上老年人口达到7%，即为进入老龄化社会。那么，我国1999年就已经进入了老龄化社会。国家统计局2011年4月26日发布的第六次人口普查结果显示，我国60岁及以上的人口占13.26%，比2000年人口普查的结果上升了2.93个百分点，其中65岁及以上的人口占8.87%，比2000年人口普查的结果上升1.91个百分点。从上述数据可以推断，我国已经真正成为人口老龄化国家。这就意味着老年人将成为当代社会一个重要的消费群体。老龄化社会会产生以下问题：

（1）需求问题。不同年龄的人有着不同的生理和心理需求，受本能和所处环境的影响，其需求表露程度以及与环境相适应的程度也是不一样的。一般而言，幼儿好奇，年轻人追求感官刺激，而老年人反应较稳健。

（2）产品问题。不同的需求会产生不同的产品，不同年龄的需求有差异但有时对产品偏好并无差异，所以企业要仔细分析不同年龄段上的产品或服务的需求，有针对性地增加有效的供给。

（3）社会问题。年龄结构中，年轻人比例较高，则发展潜力较大，而且容易落实生涯价值。如老年人比例较高，则会产生一系列新的社会问题，例如：公共交通的设施与发达程度需重新设计；劳动力匮乏，创新能力持续性差；社会积累逐渐减少，产业和产品结构重新定位与调整等。

（三）家庭类型的变化

不同的家庭类型，决策中心点不一样，决策方式不一样，决策内容也会不一样。近些年，随着社会的发展和变迁，我国家庭的类型发生了很大变化，主要体现在以下几个方面：

（1）家庭规模发生明显变化，呈现出小型家庭化的趋势。据调查，目前我国的城乡家庭户均规模是3.39人，近30年来我国户均规模下降了1.42人，接近美国、加拿大等发达国家的户均3人左右的水平。

（2）家庭模式多样化。近年来，3人以下的小户型呈现出持续上升的势头，而4人以上的家庭则相反。小户型的增长在很大程度上说明，除核心家庭外，其他非核心化的小家庭模式，如空巢家庭、丁克家庭、单身家庭、单亲家庭等，正在成为中国城乡家庭结构的重要类型。

（3）离婚率不断上升。根据民政部发布的《2012年社会服务发展统计公报》显示，2011年依法办理离婚手续的共有287.4万对，2012年办理离婚手续的共有310.4万对，增长了8.0%；而且年离婚率的增幅超过结婚率增幅。从绝对离婚对数的数据可以看出，我国的离婚率正在呈加速攀升的趋势。

家庭类型的变化将对消费需求发展以及社会化服务产生重要影响。随着家庭规模的缩小，家庭数量不断增加，对一般家庭日常用品及家庭耐用消费品数量的需求也会随之扩大。此外，核心化的家庭结构和快节奏的现代生活，将进一步带动人们对餐饮、方便食品、家政服务、托幼服务、老年服务、网上以及电话订购等服务的需求。因此，准确把握消费者的需求，组织相关产品的生产，提供各种服务，不仅能更好地满足消费者的需求变化，也能够给企业带来很多的机会。

（四）人口的迁移方式

人口迁移引起了人口的重新分布，影响到市场消费需求的结构和数量的平衡，人口迁移不仅影响原有地理人口数量形成的需求平衡，而且也会带来新的消费需求，潜移默化地影响原有地区的消费需求。

从我国目前的情况来看，人口迁移呈现三个特点：

（1）从农村迁移到城市。据统计，我国8亿农村人口，实际从事耕作的人口约为1.8亿人，每年有近2亿农村壮劳力流向城市，而且具有举家迁移的趋势。

（2）从贫困地区迁移到富裕地区。为了解决边远地区的贫困状况，国家采取了一系列的政策措施，其中包括政策迁移。而自然迁移现象更是比比皆是，其中主流就是往富裕地区迁移，沿海富裕地区民工潮更是连绵不断，迁移的势头始终不减。

（3）从内地迁移到沿海。我国的沿海地区由于历史原因以及自然地理条件方面的优势，一直是较为发达的地区，不论是居住条件、收入水平，抑或是人文条件等，都要优于内地，因此，贫困人口从其目前聚居的内地地区向沿海迁移成为必然趋势。

（五）中国的城市化发展速度

中国的城市化经历了较为漫长的发展道路，从1949年的10.6%曲折地发展到1978年时的12%。1978年以来，随着改革开放和社会主义市场经济地位的确立，中国的经济步入了快速发展阶段，城市化也相应得到了空前的发展。在全面总结以前城市化发展的经验和教训的同时，智慧的中国人积极探索，寻找新的发展方向。特别是1984年，中国开放城市户籍管理制度，大量扶持乡镇企业及私营企业的发展，进入了快速发展的阶段。20世纪90年代以来，国家出台政策大力扶持和推进城市化进程，到20世纪末，中国的城市化已取得了较大发展，城市化水平已经达到36.2%。进入21世纪以后，中国的城市化进程步入高速发展阶段，各地普遍呈现出活跃的景象，大中型城市迅速发展，形成了城市群、城市带、大城市圈，国家也再次加大了政策的扶持力度，把城市发展摆在一个更加重要的位置。到目前为止，中国的城市化水平达到了48%左右。但与西方发达国家相比，差距仍然很大。比如20世纪中叶,一些西方国家的城市人口占其总人口的比例分别为:美国72%,英国87%,联邦德国79%,荷兰86%,加拿大77%,澳大利亚83%。不过我们也应看到,中国的城市化起步较晚,而且当城市规模无限扩大、城市人口迅猛增长时,一些严重问题不可避免地出现了:① 环境污染严重,原有生态环境日趋恶化;② 中心区人口密集;③ 交通拥挤;④ 地价房租昂贵,居住条件差;⑤ 失业人口增多;⑥ 社会秩序混乱。由此可见,中国的城市化之路依然漫长。

(六) 教育群

联合国教科文组织第36届大会教育委员会通过《国际教育标准分类法》(2011)修订文本,这是自1976年以来的第三版国际教育分类标准。其中,根据教育课程内容复杂程度和专门化程度将教育体系从低到高分为9个等级序列,即0级早期儿童教育、1级小学教育、2级初中教育、3级高中教育、4级中等后非高等教育、5级短期高等教育、6级本科教育(学士或等同)、7级硕士教育(硕士或等同)和8级博士教育(博士或等同),从而构成了一个完整的教育等级序列。由于受教育程度的不同,人们的需求能力和需求偏好也会不同。

综上所述,人口统计环境的变化通常是长期的,这也给企业辨析人在短期或中期的需要、欲望、需求变化提供了机遇。

二、经济环境

经济环境是指企业营销活动所面临的外部社会经济条件,以及其运行状况和发展趋势。一个国家的社会经济运行状况及其发展变化趋势,将直接或间接地对企业的市场营销活动产生影响。营销的经济环境包括国民收入水平、消费者收入水平、消费者支出模式、消费者储蓄和信贷。具体情况如下:

(一) 国民收入水平

人均国民收入是综合地反映一国经济发展水平、经济实力、人民生活水平的重要标志,反映了一个国家人民生活水平的高低,也在一定程度上决定了商品需求的构成。随着新一轮改革开放的启动,党的十八大提出了收入倍增计划,即到2020年实现国内生产总值和城乡居民人均收入比2010年翻一番的目标。一般来说,人均收入增长,对消费品的需求和购买力就增大,反之就减小。

（二）消费者收入水平

消费者的个人收入对其购买力有重要影响，主要包括个人可支配收入和个人可任意支配收入。个人可支配收入，是在个人收入中扣除税款和非税性负担后所剩余额，是个人收入中可以用于消费支出或储蓄的部分，它构成了实际的购买力。个人可任意支配收入，是在个人可支配收入中减去用于维持个人与家庭生存不可缺少的费用（如房租、水电、食物、燃料、衣着等项开支）后剩余的部分，这部分收入是消费需求变化中最活跃的因素，也是企业开展营销活动时重点考虑的对象。因为这部分收入主要用于满足人们基本生活需要之外的开支，一般用于购买高档耐用消费品、旅游、储蓄等，它是影响非生活必需品和劳务销售的主要因素。通过了解消费者收入的变化，营销人员能够估计产品的市场潜力并根据具体的市场细分提出营销计划。

此外，消费者的收入还可以从货币收入与实际收入角度进行比较。这是因为购买力还会受到价格变动的影响，当货币收入较高而价格水平也较高时，消费者的实际收入可能并没有增加，甚至减少，只有在较为稳定的价格水平下，才能比较货币收入与实际收入之间差异的合理水平。

（三）消费者支出模式

消费者的支出模式主要受消费者收入的影响，它会随着消费者收入的变化而发生相应的变化。与此相关的一个概念是"恩格尔定律"（Engel's Law）。19世纪，德国统计学家恩格尔根据统计资料，研究出消费结构变化的一个规律，即一个家庭的收入越少，其中用来购买食物的支出比例就越大，但是随着家庭收入的增加，家庭收入中用来购买食物的支出会下降，用于其他方面的支出以及储蓄在家庭收入中的比重就会上升。其中，食品支出占家庭收入的比重被称为恩格尔系数（Engel's Coefficient）。恩格尔系数是衡量一个国家、一个地区、一个城市、一个家庭生活水平高低的标准，恩格尔系数越小表明生活越富裕，越大则表明生活水平越低，企业通过恩格尔系数可以了解市场的消费水平和变化趋势。

国际上通常用恩格尔系数来衡量一个国家或地区人民生活水平的状况。联合国根据恩格尔系数的大小，对世界各国的生活水平有一个划分标准，即一个国家平均家庭恩格尔系数大于59%为贫困；50%~59%为温饱；40%~50%为小康；30%~40%属于相对富裕；低于30%为最富裕。近年来，西欧、北欧、南欧、北美、日本、澳大利亚和中东石油富国等地的恩格尔系数显著下降，许多国家甚至降到25%以下，而发展中国家的恩格尔系数几乎都高于45%，表明其支出仍集中于食物消费。2011年，我国城乡恩格尔系数分别下降到36.3%和40.4%，按照联合国划定的标准，初步进入相对富裕状态。据预计，2020年我国城乡恩格尔系数将分别下降到25%和35%。

消费者支出模式除了受消费者收入的影响外，家庭所处生命周期阶段的不同会造成不同的消费结构。一个新婚家庭处于家用电器、家具等耐用品的需求旺盛期；家庭中有了孩子，家庭收入的很大比重都用于孩子的食品、教育等方面；待到孩子长大成人后，父母的消费多用于医疗、保健、旅游等。另外，家庭由于所在地点不同，开支也不一样。比如，居住在城市的家庭与居住在农村的相比，在交通、住房和食品等方面会呈现出不同的支出比例。

（四）消费者储蓄和信贷

人们的收入除了用于现实消费，还有一部分用于储蓄等方面。当收入一定时，储蓄越少，则现实的消费量就越大，但潜在消费量就越小；反之，储蓄越多，现实消费量就越小，但潜在的消费量就越大。从我国目前情况来看，消费者储蓄对现实消费影响的比重最大，企业营销人员应当全面了解消费者的储蓄情况，尤其是要了解消费者储蓄目的的差异。储蓄目的不同，往往导致潜在需求量、消费模式、消费内容、消费发展方向的不同。这就要求企业营销人员在调查、了解储蓄动机与目的的基础上，制定不同的营销策略，为消费者提供有效的产品和劳务。

消费者信贷是指消费者凭信用可先取得商品使用权，然后通过按期归还贷款的方式完成商品购买的一种方式。消费信贷的规模与期限在一定程度上影响着某一时限内实际购买力的大小，也影响着提供信贷的商品的销售量。它可以允许人们购买超过自己现实购买力的商品，从而创造更多的就业机会、更多的收入以及更多的需求。信贷消费历来是稳定消费力的支柱，信贷消费的变化会带来消费力的极大变化，从而对企业营销产生很大的影响，特别是对那些价格敏感度较高的产品供给企业影响较大。信贷消费的施行与国家的经济发展水平有关，也受法律环境和消费观念的直接影响。

三、自然环境

自然环境是指营销人员所需要的或者受营销活动影响的自然资源因素。当前，全球变暖、淡水资源危机、能源短缺、森林资源锐减、土地荒漠化、物种加速灭绝、垃圾成灾、有毒化学品污染等众多环境问题已在威胁人类的生存。从营销学的角度看，自然环境的变化给企业带来了一定的威胁，但同时也给企业创造了机会。目前，营销人员应关注自然环境以下几个趋势：

（一）自然资源的短缺

地球上的物质资源是由无限资源（如空气）、可再生资源（如森林）和不可再生的有限资源（如石油）所组成的。目前的状况是，无限资源正在遭受前所未有的威胁，空气的污染在有些地区已到了令人窒息的地步；可再生资源的规模化、无节制的利用，破坏了地球的生命链，土地的沙化和碱化，威胁到粮食的生产，树木的大量砍伐又直接导致水土流失；对不可再生的有限资源的大量开采利用，使成本节节上升，包括采掘成本、低需求成本和竞争成本。除非发生重要的技术革命，否则这类成本很难降低。

上述现象给予科技工作者极大的创新机遇，从而带来整体的消费需求转移以及新兴行业的掘起。

（二）污染严重

随着现代工业的发展，环境污染也在日益加剧。比如，对水、空气、土壤的大量的化学污染，废弃的包装材料的处理，业已成为当今社会的严重问题之一。环境污染最直接、最容易被人所感受到的后果就是人类环境的恶化影响着人类的生活质量、身体健康和生产活动。例如，城市空气污染严重，包括北京、上海等城市的PM2.5指数屡创新高；水污染使水质恶化，饮用水质量普遍下降，时刻威胁人的健康乃至生命。中国地质科学院水文环境地质环境研究所的研究表明，华北平原浅层地下水的综合质量整体较差，且污染较为严重，直接可以饮用的地下水仅占22.2%，未受污染的地下水仅占采样点的55.87%。污染，不仅带来健康隐患，也造成社会问题。

污染问题在我国已引起了政府和公众的重视，有关部门也做了大量工作。2012年2月，国务院发布了新修订的《环境空气质量标准》，其中增加了细颗粒物监测指标。截至2012年底，全国已有195个站点完成了PM2.5仪器的安装调试并试运行,其中138个站点开始正式PM2.5监测并发布数据。公众对环境保护的关注,一方面限制了某些行业的发展,另一方面也为某些企业带来了营销机会,比如治理污染的技术和设备,不破坏生态环境的新的生产和包装技术。有资料显示,麦当劳通过使用可回收利用材料制成的包装物,使其产生的污染物每年减少60%。成功的运用绿色营销,使麦当劳公司关心人类共同环境的形象不仅得到了消费者的认同,也获得了额外的销售量。

(三)政府对自然资源的管理

资源趋于短缺,污染日渐加剧,许多国家的消费者个体也开始关注自己赖以生存的环境,关注自己的消费行为是否会造成环境污染,并自觉使用采用可再生资源制造的产品,使用带有环保标志的绿色产品。由于公众对自然环境的关注,各国政府也积极采取措施,制定各种严格的环保政策,加强对自然资源的管理,并强制企业购买设施和采取措施解决环境污染问题。我国更是把"环境保护"定为一项基本国策,制定和颁布了一系列法律法规,以保证这一基本国策的贯彻执行。作为企业,不仅要注意有关法令的限制,严格守法,还应重视和利用环境保护所提供的营销机会。

四、技术环境

能够迅速改变人类命运的方式之一是技术,18世纪的蒸汽机引发了一场工业革命,而电脑的发明和应用以及互联网的普及,则使得人类走进了虚拟的社会。虽然任何新技术都可以称为一种"创造性的破坏",但它确实不仅能使产品生产本身成为一件较容易的事,更能带来强大的新行业的替代效应。

进入21世纪,生物技术成为高新技术的主角和亮点,正以其令人瞩目的应用前景持续成为投资热点。而20世纪末微电子技术的高速发展也在为当前的技术提供创新的基础。此外,互联网技术的发展及其在各个领域的广泛应用,给人们的生活带来了很大的变化。因此,营销人员要注意以下几种技术环境的变化趋势:

(一)各种新技术带来的产品市场的变化

技术环境的变化非常迅速,这对企业及其产品具有深远的影响。技术进步可以影响产品的生产原料、制造工艺、管理方式、流通系统、产品的营销以及企业与消费者之间的沟通。比如面对日益高涨的油价和日益严重环境污染问题,日本汽车制造商率先利用先进技术生产出节油型混合燃料汽车,丰田的Prius和本田Civic就属于这一类型。

新技术产品能开发出新市场。一种在市场上初次露面的新技术产品,对消费者来说,可能会过于昂贵,以致产品供大于求。随着企业在技术上加以改进,为目标市场生产专门的产品,有效地进行大批量生产,并不断地降低成本和价格,消费者的需求将不断得到满足。因此,在消费者购买力允许的范围内,应将新技术产品加速导入目标市场。

(二)顾客需求的变化

新技术催生新产品,同时也刺激人们产生新的需求,影响并改变需求的满足状态。越来越多的顾客开始勇于尝试新鲜事物,对创新给予更多关注并且愿意付出高昂的代价。

现代技术的发展不仅影响着人们的需求变化,更带来消费行为的不断分化。无论是"宅一族"的兴起,还是数字消费对传统生活方式的颠覆,都依托于新技术、新产品的快速发展。如网络购物的兴起依托于发达的物流体系和信息技术,微博等自媒体更让每一个顾客成为产品与信息的传播渠道,消费者可以不出家门进行学习、工作和购物。同时,互联网应用也改变着企业产品的促销和分销方式。通过建立消费者和销售者之间的联系,如在线订购,可以更快地接收和处理订单。

(三)营销手段的变化

技术进步在创造新产品的同时,自然也对旧产品带来巨大的冲击。在这种形势下,运用营销手段来应对技术变化、调整产品的市场表现成为企业的唯一选择。当然,新技术的发展也为营销提供了越来越多的手段和工具,使企业能以更有感染力的方式向顾客介绍企业自身及其产品,更有针对性地与更多顾客进行更加有效的沟通。

例如,支付方式、物流等辅助环节的高效协调运转使互联网不仅成为一种有效的沟通渠道,更导致了销售渠道的多元化。如今,B2B(Business to Business,企业间的电子商务)、B2C(Business to Consumer,企业对顾客的销售方式)、B2G(Business to Government,企业与政府机构间的电子商务)已经获得了极大的发展,C2C(Consumer to Consumer,个人对个人的电子商务)也不再类似于传统的周期性跳蚤市场,而是成为一种全新的渠道。总之,越来越多的企业在改变原来的渠道策略,利用互联网来实现更为直接的营销活动。

又如,当越来越多的顾客崇尚各种体验时,追求体验就成为一种新的需求,同时也衍生出一种新的营销手段——以体验来激发人们的需求,促使顾客做出购买决策。使用一直是最主要的体验方式之一,但这种体验以产品消耗为前提,且体验范围有限、成本昂贵。而身临其境的虚拟驾驶、通过三维动画展示家居生活等数字技术的模拟体验近乎完美地解决了这一难题。

(四)研究和开发费用投入的变化

技术的发展离不开研究和开发费用。一般来说,高额的投入会带来高额回报,但如果高额投资不能转化为现实的产品,不能取得利润,再先进的技术也是没有市场价值的,甚至无法保证企业的生存。

技术创新的来源有两个:一是来自市场的驱动,可以在本企业内部自主研发,也可以与专业研究机构共同合作进行。项目的规模可能有的非常小,有的非常大;有的是改进现有产品,有的是探索全新的领域。为了让技术达到最好的商业应用效果,研发人员和营销人员必须紧密合作。研发人员可以提供专门技能、解决问题的技巧和创造力。营销人员可以通过对市场需求的了解或者专为某项新产品寻找市场位置的办法,指导和改进生产工艺。二是来自企业外部或市场外部,多途径、多方面地取得新技术、新技术成果。在这种情况下,企业要及早发现它的潜在应用价值,购买专利取得使用权,或进一步开发利用这种技术,在出现竞争者以前开发出有市场前景的产品。

(五)技术革新的法规增多

随着技术不断革新,专利权的保护正在成为一项重要工作而日益受到企业的重视,政府部门也制定了一些相应的法规和措施,对新产品的检查和管理日益加强,对安全与卫生的要求越来越高。因此,营销人员在发展新技术、创造新产品时,一定要充分注意各种相关法规的规定,自觉遵守和规范自己的生产经营行为。

五、政治和法律环境

在任何社会制度下,企业的营销行为都会受到政治和法律环境变化的影响，必须始终在政治和法律的规范、强制和约束下开展市场活动。政治和法律环境是由法律机构、政府机构与在社会上对各种组织及个人有影响和制约的公众利益集团所构成的。

这种环境包括三个方面：一是政府与企业的关系，即政府是直接的管理者还是间接的管理者；政府是企业产权的直接持有者还是间接持有者；政府是经济利益的直接得益者还是间接得益者等，都直接关系到企业市场运行的参与程度。二是企业与法律的关系，任何一项法律法规，都代表着立法者的意志，立法的必要性在于调整和协调越来越复杂的社会关系和经济关系，以保障社会和经济活动在统一、规范的环境中运行发展。因为企业的经济活动只有在规范的环境中才能平稳运行。三是公众团体的约束，各种社会团体是为了维护一部分社会成员的利益，按照法律建立起来的，旨在影响立法、政策和舆论，这类团体对企业的营销行为往往更具有即时的约束力。

（一）国家政策法规的不断完善

国家政策法规对企业的市场营销活动有很大的影响，尤其是对企业较长期的投资行为。首先，一个国家的政局稳定与否，会给企业营销活动带来重大的影响；其次，各国政府都会通过制定一些政策对某些特定的行为进行限制，从而影响企业的营销活动。

国家立法的目的：其一是维护企业的合法权益，如公司法、反不正当竞争法、税收法、广告法、商标法、价格法等，都是为了避免不正当竞争，保证良好的市场秩序。其二是保护消费者的合法权益不受侵害。我国对保护消费者利益的立法非常重视，推出了从规定产品的品质、技术标准，到免受不法经营者欺骗等方面的一系列保障措施。例如，在移动互联网时代，商家非常注重对个人信息的收集和处理，用户信息已经成为搜索引擎、微博、微信等互联网产品继广告收入、增值业务收入、运营商分成之后新的利润增长点。为保护消费者的个人隐私，2013年修订的《中华人民共和国消费者权益保护法修正案（草案）》中，已经加入了"隐私权"相关条款。其三是保护社会利益，防止环境污染。通过《环境保护法》及相关条例严格限制经济活动的外部性，协调人类与环境的共同发展。随着社会对可持续发展观的进一步认同，企业的经营活动越来越不能回避其应有的社会责任。国家或地方政府所颁布的各项法规、法令和条例等，是企业营销活动的准则，企业只有依法进行各种营销活动，才能受到国家法律的有效保护。

（二）自由贸易区的建立

2013年7月3日，国务院常务会议原则通过了《中国（上海）自由贸易试验区总体方案》。同年8月22日，商务部宣布，试验区已获国务院正式批准设立。试验区范围涵盖上海市外高桥保税区、外高桥保税物流园区、洋山保税港区和上海浦东机场综合保税区等4个海关特殊监管区域，总面积为28.78平方公里。从中国改革开放的历史进程上看，今天的上海自贸区试点改革可以说是"对外开放的3.0版"。

20世纪80年代推行的"经济特区"，可以视为中国"对外开放的1.0版"，以深圳、珠海、汕头、海南等几大特区的划定为标志。20世纪90年代，小平同志南方视察讲话后推出的"经济新区"（包括开发区、高新区、保税区等）可视为2.0版，以上海浦东新区和天津滨海新区为成功典型。而上海自由贸易区之所以是3.0版，是因为在国际经贸往来中，自由贸易区对外开放的程度是最高的。通俗地说，自贸区往往是保税区的升级版：保税区属于"关内境外"，主要是方便货物的自由进出；而自贸区则属于"关外境外"，货物、人员、资金等可以全方位地自由进出，享受政策和税收上极大的便利和优惠。因此，为配合自贸区的发展，诸如资本项目下人民币自由流动等激动人心的金融改革也在大跨步推进。

（三）公众利益集团的发展

公众利益组织有两类，一类是政府组建或政府授意组建的，另一类是企业或公众自发组建的。不管是哪一类，其目的都是增加自己在交易过程中的权利和力量。值得注意的是，这些公众组织对政府行为有很强的影响力。从本质上讲，众多的营销活动实际上已纳入公众领域的范畴。

六、社会文化环境

社会是人们赖以生存的空间，而文化又使得在一定社会中生存的人们形成基本信仰、价值观念和生活准则。社会和文化环境不像其他环境那么显而易见和易于理解，却又悄然渗透在人们的日常活动中，深刻影响着企业的营销行为。因此，忽略社会特征和文化特征的营销是不会成功的。

（一）企业关注的人的六种社会关系

1. 与自己的关系

人们在如何看待自己、满足自己、追求自己的目标上存在着差异，这种差异既有纵向的差异，也有横向的差异。例如，当一个人强调自我满足时，相对会追求个人价值的实现；而在另一种条件下，同样是这个人，可能会强调为他人服务和付出，此时，他所追求的是社会价值的实现。当他们拼命储蓄时，考虑的是未来，从而会谨慎地消费；而他们追求享受时，考虑的是即期，此时会更注重价值的取得和成功的实现。

2. 人与其他人的关系

一个人可以脱离家庭，但脱离不了与他人的关系。人类的特征之一就在于相互间的沟通。社会的进步，使得更多的人寻求与其他人建立良好的关系，而不是为了取得某种经济利益。人们这种以社会为基础的沟通要求，增加了产品或服务进入目标消费阶层的可能性。

3. 人与机构的关系

人群中的大多数都愿意和各类机构交往，尽管有些人对这些机构是不满意的。机构包括企业组织、政府机关、学校、公众团体、社会部门等。人与机构的关系是企业营销活动的关注点，因为企业可以通过机构，例如企业的服务部门，与消费者建立良好的沟通，较为真实地获知消费者的要求或者建立良好的忠诚度。任何忽视机构作用的作法，都是短视的。

4. 人与社会的关系

社会给予人各种活动的空间，但不是每个人对社会都是忠诚的，而是态度各异，有保守的，也有创新者，有改革者，也有逃避者……每个社会都有自己的氛围，这种氛围在相当程度上主导着人们的思想和行为，企业就是提供或创造这种氛围的主体之一。

5. 人与自然的关系

人与自然的关系是共生的，但个人对自然的态度不尽相同。人对自然过分索取、无偿索取，其结果将会毁灭人类本身。因为自然本身是脆弱的，其供给能力在得不到补充的条件下是极其有限的，人类的活动在利用自然、改造自然过程中也破坏了自然，保护自然是人类的共同口号，人类目前还不具备驾驭自然的能力。

不过，人从本质上讲是热爱自然的，这就给营销创造了许多机会。自然的环境、自然的食品、自然的生活……企业的营销机会在"自然"中更容易把握。

6. 人与宇宙的关系

人与宇宙的关系这里是指人对世界的总看法。人探秘宇宙，以便对物质的本源知道得更彻底。但是，人类离真正了解宇宙的奥秘还有很长的路要走，而宇宙起源、生命起源的模糊，使得宗教信仰成为影响人们消费的因素之一。虽然宗教的倾向性在科技发达的今天有所减弱，但影响还是客观存在的。一种产品的推出，一种销售活动的展开，都必须尊重当地人的信仰，保护他们的感情。

（二）文化的特点

文化的根本特点在于对价值观的认识。价值观是指人们对客观事物的总看法、总观点，它力图揭示客观现象的本质及其规律性，表明一种规范性的见解和态度。价值观毫无例外地同主体的需求、志向密切结合，符合主体在现实生活中的客观性和实际性的约束。

价值观的层次性表现在以下几个方面：

1. 政治和社会价值观

对于生命的意义来说，坚持自身的价值和献身他人都是客观的。这两种对立的态度，依赖于这些态度所涉及的内容。从利他主义角度看，停留在功利价值限度内的"爱"是低级的，而将自己的一切献给他人的"爱"是高尚的。某个领域的价值，一旦和社会的精神联合就会增长；反之，一味追求自我，价值就会下降。因为，这种行为不会让他人体验到价值。

2. 审美和理论价值观

审美价值观是将物质的世界转化为想象的世界，而理论价值观则是将物质的世界转化为观念的世界。审美，诉诸一种空间和时间的想象，并通过移情作用，使心灵从那种纯物质的限制中解脱出来。理论，诉诸一种和想象力同样无限的观念的时间和空间，进而将物质的世界转化为各种观念及本质联系，通过推理和概念进行具体的思考。

3. 宗教价值观

宗教价值观是指个人或其他主体对于宗教这种特殊的社会现象对主体自身

的重要程度做出判断时所持有的内在尺度。它是影响主体对宗教的态度、主体的宗教情感以及主体的敬神行为的重要心理变量，是主体价值观系统中有关个人的宗教生活的子系统，是主体对宗教的各种坚信不疑的宗教信念的总和。宗教价值观的意义在于道德的价值，在于行为的规范性，它的价值超越了时空，是整个生存的造化，是宇宙意义上的专注。

而极端的宗教价值观往往崇尚功利。一旦功利价值成了目的，人的生命意义就沦为单纯的享乐和安逸了。

社会文化环境，把营销行为带入了一个理性的物质世界，对其本身效果的关注效果，在现代营销行为中已经超过了营销技巧本身。

第三节　微观营销环境

微观环境是企业内部的环境力量，是依据企业形成的战略和行为过程中的策略，采用或调整的一种环境。微观环境要素直接参与企业的营销行为，形成企业营销价值链中各个主要链节，并与宏观环境要素互为补充，提高企业的营销成功率。

一、企业自身

企业是一种经济组织，是社会经济活动的细胞，是靠契约联结在一起的具有长期关系的协同体，有股份制、合作制等多种产权形式。企业的组织结构也有垂直型、职能型、扁平型多种形式。企业内部各个部门、各个管理层次存在着科学合理分工、工作协调和谐的客观要求。企业的存在应该能够调整市场机制，比它各个组成部分独立行动更有效地进行生产和服务，它的行为包括监督、营销、人事、财务、分配、采购、研究和开发等。

二、供应人

供应人是处在价值链中的上游，专向企业提供各类生产或服务资源的组织或个人。企业的经营活动离不开五大资源：劳务、技术、原材料与设备、资金、能源。供应人作为经济组织，同样会产生价值追求和供给数量变化的函数关系，因此，供应人的选择成为控制企业营销行为的因素，企业应与供应人建立长期协作关系，以降低交易成本。

三、营销中介

营销中介是为企业营销活动提供各种服务的企业或部门的总称，其中包括中间商、辅助服务机构等，是市场营销活动中不可缺少的中间环节。如企业的资金周转不灵，必须求助银行等机构。营销中介对企业营销产生直接的、重大的影响，只有通过有关营销中介所提供的服务，企业才能把产品顺利地送达目标消费者手中。

（一）中间商

它是指把产品从生产商流向消费者的中间环节或渠道，主要包括批发商和零售商两大类。中间商对企业营销具有极其重要的影响，一般企业都需要与中间商合作，来完成企业营销目标。为此，企业需要选择适合自己营销的合格中间商，必须与中间商建立良好的合作关系，必须随时了解和掌握其经营活动，并采取一些激励性措施来推动其业务活动的开展。而一旦中间商不能履行其职责，企业应及时解除与中间商的关系。

（二）辅助服务机构

它是指企业营销中提供专业服务的机构，包括广告公司、市场调研公司、仓储公司、运输公司、银行、信托公司、保险公司等。它们为企业提供融资、保险、广告、商品储运、咨询等多方面的服务。这些机构虽然不直接参与企业经营，但对企业的营销活动会产生直接的影响。一个企业能否在动态的市场环境中与这些企业建立稳定、有效的协作关系，对于企业任务与目标的最终完成具有重要影响。

四、顾客

顾客是指具有支付能力的实际的和潜在的购买者。企业的顾客组成了企业的目标市场，是企业存在的生命动力，顾客的需求制约了企业的能力和企业的规模。从整体上分析，顾客由两大市场组成，即本土市场（国内市场）和全球市场。这两大市场又分别拥有各自的生产者市场、转售者市场、消费者市场、政府市场等。

一家企业往往将自己的产品销往不同类型的市场，而每一种市场都有其独特的顾客。这些市场有着不同的需求和购买行为，必定要求企业以不同的服务方式提供不同的产品（包括劳务），从而制约着企业营销决策的制定。因此，企业要认真研究不同顾客群的需求特点、购买动机等，并设法满足市场的需要。

五、竞争者

竞争者指的是向某企业所服务的目标市场提供产品和服务的其他企业和个人。企业总是处于竞争者的包围之中，从消费需求的角度分析，我们可以看到，企业的竞争者包括愿望的竞争者、平行的竞争者、形式的竞争者和品牌的竞争者。因此，企业要在判别行业竞争的特殊性基础上，识别企业实际的、潜在的、未来的竞争者，判定竞争者的目标和反应，确定竞争战略，取得竞争优势。

企业所面临的竞争者不仅仅是来自于本行业的组织竞争者，而且还来自于外行业的组织竞争者，以及来自于消费者的竞争。为此，企业在制定营销策略前应当充分了解：目标市场上谁是自己的竞争者；竞争者的策略是什么；自己同竞争者的力量对比如何；它们在市场上的竞争地位和反应类型等。在竞争中取胜的关键在于知己知彼，扬长避短，发挥优势。

六、公众

公众是指对企业达到其营销目标具有实际或潜在影响力的群体，主要可分为七种：机构公众、社会公众、地方公众、中介公众、一般公众、内部公众。

由于企业影响营销的行为会在不同程度上增加或减少公众的利益，因此，公众的力量就成了企业营销中所要考虑的因素之一。营销行为本身就是一个开放的系统，处理好公众的利益关系是企业营销人员的基本职责。

总之，构成企业营销微观环境的各种制约力量影响着企业为目标市场服务的能力。一个企业能否成功地开展营销活动，不仅取决于它能否适应宏观环境的变化，能否改善微观环境也是同样重要的。这是企业的一项经常性的工作。

第三章　市场营销环境

本章小结

营销环境中存在着无限的企业营销机会，同时也存在威胁。进行营销环境分析是为了认真地判别企业的营销环境，充分了解消费者的未来需求，开发出使消费者满意的市场营销组合，这是营销行为的前提。营销人员要善于分析市场趋势和市场结构，从中开发具体的营销行为。

营销环境由宏观环境和微观环境组成。宏观环境由一系列大范围的社会约束力量构成，包括人口、经济、自然、技术、政治和社会文化因素。人口的多少直接决定市场的潜在容量，而人口的年龄结构、家庭状况、地理分布等因素，又会对市场产生深远的影响。经济环境指企业营销活动所面临的外部社会经济条件，以及其运行状况和发展趋势。营销的经济环境包括国民收入水平、消费者收入水平、消费者支出模式及消费者储蓄和信贷。自然环境是指人类生存和发展所依赖的各种自然条件的总和。技术环境是指把科学、发明与创新的知识应用到营销活动中。营销人员不仅需要注意技术环境在迅速的变化以及新技术带来的无限机会，也要考虑企业的开发和研究费用。此外，企业营销活动必然受到所处的社会文化环境的影响和制约。企业应了解和分析社会文化环境，针对不同的文化环境制定不同的策略，组织不同的营销活动。

微观环境指那些与企业关系密切、影响企业服务顾客的能力的因素，包括企业本身、供应商、营销中介、顾客、竞争者和公众。企业开展营销活动要充分考虑企业内部的环境力量和因素。企业内部各职能部门的工作及其相互之间的协调关系，直接影响企业的整个营销活动。企业营销部门在制定营销计划，开展营销活动时，要考虑其他部门的业务活动，考虑与企业其他部门的协调。对于企业来说，供应商所提供的资源主要包括原材料、设备、能源、劳务、资金等，这些直接影响企业产品的产量、质量以及利润，从而影响企业营销计划和营销目标的完成。营销中介是为企业营销活动提供各种服务的企业或部门的总称，包括中间商、辅助服务机构等，是市场营销活动中不可缺少的中间环节。顾客是指使用进入消费领域的最终产品或劳务的消费者和生产者，也是企业营销活动的最终目标市场。竞争者指的是向某企业所服务的目标市场提供产品和服务的其他企业和个人。任何企业在目标市场进行营销活动时，不可避免地会遇到竞争对手的挑战。而企业竞争对手的状况将直接影响企业营销活动。公众是指对组织实现其目标的能力具有实际的或者潜在的利益关系或影响的群体。公众对企业的态度，会对企业的营销活动产生巨大的影响。

本章思考题

1. 简述营销环境分析对营销活动的意义。
2. 企业应如何分析、评价环境威胁和市场机会？
3. 简述宏观环境的组成及其对营销的推动与约束。
4. 企业应如何分析、研究消费者收入？消费者支出模式的变化有什么规律？
5. 技术创新会给企业营销带来怎样的影响力？
6. 案例研究：

巨变市场环境下，中国酒业的营销挑战

任何一个企业都不可能随随便便成功。一个企业成功了，除了自身的努力外，更重要的是因为把握了时代的机遇，踏准了时代的节拍。当前，中国酒业的市场环境发生了巨大的变化，给企业过去那种传统的高速增长模式带来了巨大的冲击。作为行业领军企业，茅台、五粮液等品牌的生产商纷纷开始了艰难的自我调适。茅台自建直营店，加大对中高端市场的投入，并进入茶叶领域；五粮液则开始着手推进营销系统的变革。而大多数企业则在面对巨变的市场环境时显得无所适从、进退失据，经营上陷入困顿，思维上跌入迷茫，情绪上坠入焦虑。

一、洞察：当前市场环境变化的几个特点

当前市场环境的变化表现出以下几个结构性的特点，将对中国酒业的生产经营带来突变性的影响，行业新一轮的洗牌在所难免。

（一）经济降速

当前，中国的经济正以不可逆的趋势由高速增长的"猛牛"时代向中速增长的"慢牛"时代转变，正式告别高速增长的时代。投资下降带来的政务商务需求减弱，意味着身份需求和面子需求制造的消费泡沫将逐渐消退，消费者在购买产品时将更注重性价比，那些价值感明显的产品将会受到青睐。

（二）橄榄型的消费形态

中国经济经过"黄金十年"的发展，已经由原来的金字塔型的消费形态，发育成为橄榄型的消费形态，中产消费人群已经由原来的8 000万人发展到现在

的3亿人。党的十八大后,城镇化将成为新一届政府启动内需的政策重点,预计未来10年,随着中国城镇化的逐步推进,还将有1亿人成为中产消费人群。中产人群将成为今后酒类市场决定性的消费市场。

(三)社会化的生活方式

移动互联网技术的应用、微博和微信的崛起,使人与人之间的关系越来越社会化。正如一位长期研究微博等社会化网络的专业人士所说,越来越多的人的生活方式正由"我上线"变为"我下线"。一个人一旦离开自己的手机或QQ一段时间,就会感到焦虑,感觉自己处在一个信息孤岛,甚至会感觉到自己割断了与这个世界的联系。社会化的生活方式彻底改变了企业传统的组织形态、品牌建设模式以及消费者的购买方式,消费者开始通过社交网络寻找可信赖的品牌,并在社交网络上真实、同步描述自己对某一品牌的消费体验。

二、逆袭:环境变化给企业带来的机会

一个企业如果能善用变化带来的机会,就有可能在激烈的市场竞争中异军突起。相反,如果一个企业对变化了的环境视而不见、抱残守缺,就可能会成为未来失败的导火线。

(1)中高端市场将成为未来酒类消费的主力,这是由中国市场橄榄型的消费形态所决定的,也是中国酒类消费中最大的一块蛋糕。是否发力中高端,将直接决定一家企业在未来5~10年内的市场地位、销售规模和赢利水平。

(2)从酒类细分的品类来看,白酒中的酱香型将继续快速增长,以养生为诉求的保健酒亦将快速发展,葡萄酒则将进入品牌塑造时代。

(3)渠道是连接企业与消费者之间的桥梁,几乎每一次环境的变化都意味着渠道的剧烈整合,也必然会导致一批企业消退和酒业新兴势力的崛起。社会化的生活方式必将对酒类现有的传统渠道带来巨大冲击,及时布局电商渠道,实现线上线下有效融合的企业将有更多获胜的机会。

(4)经济降速带来泡沫消退,正是抄底收购一些价值感比较明显的企业的好时机。现金流或融资能力比较强的企业,可以通过收购等形式来实现企业业绩的快速提升,并快速进入战略性的新兴区域市场。

三、颠覆:环境变化给企业带来的挑战

对企业来说,最可怕的是竞争已经在全新的规则下展开,而自己却毫无准备。在当前的市场环境下，企业如果策略应对不当，要么因为在经营上用力过猛，制造出新的更大的泡沫；要么因为采取过度紧缩措施导致企业在市场上快速消退。概括起来，外部环境的变化对企业带来的颠覆性的挑战主要体现在以下几个方面：

（1）经济降速导致需求萎缩，消费者的单次购买额以及购买频次减少，消费者购买商品更注重价值，希望能购买到物超所值的商品与服务。消费者消费需求的结构性变化，导致传统的营销刺激方式开始失灵，使企业如何通过营销创新来寻找新的刺激顾客消费的方式、如何有效分配有限的营销预算成为一项艰巨的任务。

（2）在经济高速增长时期，几乎每家企业都将自己有限的精力和资源投放在高端市场。一瓶高端白酒动辄上千元，甚至数万元，产品价格与价值严重背离，高端市场催生了大量的消费泡沫。随着经济降速，企业现有的产品结构如何调整才能有效适应橄榄型的消费市场对企业是一大挑战。

（3）在传统的营销刺激方式开始失灵的同时，社会化的生活方式也对企业传统的品牌建设模式提出了挑战。遗憾的是，为数众多的企业在品牌建设上仍然停留在自说自话、自圆其说的阶段，对社会化媒体要么不重视，要么不知道如何利用社会化媒体来进行品牌建设。社会化生活方式时期的品牌建设应更注重顾客的消费体验，应将更多的时尚元素融合到品牌中，品牌创意应更丰富多彩，在与消费者的品牌互动中能有效激发消费者的评论、转发和收藏。

天生万物，适者生存。环境变了，思想也要变；思想变了，行动也要变。正如乔治斯·伯那诺斯所说，倘若不引发行动则意义不大，而行动倘若不是源于思想则毫无意义。随着中国酒业新竞争时代的来临，企业迫切需要通过价值重建、模式升级、结构再造来重塑企业的基因。

思考与讨论：

分析中国酒业所面临的挑战以及今后的营销发展策略。

本章参考文献

1. 钱旭潮、王龙编著：《市场营销管理：需求的创造与传递》，机械工业出版社2013年版。

2. 唐豪、魏农建：《现代营销管理：原理、方法与案例》，上海大学出版社2004年版。

3. 晁钢令主编：《市场营销学》，上海财经大学出版社2008年版。

4. 陈宪、韩太祥：《经济学原理与应用》，高等教育出版社2006年版。

5. 马进军：《市场营销学》，机械工业出版社2011年版。

6.《国内多家互联网公司手机客户端被曝缺乏对用户隐私保护》，中国行业研究网，http://www.chinairn.com/news/20130821/082527748.html.

7.《营销环境分析》，http://xzj.2000y.com/mb/2/readnews.asp? newsid=509746. 2007年11月24日。

第四章 购买行为分析

本章学习目标

1. 了解：消费者购买行为模式、组织市场的购买行为特征；
2. 熟悉：消费者购买行为的不同类型；
3. 掌握：影响消费者购买行为的主要因素，消费者购买决策过程。

本章核心概念

购买行为模式　消费者购买行为　组织市场购买行为

第一节　消费者购买行为模式

消费者购买行为是指消费者为满足其个人或家庭生活而发生的购买商品的决策过程。消费者购买行为是复杂的，是受到其内在因素和外在因素的相互促进、交互影响的。企业在进行营销时通过对消费者购买的研究来掌握其购买行为的规律，从而制定有效的市场营销策略，实现企业营销目标。

影响消费者购买行为的因素有很多，这是由消费需求的特点决定的。把握住消费者购买行为的基本内容，即把握住"5W1H"，能够使营销活动更有效地进行。这里所说的"5W1H"包括：何人购买（who）、为什么购买（why）、购买什么（what）、什么时候购买（when）、在哪里购买（where）以及如何购买（how）。

研究消费者购买行为过程中面临的一个中心问题，是消费者对企业可能采取的不同营销活动的反应情况。图4-1中所示的购买者行为的刺激—反应模式

(S-R模式)说明了外界营销环境刺激与消费者反应之间的关系。

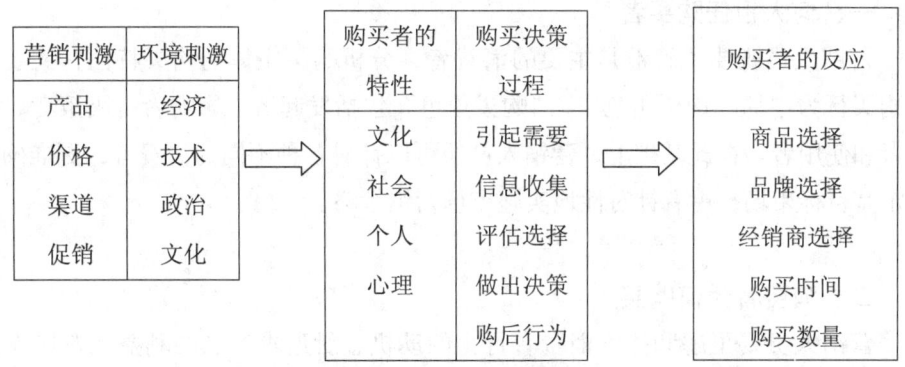

图4-1 消费者的购买行为模式

在这一模式中,外部刺激因素包括两个方面,即营销刺激和环境刺激。营销刺激表现为"4P",分别是:产品(Product),价格(Price),渠道(Place)和促销(Promotion)。环境刺激是指营销环境中的宏观环境刺激,即消费者购买行为中所受到的外部环境因素的影响,主要有经济环境、技术环境、政治环境、文化环境等。此时,可以把购买者在受到外部刺激后所产生的心理活动过程看成是一个"黑箱"。购买者反应是外部刺激进入购买者"黑箱"后,购买者对商品、品牌、经销商、购买时间、购买数量及价格等的选择,以满足其消费的需要和欲望,其间购买者应回答购买什么、为何购买、由谁购买、何时购买、何地购买、如何购买等问题。

上述消费者的购买行为模式体现了消费者购买行为的一般规律,即购买取向是由于具有一定潜在需要的消费者受到企业的营销活动刺激和各种外部环境因素的影响而产生的;而特征不同的消费者又会对各种营销活动的影响和刺激做出不同的反应,这就形成了不同的购买取向和购买行为。例如,甲是一位在校大学生,因生活需要,有意购买一部手机,由于现在手机更新换代很快,因此他决定购买目前比较先进的四核手机。而手机市场人流较多且购物环境不好,又考虑到交通问题,他选择到离学校较近的专卖店购买。在了解到某著名品牌一般有暑期促销,且考虑到该品牌手机的高品质和良好的售后服务,他决定在暑假购买一部该品牌的四核手机。

一、何人担任购买者

营销人员既要了解谁是主要的消费者，分析购买主体的购买特性，又要弄清购买行为中的"购买角色"。"购买角色"包括发起者、影响者、决策者、购买者和使用者。在此基础上，营销人员便可以针对各种不同的消费者，更准确地确定其目标市场，更有针对性地实施市场营销策略。

二、消费者为何购买

营销人员要了解和探索消费者行为的动机、所追求产品的利益点及影响其行为的主要因素。在现实生活中，消费者常常在面临同一种类的不同品牌产品时，选择某个特定品牌而放弃另一个品牌。面对这种情况，企业需要仔细调查这一购买行为的最终原因和动机，以便制定相应的营销计划及经营决策。

三、消费者购买何物

具体而言，营销人员要了解消费者所购商品的品牌、规格及款式等方面的情况，如手机有哪些牌子、哪些生产厂家等。通过了解、评估，可以知晓各手机生产厂家的知名度和美誉度。企业应了解消费者对产品的认知及其针对这些认知所做出的决策，以便更清楚地掌握消费者的偏好，及时调整策略，使消费需求得到更好的满足。

四、消费者何时购买

了解消费者在购买商品时所处的时间、时机等特点，对于企业开发新产品，拓宽销售领域，进而适时满足消费需求有重要意义。比如，玫瑰在情人节期间销售紧俏；年货在春节来临前销售最旺盛；粽子在端午节前后应集中销售等。

五、消费者何处购买和使用

消费者在何处购买产品，即其购买某类商品的习惯；消费者在哪里使用，即消费者使用商品的生活环境乃至使用场所或场合等，将反映出不同的消费渠道或消费终端。了解清楚以上两点，再进行销售计划拟定、产品设计和广告宣传等才会使企业的市场营销活动更有针对性，更好地适应消费者的需求。

据易观国际发布的《2013年中国网络购物市场分析报告》显示，2012年，在网络购买商品的网民中，购买服装类的达81.8%，购买数码家电产品的达77.6%；购买日用百货的是31.6%。由此可见，消费者习惯于网上购买服装、数码家电以及日用百货，对于其他商品则仍习惯于通过传统方式进行购买。

六、消费者如何购买

企业营销人员必须仔细研究消费者是怎样购买以及通过什么方式购买的。例如，商品的性价比是一些消费者在购买商品时所重点考虑的因素；与此同时，另一部分消费者则可能更看重商品的品牌、款式等其他因素。企业应认真分析这些因素对于消费者购买行为的影响，提供更符合消费者需要的适宜产品和服务。又如，根据消费者不同的购物习惯，实体店铺应突出"体验氛围"，还可以考虑提供货物运送和订购服务，藉以在竞争激烈的市场中脱颖而出；网店卖家则可以通过提高物流环节服务的质量和安全性，包括将货物完好无损地送达、提高时效性和服务水平等来更好地满足消费者的需求。企业只有不断进行市场调研，开发新产品，拓宽销售范围，才能更加全面了解并满足消费者需求。

第二节　影响消费者购买行为的因素

实践表明，了解和掌握影响消费者购买行为的因素意义十分重大，有助于企业据此制定营销策略，规划企业经营活动，为市场提供消费者满意的商品或劳务，更好地开展市场营销活动。本节将介绍影响消费者购买行为的主要因素，包括文化因素、社会因素、个人因素和心理因素。

一、文化因素

文化是人类知识、信仰、艺术、道德、法律、美学、习俗、语言文字以及人作为社会成员所获得的其他能力和习惯的总称。文化是人们在社会实践中形成的,是一种历史现象的沉淀;同时,文化又是动态的,处于不断发生的变化之中。一般来说,社会文化包括三个部分:文化环境、亚文化和社会阶层,而这些因素对消费者的购买行为具有最广泛、最深远的影响。营销人员必须重视文化因素对企业营销活动的影响,否则将给企业带来巨大的损失。

(一)文化环境

文化是引发人类愿望和行为的最根本原因。文化是人类欲望和行为最基本的决定因素,它决定着人们的价值观,使处于不同环境的人们在知觉、偏好、行为等方面具有不同程度的差异。每个国家、社会或者群体都有自己的文化,因此,文化对不同消费者购买行为的影响有着很大的差异。营销人员必须了解消费者的文化所起的作用,并制定适合文化环境的营销策略,如若不然,可能会给企业带来极大的负面效应。例如,2004年《国际广告》上刊登了一幅名为《龙篇》的立邦漆广告作品。画面上有一个中国古典式的亭子,亭子的两根立柱上各盘着一条龙,左边立柱色彩黯淡,但龙紧紧攀附在柱子上;右立柱色彩光鲜,龙却跌落到地上。画面旁附有对作品的介绍,大致内容是:右立柱因为涂抹了立邦漆,使盘龙滑了下来。有评价称此"创意非常棒,戏剧化地表现了产品的特点,结合周围环境进行贴切的广告创意,这个例子非常完美"。然而,就是这样一则广告,发布后第一时间在网上掀起了轩然大波,随之成为各大BBS上的热门话题。龙是中国人的图腾,立邦漆原本想用这个创意来表现立邦漆的神奇功用,但是龙没有腾飞而是摔落在地,这则广告因为没有考虑到中国人特有的文化背景而受人诟病。最后,该公司不得不公开道歉。这个案例说明,公司在营销策略中必须考虑全局,不能以偏概全。

(二)亚文化

所谓亚文化(Subcultures),是指某个较大的"母文化"中存在的拥有不同行为和信仰的相对较小群体的文化。各国除了存在核心文化以外,还存在亚文化。亚文化涉及民族、种族、宗教和地域等,为其成员带来更明确的认同感和集体感,从而形成亚文化群以及各种不同的细分市场。亚文化群主要包括以下四种:

1. 民族亚文化群

世界上许多国家,除了分别具有相对同一的某种文化类型外,还存在着以民族传统为基础的亚文化。比如我国共有56个民族,其中汉族占全国总人口的90%以上;其他55个民族被称为少数民族,其中壮族人口最多,有1 600多万人;人口超过400万人的少数民族有:满族、回族、苗族、维吾尔族、藏族、彝族、土家族、蒙古族等。各民族在长期的生产和生活过程中形成了各自不同的传统文化,消费习俗也不尽相同。

2. 种族亚文化群

种族又称为人种,是在体质形态上具有某些共同遗传特征的人群。一个国家之中可能有不同的种族,各个种族都有自己独特的生活习惯和文化传统。如世界上的人口按肤色分,有白种人、黑种人、黄种人、棕种人等,他们的购买行为各不相同。营销人员开展市场营销活动前必须了解该种族的传统文化,并针对特定的市场制定特别的营销策略。

3. 宗教亚文化群

宗教群体遍布于世界各国。各个宗教群体,如基督教、伊斯兰教、佛教等都具有不同的宗教文化。不同的宗教,其教规、戒律都是不同的,从而对商品的偏好和禁忌也会有所不同,在购买行为和购买种类上也表现出各自的特征。对此,营销人员应特别重视。

4. 地理亚文化群

处于不同地理位置的各个国家,或同一国家内部处于不同地理位置的各个地区的消费者有着不同的习俗、口味和消费需求。所谓"一方水土养一方人",在购买行为方面会体现出各自的地域特征。如我国东、西、南、北不同地区的人们在购买活动中常表现出各自的地域特点,饮食消费方面尤其明显。

(三)社会阶层

所谓社会阶层,就是一个社会的全体成员按照一定等级标准划分为彼此地位相互区别的社会集团。每个阶层内部又具有相对的同质性和稳定性,每个阶层成员具有类似的价值观、兴趣爱好和行为方式。社会阶层不仅受收入影响,也受职业、教育和财产等其他因素的影响。在一些社会系统中,各阶层具有特定的作用和特定的社会地位。2011年,中国社会科学院社会学研究所以职业分类为基础,以组织资源(具有决定性意义)、经济资源、文化资源的占有状况为依据,提出了划分社会阶层的标准,将当今中国社会划分为五个社会经济等级和十个社会阶层：

1. 五个社会经济等级

这是根据家庭人均年收入或月收入数据来划分的。

（1）社会上层：高层领导干部，大企业经理人员，高级专业人员及大私营企业主；

（2）中上层：中层领导干部，大企业中层管理人员，中小企业经理人员，中级专业技术人员及中等企业主；

（3）中中层：初级专业技术人员，小企业主，办事人员，个体工商户，中高级技工，农业经营大户；

（4）中下层：个体服务者，工人，农民；

（5）底层：生活处于贫困状况并缺乏就业保障的工人、农民和无业、失业、半失业人员。

2. 十个社会阶层

根据资源拥有量的差异，可分为以下十个社会阶层（见图4-2）。

（1）国家与社会管理者阶层（拥有组织资源）约为2.1%（在城市中的比例为1%~5%，在城乡合一的县行政区域中占约为0.5%）；

（2）经理人员阶层（拥有文化资源或组织资源）为1.5%（有些城市高达9%）；

（3）私营企业主阶层（拥有经济资源）为0.6%（私营经济发达地区高达3%，低的地方为0.3%）；

（4）专业技术人员阶层（拥有文化资源）为5.1%（大城市10%~20%，城乡结合区1.5%~3%）；

（5）办事人员阶层（拥有少量的文化资源和组织资源）为4.8%（城市10%~15%，城乡结合区2%~6%）；

（6）个体工商户（拥有少量经济资源）为4.2%（实际人数要比登记人数多）；

（7）商业服务业员工阶层（拥有少量的三种资源）为12%；

（8）产业工人阶层（拥有少量的三种资源）为22.6%（其中农民工占30%）；

（9）农民阶层（拥有少量的三种资源）为44%；

（10）城乡无业、失业、半失业者阶层（基本上没有三种资源）为3.1%。

第四章 购买行为分析

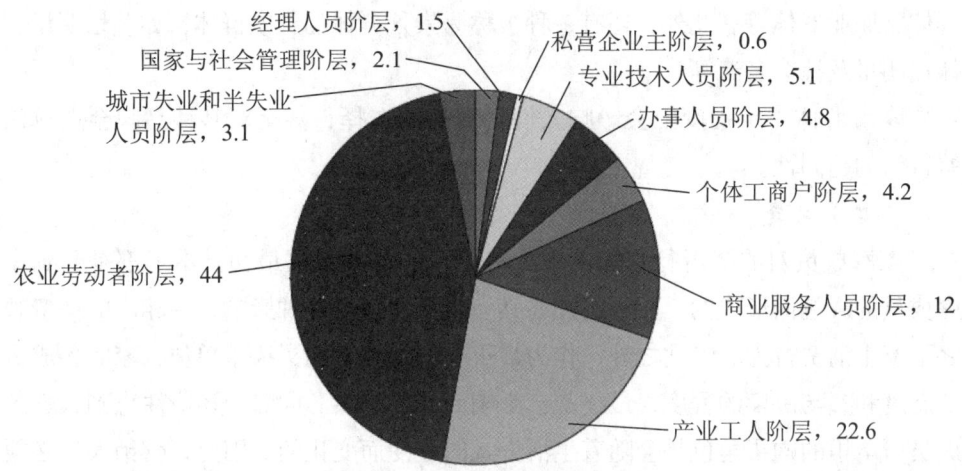

图4-2 中国十大社会阶层图[①]

社会阶层是依据职业、收入、教育、居住区域和其他因素综合衡量后划分的。研究表明，同一社会阶层的人们的购买行为颇为相似，不同社会阶层的人们对产品与品牌的偏好则会有所不同。在有些社会系统中，某一成员不能改变其所属的社会阶层，有的则可以改变。因此，营销人员应有的放矢，根据消费者所属的社会阶层实施有效的营销。

二、社会因素

每个消费者都属于特定的生存群体，消费者的购买行为同样也受到诸如小群体、家庭以及社会角色与地位等一系列因素的影响，进而产生不同的购买行为。

（一）参考群体

参考群体是指能够直接或间接影响他人看法和行为的群体，对消费者的购买态度、品牌选择和认知、价值观念，以及最终的购买行为有重大影响。参考群体可划分为主要群体和次要群体两大类。其中，主要群体是对个人有经常性但非正式的影响的群体，如家人、亲戚、邻居和朋友等；次要群体相对于主要群体更正式，但对个人影响则次一级，因此也可以称为次级群体，如消费者归属的社会

---

① 资料来源：中国社科院"当代中国社会结构变迁研究"课题组，2011年。

群体、职业群体等。此外，还有一种被称为崇拜群体的影响群体，如艺坛明星、体坛明星及社会名流等。

参考群体一定程度上会影响人们对商品的选择，甚至对某种品牌会造成消费行为的趋同性。

（二）家庭

家庭成员对购买者行为影响很大。个人的消费习惯最初基本上都是受到家庭成员的影响而形成的，并且可能终其一生都在接受这种影响，在相应的消费观之下产生消费行为。除此之外，作为最重要的消费者购买决策单位，家庭各成员的态度和参与决策的程度，最终都会影响商品的购买。同时，还应注意到家庭各成员所承担的购买角色是会随着生活方式的改变而变化的。因此，营销人员必须仔细分析家庭各成员在不同商品的购买过程中所起的作用，及其购买角色的变化，从而引导家庭消费决策者的购买行为。

（三）角色与地位

每个人在各群体中的位置可用角色和地位来确定。角色是周围人对一个人的要求，是指一个人在各种不同场合中应起的作用，一个人的每个角色都将在某种程度上影响他的购买行为。每一角色都伴随着一种地位，这一地位反映了社会对他的总体评价。人们在购买商品时往往结合自己在社会中扮演的角色和所处的地位来考虑。实践中，营销人员应努力把握好消费者的角色与地位对营销的影响。

三、个人因素

购买者的决策也受个人因素的影响，尤其是年龄与生命周期阶段、经济状况、生活方式、职业、个性及自我观念等。每个人购买产品的主观原因各不相同，有人注重价格，有人更在意品质、式样，这需要企业结合实情，针对不同的消费者做出相应的营销策划。

（一）年龄和生命周期阶段

年龄是影响消费者个人购买行为的重要因素之一。不同年龄的消费者对产品种类和式样的需求偏好不同，以至于他们的购买方式也各有特点。例如，人们对服装、饰品和娱乐方式等的喜好就明显同年龄有很大关系。随着时间的推移，家庭会经历各个阶段，消费应根据家庭生命周期来安排。菲利普·科特勒曾将家庭生命周期分为九个阶段，而结合我国的基本国情，在单身阶段和新婚阶段之间增加了备婚阶段（见表4-1）。

表4-1 家庭生命周期阶段①

家庭生命周期	家庭对产品的需求和消费行为
单身阶段：年轻，单身，恋爱	几乎没有经济负担，新观念的带头人。娱乐导向。大量收入花费在一般厨房用品和家具、食品、社交、娱乐等消费上。
备婚阶段：准备步入婚姻	消费最高潮阶段。较多地购置成套家具、耐用消费品、高档时装、装修新房等。
新婚阶段：年轻，无子女	经济条件比下阶段要好，继续添置一些生活用品，旅游、娱乐消费较高，并为下一代进行积蓄。
满巢阶段一：最年幼的子女不到6岁	家庭用品采购的高峰期，流动资产少。喜欢新产品，如广告宣传的产品。多购买婴儿日用品、玩具、儿童服装等。
满巢阶段二：最年幼的子女6岁以上	经济状况较好。对广告不敏感。购买大包装商品，配套购买。孩子的教育费用增加，多购买课外学习读本、乐器等；在我国，近年来孩子课外补习费用持续上升。
满巢阶段三：年长的夫妇，带着孩子	经济状况仍然良好。一些子女也有工作，不受广告影响。耐用品购买力强：新颖别致的家具，汽车，旅游用品，非必要品等。
空巢阶段一：年长的夫妇，无子女同住，未退休	大都拥有自己的住宅，经济富裕有储蓄，对旅游、娱乐、自我教育尤其感兴趣，愿意施舍和捐献，对新产品无兴趣。多购买度假用品、奢侈品、家用装修用品等。
空巢阶段二：年老的夫妇，无子女同住，已退休	收入锐减，赋闲在家。多购买医疗器械、医疗保健产品等。
鳏寡就业期：独居老人	尚有工作能力，收入仍较可观，养老需求品质较高。
鳏寡退休期：独居老人	收入锐减，需要与其他退休群体相仿的医疗用品，特别需得到关注、情感和安全保障。

企业应当关注其目标市场所处的家庭生命周期阶段的特点，并制定相应的营销策略。

---

① 王方华、陈洁《市场营销学》，复旦大学出版社2008年版，第127~128页。

（二）职业

一个人的职业也影响其消费模式。例如，以脑力劳动为主的人是书籍、软件等文化用品的主要消费者，这类消费者在购买时具有较高程度的理性，购买决策过程也较全面；以体力劳动为主的消费者购买商品的理性程度则相对较低。企业甚至可以专门为某一特定的职业群体订制其所需要的产品。

（三）经济状况

一个人的经济状况会影响其对商品的选择。人们的经济状况包括可支配的收入、储蓄和资产、借款能力以及对消费与储蓄的态度等。经济状况对人们的消费需求、支出能力和支出结构等有很大的影响。营销人员在选择营销策略时，应时刻关注不同商品的属性以及消费者的经济能力。

（四）生活方式

生活方式表现为人们的活动、兴趣及思想见解等生活形式。即使社会阶层、文化、职业等相同的消费者，也可能具有不同的生活方式。生活方式对消费者的购买行为产生深刻的影响，营销人员想要拓展产品销路，可以通过掌握各种生活方式的消费者群体的需求偏好来实现。

（五）个性和自我观念

性格是指一个人特有的心理素质，通常用刚强或懦弱、热情或孤僻、外向或内向、创意或保守等来描述。不同个性的消费者具有不同的购买行为。营销人员在分析某一特定商品的消费者购买行为时，应抓住购买此类商品的消费者的个性特征，满足其个性需求。

与个性密不可分的另一个概念是消费者的自我观念，又称自我形象，即消费者所认识的自己。不同的自我观念也会影响消费者的需求和购买行为。一般情况下，人们总是把购买行为作为表现自我形象的重要方式，并希望符合或增强自我观念。因此，消费者往往愿意购买与自我观念相匹配的商品。对此，营销人员必须首先了解消费者自我观念与其所购商品的关系。

四、心理因素

消费者心理活动过程，是指消费者在消费决策中支配其购买行为的心理活动的整个过程。影响消费者心理活动过程的主要因素有动机、认知、学习和记忆等。

第四章 购买行为分析

（一）动机

每个人在生命的各个时期总有许多需要，有些需要是由生理状况引起的，有些则是心理性的。心理学有观点认为，人的行为是受其心理动机支配的，而动机则是由需要引起的（见图4-3）。

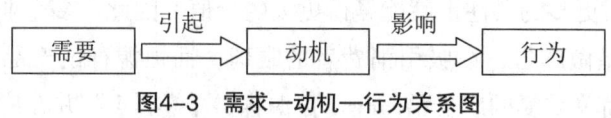

图4-3 需求—动机—行为关系图

然而，仅仅是需要还不能成为动机。动机是一种推动人们为达到特定目的而采取行动的迫切需要，是行为的直接原因。心理学家们曾提出许多关于人类行为动机的理论，其中最著名的有弗洛伊德的"潜意识理论"、马斯洛的"需求层次理论"等。

弗洛伊德认为，人们在成长过程中会压抑许多渴望，但这些渴望会以潜意识的形态出现，并不会完全消失，也不会完全被控制。因此，弗洛伊德认为人们通常不知道或不能描述影响其行为的心理因素，也即：人们并未完全了解自己的动机。

如前所述，美国社会心理学家马斯洛在1943年提出了需求层次理论，将人的需要归纳为五大类，即生理需要、安全需要、社交需要、尊重需要和自我实现需要。

这些理论为市场营销人员更加深入地理解消费者的购买行为提供了有效的工具，使他们能够了解不同消费动机与其所售商品和服务之间的对应关系，并使处于不同需要层次的消费者的需求得到更好的满足。

（二）认知

一个受到激励的人随时会准备行动，然而如何行动则受其对情境的认知的影响。所谓认知，是指一个人选择、组织并解释输入的外来信息，以产生其内心世界有意义的图像的过程。认知不但取决于刺激物的物理特征，而且还依赖于刺激物周围环境的关系及个人所处的状况。

在营销过程中，人们的认知情况比该商品所具备的事实更重要，因为认知对消费者行为有更为实质性的影响。人们对同一刺激物会产生三种认知过程：选择性注意、选择性扭曲和选择性保留。

1. 选择性注意

注意力是指当人们面对一些刺激物时，所能够分配的处理能力。例如一个准备购买冰箱的消费者，特别容易注意到冰箱广告或其他来源的有关信息，但是对所看到的电视机、空调广告却难以留下深刻的印象。在当今的"注意力经济"时代，谁能吸引更多的关注谁就能赢得更大的价值，因此众多企业纷纷聘请影视明星、体育明星做广告，以吸引消费者的眼球。而恒源祥的产品广告则另辟蹊径，通过一句简单重复的广告语——"恒源祥，羊羊羊！"并在广告画面上配以成群的羊和草原景色，使得这一广告几乎家喻户晓。

2. 选择性扭曲

即使消费者注意到刺激物，也并不表示他会完全接受这个刺激所要传达的信息，因为信息接受者会用符合自己认知的方式来解读信息。这就是所谓的选择性扭曲。消费者常常会扭曲信息，以使其与自己对产品或品牌的理解和预期相一致。一个典型的例子是雕牌牙膏的失败。20世纪90年代初，纳爱斯集团旗下的雕牌洗衣粉凭借一句广告词"只选对的，不买贵的"风行国内，时间一长，雕牌给国内消费者的印象就是洗衣粉或透明皂。2001年，纳爱斯集团推出了雕牌牙膏，试图以雕牌洗衣粉、透明皂的品牌号召力和影响力带动雕牌牙膏的销售。可是，消费者使用雕牌牙膏时总会联想到雕牌洗衣粉，总会感觉到有一种洗衣粉的"味道"，这样的联想也注定了雕牌牙膏的失败。2005年，纳爱斯集团将雕牌牙膏正式改名为"纳爱斯"牙膏。可见，企业在开展市场营销时，一定要先了解消费者的心智模式，以避免消费者对信息产生曲解。

3. 选择性保留

人们通常会忘掉许多学习过的事物，只记忆支持其态度与信念的信息，即选择性保留。由于存在选择性保留，人们很可能会记住某产品的优点，而忘记其他竞争品牌的类似优点。选择性保留对强势品牌很有利，假如某个顾客买下了海尔洗衣机，他始终会认为自己的购买决定是正确的，久而久之，就会只记得这个品牌的优点，而忘掉其他品牌的优点。

（三）学习

人们在行动的时候就是在学习，学习是由于经验而改变行为的过程。可以说，人类的行为大都来源于学习。学习论者认为，一个人的学习是通过驱使力、刺激物、诱因、反应和强化的相互影响而产生的。例如，脑白金的广告语——"孝敬爸妈，脑白金"，就利用了人们都期望对父母尽孝心的心理，并利用脑白金作为"刺激物"，表达孝敬父母就是做出反应的"诱因"，如果给爸妈买了脑白金，爸妈觉得满意，则以后会继续选择购买这一商品送给爸妈以表达孝心。

（四）信念和态度

通过学习和行动，人们会产生一定的信念和态度，信念和态度反过来又会影响消费者的购买行为。信念是指人们对某种事物比较固定的看法。这些看法可能建立在专业知识、观念或信任的基础上。因为信念会形成产品和品牌形象，进而影响消费者的购买行为，所以企业应该关注消费者对其产品的信念，并及时更正其中存在的不利信念，以更好地赢得消费者的信赖。态度是指一个人对某个客观事物或观念的相对稳定的评价、感觉及倾向。某种态度一旦形成就很难改变，如消费者一旦形成了对某种产品或品牌的态度，就会倾向于根据态度做出重复购买的行为。因此，一般情况下，企业应尽量使其产品符合人们已有的态度，而不是设法改变这种态度，因为这要付出相当大的代价。

第三节　消费者购买决策过程

消费者在购买决策过程中扮演不同的角色，实施不同的购买行为。因此，在介绍消费者购买决策过程之前，我们将首先介绍参与购买决策的各种角色和购买行为的类型。

一、参与购买决策的各种角色

消费者在购买决策过程中可能扮演的角色主要有五种（见图4-4），分别是：

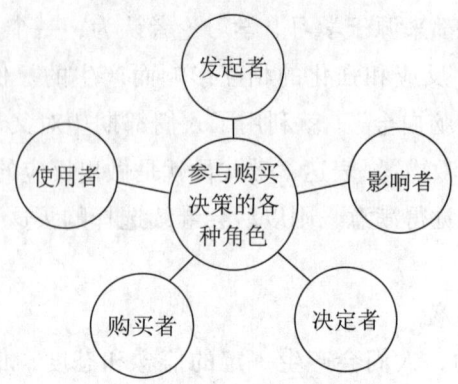

图4-4　参与购买决策的各种角色

（1）发起者，即首先提议购买某种商品或服务的人。
（2）影响者，即对商品或服务的购买有直接或间接影响的人。
（3）决定者，即对购买行为做最后决策的人。
（4）购买者，即实际执行购买并为之付款的人。
（5）使用者，即最终享用该商品或服务的人。

消费者以个人为单位购买时，多种角色可能同时由一个人担任，如通常女性自己购买自用的化妆品，男性选择自己的剃须刀等。但当以家庭为购买单位时，五种角色往往由家庭不同成员分别担任。例如，对于婴幼儿用品，父母通常是发起者和购买者，影响者往往是家庭成员或亲朋好友，使用者既不是购买者也不是决策者。这些角色在消费者的购买行为中各自发挥着不同的作用。市场营销人员必须搞清楚在购买不同商品时，每种角色分别由谁来承担，并分析其在购买决策中的地位，从而运用适当的营销策略，有效地促进商品销售。

二、消费者购买行为的类型

根据消费者对所购买商品的参与程度，可将消费者的购买行为分为复杂购买行为、习惯性购买行为、寻求多样化购买行为和化解不协调购买行为。

（一）复杂购买行为

复杂购买行为是指消费者对价格昂贵、品牌差异大、功能复杂的产品，由于缺乏必要的产品知识，需要慎重选择、仔细对比，以求降低风险的购买行为。

第四章 购买行为分析

其购买过程就是一个学习过程,在广泛了解产品功能、特点的基础上,才能做出购买决策。如购买计算机、汽车、商品房等。

对于复杂的购买行为,营销人员应制定策略帮助购买者掌握产品知识,可制作产品说明书,帮助消费者及时、全面地了解本企业的产品知识、产品优势及其他同类产品的状况,增强消费者对本企业产品的信心。同时,应聘请训练有素、专业知识丰富的推销员推销产品,简化购买过程。此外,还可以实行售后跟踪服务策略,加大企业与消费者之间的亲和力。

(二)习惯性购买行为

习惯性购买行为是指消费者并未深入收集信息和评估品牌,只是习惯于购买自己熟悉的品牌的行为。对于价格低廉、经常性购买的商品,消费者的购买行为是最简单的。这类商品中,各品牌的差别极小,消费者对此也十分熟悉,不需要花时间进行选择,一般即需即买。例如,购买油、盐之类的快速消费品就是如此。

(三)寻求多样化购买行为

寻求多样化的购买行为,是指消费者购买产品有较大的随意性,并不深入收集信息、评估、比较就决定购买某一品牌,在消费时才加以评估,但是在下次购买时又转换其他商品。不同品牌的商品之间有差别,但消费者并不愿在上面多花时间,宁愿多换牌子。例如在购买牙膏之类的商品时,消费者往往不愿花长时间来选择和估价,下次买时再换一种别的品牌。这样做往往不是因为对已购商品不满意,而是为了寻求多样化。又如,消费者在"沈大成"购买点心,上一次购买的可能是蟹粉小笼包,下一次也许购买桂花条头糕。像这样更换品种也并非对上次购买的点心不满意,而是想换换口味,是寻求多样化的购买行为。

(四)化解不协调购买行为

这种行为通常是指消费者卷入程度虽高,但所购商品品牌差别不大时所发生的购买行为。这种情况下,消费者花费大量的时间收集有关价格和购买时间、地点等信息,而对不同品牌的信息不太关注。与复杂购买行为相比,消费者购买所花费的时间较短,但购买后会出现因产品缺陷或其他品牌更优而使心理不协调的现象。但此时,消费者为了证明其做出的购买决策是正确的,会积极地寻找与所购品牌相关的有利信息。

三、消费者购买决策过程

消费者的购买活动，是一个解决需要的过程。在这个过程中，既有看不见的心理活动，又有表露于市场上的有形活动，十分复杂。一般来说，消费者的购买决策过程有五个阶段（见图4-5）。

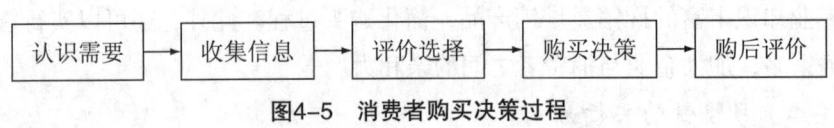

图4-5 消费者购买决策过程

显然，购买过程早在实际购买发生以前就已经开始了，并且会一直延续到实际购买之后。这就要求市场营销人员应该关注整个购买决策过程，并针对决策过程的不同阶段制定相应的营销策略。

（一）认识需要

当消费者发现现实状况与其所想达到的状况之间有一定的差距时，就会产生解决问题的要求。对于需要的认识，可能是由人体内在机能的感受引起的，如饥饿、寒冷、干渴；也有可能由外部的环境所激发，如由于时装广告而产生的购买时装的欲望。营销人员的任务就是识别引起消费者某种需求的环境，加强对消费者的刺激，以激起消费者的动机与欲望。

（二）信息搜集

接下来，消费者就会开始进行信息的搜集。例如，购车的人可能注意搜集车市信息。消费者的信息主要来自四个方面：① 个人来源，如家庭、亲友、老邻居等；② 商业来源，如广告、推销员、经销商、包装、展览会等；③ 公共来源，如大众媒体、消费者评比机构、消费者协会等；④ 经验来源，如产品体验等。

针对消费者搜集信息这个阶段，企业营销的关键是要掌握消费者在搜集信息时会求助于哪些信息源，并能通过这些信息源向消费者施加影响。

需指出的是，当今互联网时代，消费者获取信息的来源又有了新的变化。网络宣传媒介作为一种新的传播渠道为消费者提供了广泛的信息，企业不仅可以通过网络进行广告宣传和产品信息发布，更重要的是能与消费者展开互动。因此，越来越多的企业开始重视网络口碑对消费者决策的影响。根据中国互联

第四章 购买行为分析

网络信息中心（CNNIC）的最新报告，截至2013年12月底，中国网民规模突破6亿人，达到6.18亿人。较2012年底的5.64亿人，增加了5 400万人。其中，手机网民数达到了5亿人。研究还表明：良好的网络口碑可以使一个品牌有近50%的机会去改善其原本在消费者心中的不良印象，从而为品牌带来潜在商机。相应地，持续接受负面的网络口碑也可能使超过40%的消费者放弃原本对某一品牌的热爱和选择。

（三）购买评价与选择

在搜集了一定的信息之后，消费者会对多种备选产品进行评估，当然这种评估有理性的成分，也有感性的成分。就洗衣机而言，理性的评估成分可能包括容积、功能、价格、节能情况等，感性的评估可能包括款式、品牌因素等。一般来说，商品的价格越高，消费者的评估就越理性；价格越低，评估就越感性。但也因人而异。

在评估商品的过程中，消费者常常要考虑多种因素。因此，企业如果能够搞清楚消费者评估因素的不同重要性，通过营销手段强化消费者看重的因素，弱化次要因素，就可能更多地取得消费者的青睐。

（四）购买决策

假设消费者对商品信息进行比较和评选后，已形成购买意愿，但是从产生购买意图到决定购买，还将受到两个因素的影响：① 他人的态度。反对态度愈强烈，或持反对态度者与购买者关系愈密切，修改购买意图的可能性就愈大；② 意外的情况。如果发生了意外的情况，如失业、意外急需、涨价等，则消费者很可能改变购买意图。

对此，在消费者的购买决策阶段，营销人员一方面应向消费者提供更多、更详细的商品信息，便于消费者做出购买选择；另一方面，应通过提供各种销售服务，使消费者购买更方便，促使其做出购买本企业商品的决策。

（五）购后评价

购买后的评价包括：购后的满意程度、购后的活动。

消费者购买后的满意程度取决于消费者对产品的预期性能与产品使用中的实际性能之间的对比。购买后的满意程度决定了消费者的购后活动，决定了消费者是否会重复购买该产品，也决定了消费者对该品牌的态度，并且还会影响其他消费者，形成连锁效应。

对此，市场营销人员应实事求是地描述产品品质、性能等，以使消费者感到满意；或者采取低调的方式描述产品特性，以提高消费者对产品的满意度。对于不满意的消费者，企业应建立有效的信息反馈系统，积极主动地征求消费者的意见，了解消费者的态度，从而改善消费者的购后满意度，并提高企业的销售额。

事实表明，欲让消费者购物愉快，整个过程都很重要，每一个环节都会影响消费者最终的购买结果。

第四节　组织市场购买行为分析

购买产品和服务的不仅有消费者，还有各种社会组织。组织市场的购买者是企业的重要营销对象，企业应当充分了解他们的特点和购买行为。顾名思义，组织市场是以某种组织为购买单位的购买者所构成的市场，包括生产者市场、中间商市场和政府市场。

一、生产者市场购买行为

生产者市场又可以称为工业品市场、生产资料市场或业务市场，是指购买产品或服务用于制造其他产品或服务，然后销售、租赁给他人的个人和组织所构成的市场。

（一）生产者市场的特点

相对于消费者市场而言，生产者市场主要有如下几方面的显著特征。

1. 购买者的数量较少，购买的规模较大，地理上比较集中

生产者市场上的购买者绝大多数都是企业单位，购买者的数量要少得多，购买的规模和每笔数量比一般消费者要大得多。又因为各个地区的企业布局与自然资源、地理环境、交通条件等密切相关，因而不同行业（除农业外）在地理上一般比较集中。

第四章 购买行为分析

2. 专用性强，技术要求高

工业用品的专用性比消费品要强得多，有许多产品是不能相互替代的。并且，工业用品用于生产消费，对制成品的质量、成本及劳动生产率都会产生直接影响，这就不仅要求工业用品要按时、按质、按量供应，而且对产品设计、性能、售后服务等也有较高的要求。

3. 多属理性化的购买

生产者市场的购买者多数是懂技术的，对所需产品的质量、性能、规格等都心中有数，很少受到广告宣传的影响，即属于通常所说的专家购买。

4. 受价格影响较小，而受经济前景和科技发展影响较大

生产者市场的购买者都是生产者，他们对工业用品的需求归根到底是从消费者对消费品的需求引申出来的，是派生性的需求。如对纺织机的需求，是由消费者对纺织品的需求派生出来的。如果消费者对纺织品的需求增加，就会派生出纺织机需求的增加。此外，工业用品专用性较强，因此价格的高低对需求量的影响不大。

5. 愿意直接购买

生产者市场的购买者往往不喜欢通过中间商，而选择向生产者直接购买所需的工业用品。特别是那些单价高、有高度技术性的机器设备，购买者更希望直接向生产厂家购买或订制。这些商品大多需要繁杂的售前售后服务，也往往是中间商难以胜任的。

6. 互惠、租赁和长期交往

工业用品的交换关系，不是单纯的商品买卖关系，往往还伴随着互惠的附加条件。在发达国家，工业用品的购买者往往这样选择供应商——你买我的产品，我就买你的产品。例如，某造纸厂决定向某化工公司大量购买所需的化工原料，而这家化工公司也向这家造纸厂大量购买纸张，用作包装材料。互购有时是双方的，有时也可以是多方的。

（二）生产者购买决策的主要类型

1. 新购

新购指企业第一次购买某种产业用品或服务，它是最复杂的购买类型。参与购买决策的人最多，做出购买决策的过程复杂。

2. 直接重购

直接重购指企业采购部门按常规继续向原有的供应商购买产品，是一种最简单的购买方式。现在直接重购大部分采用自动化再订购系统，从而减少采购时间，降低采购成本。直接重购要求供应商与企业保持良好的关系，并提供优秀服务，保质、保量、准时供应产品，在有条件的情况下，及时向企业提供新产品，以保证供应商在企业采购中的市场份额。

3. 修正重购

修正重购是指企业采购部门由于某些原因适当修改采购产品规格、数量等交易条件的购买行为。它是一种较为复杂的购买行为，其目的是寻找价格低、服务好、交易条件优惠的产品。这既对现有供应商造成威胁，同时也给新供应商提供了市场机会。

4. 系统购买

系统购买即生产者从一个销售商那里购买一揽子解决方案。它始于政府对重要军火和通讯系统的购买。

（三）影响生产者购买决策的主要因素

生产者用户在制定购买决策时会受到很多因素的影响，通常情况下可以归纳为四大类，即：环境因素、组织因素、人际因素和个人因素（见图4-6）。

环境因素				
市场潜力 资金效益 供需对比 技术变革 政治法律 市场竞争 自然环境	组织因素			
	营销战略 采购政策 工作程序 组织框架 管理机制	人际因素		
		权威影响 特殊身份 感召能力 说服能力	个人因素	
			职业工龄 教育程度 职位高低 个性风格 风险承受	购买者

图4-6　影响生产者购买决策的因素

1. 环境因素

企业在很大程度上受到现在和预期的宏观环境的影响，如一个国家或地区的市场潜力、资金效益、供需对比、技术变革、政治法律、市场竞争、自然环境等情况。当经济形势滑坡，市场需求低迷，购买者会停止再投资，甚至退出其所从事的行业；反之，当经济形势良好，市场需求大，购买者会进行新的投资，甚至会收购其他原本可能高于自身品牌价值的企业，这里最典型的例子是国内的吉利汽车收购沃尔沃汽车。

2. 组织因素

组织因素是指生产者用户自身的有关因素，包括营销战略、采购政策、工作程序、组织框架等，都会影响其购买决策。

3. 人际因素

人际因素主要指生产者用户内部人际关系的因素。生产者购买决策过程比较复杂，参与决策的人员较多，这些参与者在企业中的权威影响、特殊身份、感召能力、说服能力以及他们之间的关系都会影响其购买决策。

4. 个人因素

与影响消费者购买行为的个人因素相似，生产者用户的购买决策过程也包括各个参与者的职业工龄、教育程度、职位高低、个性风格、风险承受等。在决策过程中，这些个人因素会影响参与者对要采购的产品和供应商的看法，进而影响购买决策和购买行为。

（四）生产者购买决策过程

以典型的新购产品为例，生产者购买决策过程可分为八个阶段：

（1）认识需要。在新任务购买和更改续购的情况下，购买过程首先是从使用者或倡议者认识到需采购的某种产品，以满足企业的生产经营需要而开始的。

（2）确定需要。在这一阶段，购买者着手决定所需产品的特征（安全性、耐用性、价格等）及其数量，并按重要性进行排列。

（3）说明需求。明确了总体要求后，生产者用户就要决定所购生产资料的技术指标，对所需产品的规格、型号等做出进一步详细的技术说明，并形成书面材料，作为采购人员采购时的依据。

（4）物色供应商。当出现新购买任务时，采购复杂的、价值较高的产品，需要花较多时间慎重选择供应商。

（5）征求供应商建议。这是指邀请符合采购标准的供应商提供有关产品的使用说明、价目表、质量标准等方面的书面建议。

（6）选择供应商。生产者用户按一定的评价标准对每个供应商提供的建议进行评价，并在此基础上选择最终的供应商。一般来说，生产者用户不会仅选择单一的供应商，而会同时保持几条供应渠道，以促使供应商之间展开竞争，从而使自己处于有利的地位。

（7）发出正式订单。选定供应商后，生产者用户即发出订单，订单上列明产品的技术规格、订货数量、交货时间、产品保证和其他有关事项。在商务活动中，对信誉可靠的保修产品，生产者用户往往愿订立一揽子合同（又称无库存采购计划），和该供应商建立长期供货关系。这样生产者用户就可以降低或免除库存成本，卖方则可以保持长期的供货关系，增加业务量。

（8）绩效评估。生产资料购进、使用后，采购人员将与使用部门保持联系，了解产品使用情况，并要求使用者做出准确评价，对供应商的履约情况进行考评，以决定今后对各供应商的态度。供应商应关注该产品的采购者和使用者是否使用同一标准进行绩效评估，以保证评价的客观性和准确性。

二、中间商市场购买行为[①]

中间商是指为了转卖或租赁给他人以从中盈利而购买产品的个人或组织。中间商的购买行为是指中间商在寻找、购买、转卖或租赁商品过程中所表现的行为。由于中间商处于流通环节，是制造商与消费者之间的桥梁，因此企业应视其为顾客采购代理人，竭尽全力帮助顾客，为顾客提供优质服务。

（一）中间商的购买类型

中间商购买行为主要有以下四种类型：

（1）选购新产品：指中间商第一次购买从未买过的某种产品。其购买过程复杂，与产业市场的产品新购类似。

（2）选择最佳供应商：一是指企业选择货源充裕、价格优惠、提供服务与

---

① 中间商包括独家代理商、专业中间商和混合中间商三种类型。独家代理商仅购买和出售一种品牌的产品。专业中间商购买和出售超过一种品牌的产品，但都属于同一产品类型。混合中间商则同时购买和出售不相关的多种产品。

支持力度大的名牌产品制造商为自己的供货者；二是指实力雄厚的中间商有自己的品牌，选择愿意为企业进行定牌生产的供应商。现在国内外许多大型的中间商都有自己的品牌。

（3）寻找更好的供货条件：指中间商希望寻找到能提供更好供货条件的供应商，如加大折扣、增加服务、信贷优惠、促销支持等。

（4）直接重购：指中间商的采购部门按照过去的订货目录和交易条件继续向原有的供应商购买产品。

（二）中间商购买方式分析

搭配战略是中间商采购计划中最主要的决策，中间商可选择的品种搭配决策有如下四种：独家产品、深度产品、广度产品、混合产品。

（三）影响中间商购买决策的主要因素

中间商的购买决策受到环境因素、组织因素、人际因素和个人因素的影响。在购买决策过程中，中间商，特别是专业中间商和混合中间商，需要对以下几个方面的要素进行考虑（见表4-2）。

表4-2 中间商的购买决策决定要素[①]

考虑要素	具体决定内容与要求
销售业绩	产品的销路是中间商生存的根本，所以中间商首先会考虑这种品牌的产品过去的销售业绩；对于新产品而言，中间商的态度往往比较谨慎；或采取代销的形式，或用试销的方式，直到确信该产品确实有销路，才可能大批量购买该产品。
市场预测	面对复杂的消费者市场需求，中间商还必须对该产品有乐观的市场预测。尤其对于非日常消耗品，如家电，好的销售业绩可能预示着需求市场的饱和。因此，客观准确的市场预测也是中间商在购买决策中必需的一步。
库存状况	库存费用是中间商最无可奈何的支出，所以，每个中间商都希望供应商能够实现最短时间的送货反应，以缩短库存时间，节约库存成本。
供应商的交易条件	中间商在签订购买协议时，最希望争取到优惠的交易条件，包括：价格的折扣、简便的信用条件、付款期的延长、产品促销活动的配合、更多的售后服务等。

---

① 资料来源：王方华、陈洁：《市场营销学》，复旦大学出版社2008年版，第141~142页。

三、政府购买行为

政府市场是最大的市场，其购买产品种类繁多，涉及国计民生的各个方面。在有的国家，政府购买力占国民生产总值的20%左右，是最大的社会购买力。政府采购的目的是维护国家安全，维护社会公众利益，维持政府组织正常运转。

近几年来，我国政府为了加强对政府采购的管理，提高财政支出的使用效益，促进公开、公平和公正交易，对使用财政性资金采购物资或服务的各级政府机构和社会团体的采购行为进行法律约束和规范，颁布了一些政府采购条例，对政府购买行为进行监管。在这种市场环境下，研究政府市场购买行为能有效地满足政府市场需求，对扩大企业销售收入具有重要意义。

（一）政府采购基本原则

政府采购的基本原则包括：①公开、公平、公正和效益原则；②勤俭节约原则；③计划性原则。

（二）政府市场购买过程的参与者

世界各国的各级政府机构都有相应的采购组织，一般分两大类：①军事部门的购买组织，主要采购军事装备和一般军需；②行政部门的购买组织，指各级政府机构都设有的采购组织。行政部门采购经费由财政拨款，具体采购业务由各自的采购部门负责。

（三）政府购买的采购方式

政府采购一般分为以下两种形式：

1. 公开招标

公开招标是指招标人通过媒体公开提出自己的招标条件，邀请投标人书面应征。到规定日期，由招标人召集至少三家符合招标条件的投标人当场开标，选择报价最低并且在其他方面符合招标条件的供应商为中标单位，双方签订合同。需要指出的是，公开招标应作为政府采购的主要方式，且使用财政性资金的政府采购工程都应纳入政府采购管理。政府采购公开招标活动应当遵循公开透明原则、公平竞争原则、公正原则和诚实信用原则。

2. 协议合同

政府采购部门在某些采购业务计划复杂、风险大、竞争性小的情况下，会采取议价合约选购方式。它是指政府采购部门和一个或几个供应商进行谈判，最

第四章 购买行为分析

后只和其中一个符合条件的供应商签订合同,达成交易。协议合同的方式对于时间要求紧、涉及范围广的项目,显得更加有效,它节约了大量的准备时间,减少了采购成本,政府和供应商之间的协议也更加灵活。

本章小结

消费需求的特点表明影响消费者购买行为的因素有很多。为了有效地从事市场营销活动,必须把握消费者购买行为的基本内容,即"5W1H",包括:何人购买(who)、消费者购买什么(what)、为什么购买(why)、什么时候购买(when)、在哪里购买(where)以及如何购买(how)。

消费者购买行为是指最终消费者的购买行为。所谓最终消费者,是指以消费为目的、购买商品或服务的个人或家庭。所有这些最终消费者构成了消费者市场。学术界多年研究结果表明:影响消费者购买行为的主要因素,包括社会因素、文化因素、个人因素和心理因素。

企业在分析了影响消费者购买行为的因素后,还需要了解消费者做出决策的过程。消费者在购买决策过程中会扮演不同的角色,实施不同的购买行为。消费者在购买决策过程中主要扮演着五种不同的角色,分别是:发起者、影响者、决策者、购买者、使用者。

根据消费者参与购买程度的高低和所购商品不同品牌差异程度的大小,可将消费者的购买行为分为复杂购买行为、习惯性购买行为、寻求多样化购买行为和化解不协调购买行为。

消费者的购买决策过程一般可分为五个阶段:认识需要、信息搜集、购买评价与选择、购买决策和购后评价。

购买产品和服务的不仅有消费者,还有各种社会组织。组织市场的购买者是企业的重要营销对象,企业应当充分了解他们的特点和购买行为。顾名思义,组织市场是以某种组织为购买单位的购买者所构成的市场,包括生产者市场、中间商市场和政府市场。

本章思考题

1. 家庭成员是如何影响购买者行为的?

2. 消费者购买行为的"5W1H"分别指什么？

3. 影响消费者购买行为的主要因素有哪些？举例说明这些因素对购买决策行为的影响。

4. 消费者购买决策一般要经过哪几个阶段？

5. 根据消费者在购买过程中的参与程度，消费者的购买行为可以划分为哪几种类型？

6. 生产者市场购买行为主要有哪些特点？

7. 政府采购行为的特点和形式各是什么？

8. 案例研究：

"门当户对"的品牌代言人
——老凤祥的成功案例[①]

一个中国品牌，尤其是民族品牌，发展到一定阶段后要提升自己的品牌形象，都需要寻找代言人。一位好的代言人，除了应具有知名度和美誉度外，还要和这个品牌"基因匹配，门当户对"。

华诞前夕寻找代言

在老凤祥的历史上，正儿八经去寻找一位综合形象的全权代言人，还真没有。曾经，老凤祥与国际铂金协会合作推广首饰，使用了协会寻找的主题产品的代言人；曾经，老凤祥也邀请过一位央视歌唱比赛起家的歌坛新星代言部分产品，但效果不如预期。

如何去找一位形象、气质、知名度、美誉度等各方面都与"老凤祥"这个百年品牌匹配的代言人呢？在老凤祥临近160周年华诞之际，这个问题时刻盘桓在企业领导的心中。为了提升品牌影响力，为了这个隆重的日子，公司将这个问题又提了出来，并下达任务：一定要找一位各方面都"基因匹配"的代言人！

仔细调研锁定"目标"

老凤祥是上海的老字号，因此老凤祥的代言人必须和上海有着千丝万缕的关系，必须有"上海情缘"。并且，代言人除了个人气质、形象要上乘之外，其

[①] 辛矣：《"门当户对"的品牌代言人》，《新民晚报》2011年9月29日。

扮演过的银幕形象也最好是受人喜欢、爱戴，拥有广泛观众缘的。此外，代言人的阅历和年龄要与老凤祥160年的历史所匹配，个人风格也要优雅大方，具有东方人的韵味。

带着这些标准，老凤祥企业内部的各路精英从2007年起就开始酝酿，征集社会各方面的意见和建议，大大小小的讨论会开了无数。经过详细的市场调研，最终他们将目光锁定在一个人身上——她，就是赵雅芝。

互相烘托互相选择

为什么选择赵雅芝？老凤祥人坦言，这一决策经过好几方面的考量。首先，她主演的《上海滩》在上海家喻户晓，冯程程的美丽形象深刻在50后、60后市民心中，受人喜爱。而《新白娘子传奇》的热播更令她积累了一批70后、80后粉丝，可谓"老少通吃"；其次，她个人气质高贵、典雅、大方、柔美，非常符合老凤祥需要展现的品牌形象。

"老凤祥有钻石、翡翠、珍珠、有色宝石等多种饰品，我们觉得与赵雅芝都十分吻合。代言钻石，她正好拥有高雅、华贵的气质；代言翡翠，她身上综合了女孩的羞涩和女人的韵味，是位纯'翠'女人；若代言象征圆满的珍珠，她的家庭幸福完美，也很适合；而她的璀璨容颜，也契合了有色宝石的五光十色，"一位老凤祥人说，"正所谓，你用优雅的形象展现了老凤祥，老凤祥用深厚的百年底蕴托起了你。"正是在这样的共识下，百年老字号老凤祥，终于有了一位展示企业全方位形象的综合代言人。

思考与讨论：

（1）从本案例的成功之处，你得到哪些启示？

（2）试结合本案例谈谈参考群体对消费者购买行为的影响。

本章参考文献

1. 〔美〕迈克尔·R.所罗门著，卢泰宏、杨晓燕译：《消费者行为学》，中国人民大学出版社2009年版。
2. 〔美〕菲利普·科特勒：《营销管理》，上海人民出版社1987年版。
3. 马进军：《市场营销学》，机械工业出版社2011年版。
4. 郑玉香：《中国消费者炫耀性购买行为的特征与形成机理——基于参照群

体视角的探索性实证研究》,《经济经纬》2009年第2期。

5. 李伟:《影响消费者购买行为的主要因素探析》,《职业时空》2011年第9期。

6. 白琳:《顾客感知价值、顾客满意和行为倾向的关系研究评述》,《管理评论》2009年第1期。

7. 朱存梅、王军、计艳:《消费者人格特质及消费者行为研究》,《经济问题探索》2004年第12期。

第五章　目标营销战略

本章学习目标

1. 了解：市场细分的前提、市场细分的变量、如何进行细分市场评估；
2. 熟悉：如何选择目标市场、市场覆盖战略；
3. 掌握：市场定位的内涵及其主要依据。

本章核心概念

市场细分　目标市场　市场定位　营销战略

第一节　市场细分

面对日益多变的市场环境，企业要想利用有限的资源获得最大化的收益，就必须把有限的资源聚焦在自身最擅长的市场中，创造并传递独特的价值。可以这么说，在对市场条件、竞争环境有了深入了解的基础上，对市场进行比较和分类，这是市场细分的本质要求。

所谓市场细分，是指按照消费者欲望与需求把一个总体市场划分成若干个具有共同特征的子市场的过程。因此，分属于同一细分市场的消费者，其需要、欲望极为相似；分属于不同细分市场的消费者，对同一产品的需要和欲望存在着明显的差别。值得注意的是，细分市场不是根据产品品种、产品系列来进行的，而是从消费者的角度进行划分的，依据的是市场细分的理论基础，即消费者的需求、动机、购买行为的多元性和差异性。产品细分是市场细分的结果。进行市场细分对企业的生产、经营起着极其重要的作用。

一、市场细分的作用

市场细分被西方企业界誉为具有创造性的新概念。市场细分几乎在所有成功组织的营销策略中都起到了关键作用，对企业和消费者都有巨大影响：

（一）有利于企业分析机会、选择市场

在买方市场的条件下，企业营销决策的起点在于发现有吸引力的市场环境机会。当某种环境机会与企业的目标一致，并且企业有能力抓住这种机会时，这种机会就成了企业的市场机会。企业通过市场细分，一方面可以了解不同消费者的需求状况，发现尚未满足或没有完全满足的顾客需求；另一方面，市场细分方法可以帮助企业从消费者的立场分析竞争对手，更好地掌握竞争对手的能力、优势和劣势。企业可以针对竞争对手的弱点，有效地利用本企业的资源，推出能够更好地满足消费者需要的产品，从而在竞争中处于有利的地位。

（二）有利于中小企业开发市场

市场细分对所有企业都很重要，尤其是对中小企业来源。中小企业一般资源有限，技术水平相对较低。如果为整个市场提供产品，它们在同一些实力雄厚的大企业进行竞争时往往会处于十分不利的地位。中小企业可以通过对市场进行细分，选择一些大企业不重视的或无暇顾及的细分市场，集中力量满足该特定市场的需求，在经营中发挥相对优势，往往能取得较好的经济效益。而且，市场细分也有利于小企业集中人力和物力投入目标市场。

（三）有利于企业制定市场营销组合策略

市场细分后的子市场比较具体，企业比较容易了解消费者的需求，可以根据自己的经营思想、方针及生产技术和营销力量，确定自己的服务对象，即目标市场。针对较小的目标市场，企业便于制定准确的营销策略。同时，在细分市场上，信息容易收集和反馈，一旦消费者的需求发生变化，企业可迅速调整其营销策略，制定相应的对策，以适应市场需求的变化，提高企业的应变能力和竞争力。

市场营销组合是企业综合考虑产品、价格、销售渠道和促销方式等各种因

素而制定的市场营销方案。市场细分可以帮助企业将其营销组合设计得更适合潜在消费者，更准确地满足他们的需求。市场细分有助于企业分析消费者的购买习惯、价格敏感度、所要求的产品特色，同时也为广告和促销决策奠定了基础。研究消费者需求的变化是所有与4P相关的决策的核心。如果存在一个清晰、详细的目标市场，那么那些决策就既容易做出，又相互连贯。

（四）有利于企业掌握目标市场的特点

不同的细分市场之间的需求具有较多的差异性，市场细分可以帮助企业更好地掌握各个细分市场的特点。对于企业来说，掌握目标市场的特点对企业能否成功进入目标市场有着不可忽视的作用。

（五）有利于消费者找到与他们的需求紧密相关的产品

消费者的需求不仅与产品功能相关，也与心理满足相关。消费者可能会感到某个特定的厂商更理解他们，或能更直接地与他们交流，因此消费者就会做出更多反应，最终更加忠实于该厂商。可以说，不能依据重要标准深入进行市场细分的企业，将会失去消费者；而那些成功进行市场细分的企业，将赢得消费者。

二、市场细分的前提

（一）市场需求的差异性

由于消费者的购买动机和购买行为不尽相同，为了实现精准营销，必须对市场进行细分。市场细分的关键在于发掘消费者的需求偏好，将具有相同消费需求和消费习惯的消费者纳入同一个细分市场。

用"二八定理"[①]来解释，就是20%的顾客创造了企业80%的盈利。这也说明了消费者在消费水平和消费偏好上存在巨大的差异。市场细分的目的就是帮助企业找到那20%的优质客户，从而提高企业的利润水平。从社会发展的角度来看，随着生活水平的提高，消费者的消费需求正在从单一向多元化的方向发展，比如当下大型商场在设计上，已包含影院、餐饮等功能，正是适应了这一发展方向。除此之外，由于地理条件、社会环境、自身的特质、生活习惯等方面的不同，也直接导致人们对消费品的需求偏好存在差异。市场细分的关键在于寻找消

---

① 即帕累托法则（Pareto Principle），也称80/20法则，是指在众多现象中，80%的结果取决于20%的原因。

费者需求中的"差异点"。

（二）市场需求的相似性

消费者的消费需求受到地域、教育水准、区域文化等因素的影响。因此，来自相同地域、接受同种教育、拥有相同文化背景、经历相似甚至有着相同或类似价值观的消费者，在一定程度上存在着相似的需求偏好。企业在看到市场中的差异的同时，还要看到市场中消费者需求的相似之处，将具有相同需求的消费者纳入某个细分的市场，以保证细分市场拥有足够的市场份额和潜在利润。

（三）买方市场的形成迫使企业进行市场细分

随着买方市场全面形成，以及卖方之间的竞争日趋激化，市场细分成为企业发现新"蛋糕"和把"蛋糕"做大的利器。在现代企业管理中，市场细分已经成为一切营销活动的重要手段，不仅有利于企业挖掘新的市场机会，还可以督促企业进行生产改造、流程优化以及新品开发，更可以优化企业有限的资源，做到聚焦于目标市场，全力以赴达成企业目标。

三、市场细分的变量

依据市场的性质不同，市场细分的变量可以分为以下两大类：

（一）消费者市场细分的变量

随着市场竞争的加剧，细分消费者市场成了一种必然的趋势，影响消费者市场细分的因素有很多，但可将其归纳为四大细分变量，即地理变量、人口统计变量、心理变量和行为变量（见表5-1）。

表5-1　消费者市场细分的变量[①]

地理变量	
洲域	欧洲、亚洲、北美洲、南美洲、大洋洲、非洲
一国或地区	东部、南部、西部、北部、城市、农村
气候	季风气候、海洋性气候、热带气候、寒带气候、温带气候等
地形	高原、山地、平原、丘陵、台地、盆地

[①] 马进军主编：《市场营销学》，机械工业出版社2011年版。

（续表）

人口统计变量	
性别	男、女
年龄段	婴儿、儿童、少年、青年、中青年、中年、老年
人口密度	一线城市、二线城市、郊区、边远地区等
肤色	白色、黑色、棕色、黄色等
宗教信仰	佛教、伊斯兰教、基督教、道教、天主教等
文化程度	文盲、小学、初中、高中、专科、本科、硕士、博士、博士后
心理变量	
生活方式	方便型、休闲型
性格特质	内向型、外向型、双向型
行为变量	
时机	普通时机、特殊时机
利益	质量、服务、实惠、速度
品牌忠诚度	浮萍者、转移型的忠诚者、一般的忠诚者、骨灰级忠诚者
使用频率	轻度使用者、中度使用者、重度使用者
对产品的态度	喜爱、认可、无兴趣、拒绝、厌恶

1. 地理细分

地理细分是指按照消费者所处的地理位置、气候等自然环境来细分市场。不同地理环境下的消费者往往会对同一产品产生不同的消费偏好，因此，对企业的营销行为也会有不同的反应。

企业按地理细分市场，往往可以利用当地民俗风情和消费习惯较为相似的特点，有效地开展营销活动，做到有的放矢。以我国南北气候差异为例，南方多雨而北方少雨，因此雨伞在南方销路比北方好，同时南方的雨伞做得比较花俏，这是因为南方的气候所致，雨伞多用，雨伞生产商就开发了雨伞的装饰功能。又如，我国南方市场的春装销售基本在每年3月底4月初就结束了，而北方市场的春装销售则可持续到5月。所以，南方卖不掉的春装就可以及时调到北方市场去，而且"南衣北调"也可减少一点库存的压力。因此，地理细分意味着因地制宜，根据不同地域消费者的不同诉求实施营销活动。

2. 人口因素细分

人口因素细分是进行市场细分最常用的手段，如根据性别、年龄、宗教、文化程度进行市场细分。

以购买个人手机为例，随着手机市场日益成熟，竞争日趋激烈，消费者的需求呈现多态发展，不同年龄段的消费者会倾向不同的品牌，如：彰显个性的iPhone、面向学生群体的三星、经济实惠的诺基亚、追求品质的华为、追求时尚的索尼等。青少年可能更倾向于个性化和时尚化品牌，中老年人可能更加注重性价比。

由于可操作性强，利用人口因素变量对某一市场进行市场细分的方法被广泛使用。一般来说，企业需要结合多个细分变量，如：性别、年龄段、宗教信仰、肤色、文化程度等，全面考量细分市场，最后做出有效的营销决策。

利用人口因素变量进行细分消费者市场的成功案例非常多。比如，高露洁牙膏和牙刷，就分别建立了不同的生产线，以便能够为儿童、成年人和老年人分别提供产品。而为了更好地针对不同年龄段的消费者市场，几乎所有奶粉企业都将奶粉产品分为婴儿奶粉、幼儿奶粉、成人奶粉、中老年奶粉，而婴儿奶粉又按月划分为若干不同的阶段。

3. 心理细分

心理细分是按照消费者的生活方式、性格特质或价值观等特点，细分整个消费者市场。即使在同样的人口统计细分的市场中，消费者之间的心理特征也存在着差异，他们的所思所想以及对待事物的观点会大相径庭。

以大家熟知的麦当劳为例，根据现代人们的生活方式，可以将快餐分为方便型和休闲型，麦当劳在这两方面都有不俗的表现：对于方便型细分市场，麦当劳推出"59秒快速服务"，即从顾客开始点餐到拿着食品离开柜台标准时间为59秒，不得超过一分钟；而在休闲型细分市场，麦当劳则将餐厅布置得尽量给消费者带来舒适感，努力使顾客把麦当劳作为一个具有独特文化的休闲好去处，以吸引休闲型细分市场的消费者群。如麦当劳上海新华联餐厅重装亮相，采用LIM（Less is More，即"化简为繁"）设计理念，其多元化的前沿设计元素赋予麦当劳与众不同的崭新格调，带给顾客焕然一新的感觉。在这里，精妙的色彩效果、柔软舒适的材质运用以及时尚简约的环境装饰，不仅为成年人营造了更为舒适的休息、放松环境，同时也为青少年提供了聚会的最佳选择，满足了潮人的多元化需求，让每个人都能在这里找到专属的"至捷美食"体验。

通过对心理细分变量进行考量，企业可以准确定位该消费市场中消费者的心理诉求，进而改进营销组合，把握消费市场的需求动向。

4. 行为细分

在行为细分中，企业根据消费者对一件产品的购买意愿、购买频率、使用反馈对消费者进行群体划分。以消费者购买决策为例，通常情况下，商家可以很容易确定购买决策者，但对有些产品的购买决策者的认定不是件容易的事情，这就需要企业进行消费引导，实现消费购买决策的转变。有一些案例至今令人难忘。比如，脑白金、黄金搭档和黄金酒都无一例外地细分到健康礼品的消费行为上，并通过广告成功引导消费购买决策。虽然广告做得并不精美，但与其细分市场和整个营销体系结合起来，其经典性不言而喻。

还有通过以下行为变量进行市场细分的：

（1）时机。可以是一个时间点，也可以是一个时间段。例如，黄金周的旅游市场、节假日的商家促销等活动，都是针对时机来展开的。

（2）利益。消费者进行购买决策时，考虑的是自身利益的最大化。因此企业的首要任务是了解驱动消费者进行购买行为的关键利益，然后确定寻求这种利益的群体，最后将关键利益进行产品功能化，满足消费者的购买需求。下表（表5-2）以洗发水为例，揭示了按消费者的利益追求不同进行的细分情况。

表5-2　洗发水市场的利益细分

利益细分	人口统计细分	心理细分
清洁、洗发	全部	关注功能
柔顺	女性	注重对美的追求
乌黑亮丽	女性	追求完美

根据上述分析，化妆品公司可以利用特定分析结果，改进现有的产品线，推出新的满足消费者潜在的或未被满足的需求。

（3）品牌忠诚度。指按照消费者对产品的忠诚程度划分消费群体的细分方法，品牌忠诚度较高的消费者会给企业带来较高的顾客终身价值。

依据对企业的重要程度和价值的贡献度这两个维度，可以把消费者的忠诚类型划分为四种——浮萍者、转移型的忠诚者、一般的忠诚者和骨灰级的忠诚者。图形呈倒三角状，对应模块的面积即表示该忠诚类型群体对企业的贡献值（见图5-1）。品牌忠诚度越高，该群体给企业创造的价值也越高，越需要企业牢牢抓住。对于骨灰级忠诚者，企业需要研究他们的特征，从而确定品牌的战略；对于一般的忠诚者，企业可以通过他们来识别最具竞争性的品牌；对转移型忠诚者的分析，使企业能够认识到自身的薄弱环节，并且加以改进；浮萍者由于对企业没有忠诚度，营销人员应该采取各种营销手段吸引其消费，也可以在适当的情况下放弃此部分顾客。

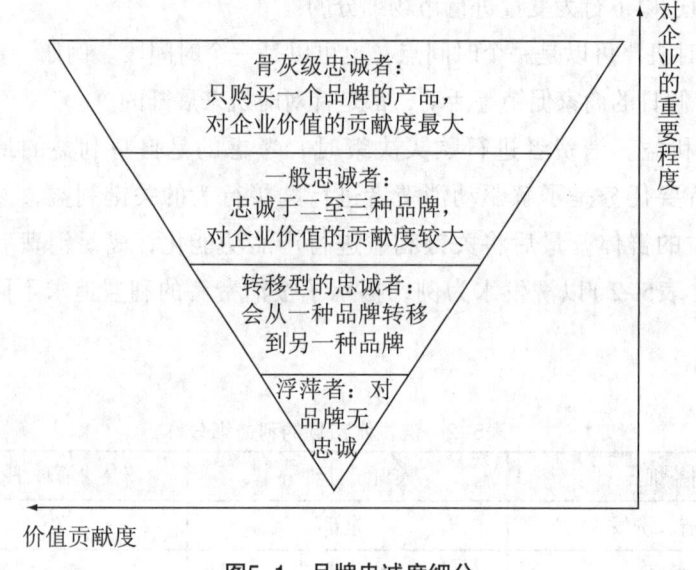

图5-1　品牌忠诚度细分

（4）使用频率。指按照消费者使用频率将消费者划分为使用者和非使用者，之后再在使用者中按程度划分为轻度使用者、中度使用者以及重度使用者。通常情况下，重度使用者所占比例比较小，但却为企业创造最大的利润。

以某品牌的牛奶为例,我们可以模拟一下其购买频率细分,看该产品的营销人员应该如何有效把握普通消费者的需求。假设有甲、乙、丙三名消费者,下表(表5-3)列举的是经过处理的某一年他们购买该品牌牛奶的数据,据此可以区分出轻度、中度和重度三种类型。

表5-3 某品牌牛奶的购买频率细分

牛奶特点 购买程度	高钙	脱脂	普通
轻度使用者	(甲,,)	(甲,,)	(,乙,)
中度使用者	(,,丙)	(,,丙)	(,,丙)
重度使用者	(,乙,)	(,乙,)	(甲,,)

根据上表数据,可以确定:消费者甲是一个对高钙、脱脂牛奶的轻度用户,而对普通牛奶他是重度用户。由此可以判断,消费者甲极有可能是年轻消费者,且他对牛奶的特殊性能没有要求。而消费者乙则是高钙和脱脂牛奶的重度使用者,那我们可以认为:消费者乙要么是一位中老年消费者,要么是一位特别注重健康的年轻人。

利用使用频率对消费者进行细分,可以帮助企业锁定重度消费群体,在向用户提供完善的服务的同时,增加消费者对企业的信任度,达到长期的潜在的利益增长。

(二)生产者市场细分的变量

生产者市场的细分变量,可以参照消费者市场的细分变量。此处,我们将专门分析有别于消费者市场的一些细分变量,如最终使用者、产品用途、消费群的规模等。

1. 最终使用者

这是一种最常见的细分生产者市场的变量。最终消费者不同,就会形成有差异的市场,从而成为企业制定有差别的营销方案的依据。例如汽车的零部件采购,不同的车型需要采购不同的零部件,零部件的标准会因车型的不同而略有差异。再如,造船厂在制造舰船时,会根据不同的要求采购不同的零部件。

2. 产品用途

产品用途也是生产者市场细分的变量之一。生产者可以根据产品的用途来选择市场，例如粘胶剂，根据用途的不同可以分为：硬化胶、灌封胶、硅橡胶、密封胶、压敏胶、热熔胶、厌氧胶等。

3. 消费群的规模

消费群体的规模大小直接决定了企业所专注的市场的大小，因而对企业开展营销资源分配的计划有着重大的影响，所以企业对待不同的消费群会有所区别。其实，消费群可以按照规模的大小分为：核心消费群、基础消费群以及外围消费群（见图5-2）。对于核心消费群，企业需要集中大量的营销资源来实现利润最大化；对基础消费群，企业所耗用的营销资源会少些，因为这部分消费者不能为企业提供大量的价值；对外围的消费群，企业用的营销资源主要是吸引新的消费者，开发新客户的成本比维护老客户的成本大许多，所以企业通常不会耗用太多的资源在外围消费群上。

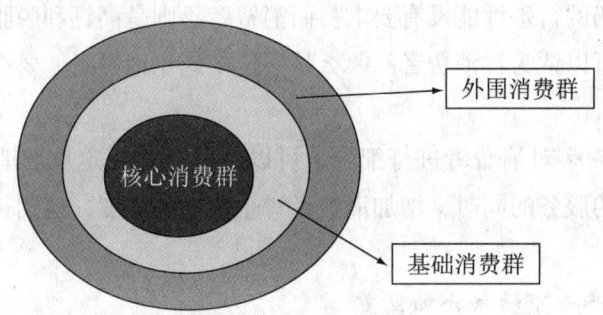

图5-2 消费群的规模细分

四、细分市场的类型

市场细分之后，对子市场而言，会具有不同的形态。一般来说，主要表现为同质偏好、扩散偏好和集群偏好三种类型。

（一）同质偏好

同质偏好（Homogeneous Preferences）是指细分后的子市场间消费者拥有相同或相类似的偏好。这种类型的市场相对而言较少，如粮食市场、水市场等大体上可以归属于此种类型。如果企业面对的市场是此种类型，那么对企业而言，在产品策略上应采用标准化产品策略，尽量减低生产成本。

（二）扩散偏好

扩散偏好（Diffused Preferences）是指细分后的子市场中的消费者之间的偏好存在明显差异。这类市场的数量多于同质偏好市场，是一种常见的细分市场类型。由于客户的偏好不同，企业应当采取差异化的策略，设计个性化的商品。

（三）集群偏好

集群偏好（Clustered Preferences）是指细分子市场出现了以相同或相似偏好的消费者集结而成的群体。我国各地不同的饮食偏好就是一个很好的例子。这类市场最大的优势在于集中，可以使企业在选定目标市场时更明确，更有效率。然而，不利之处在于当企业资源有限时，选定了一个目标市场进入就意味着它失去了其他的细分市场份额。

五、有效细分市场的依据

企业实施市场细分化策略，必须注意市场细分的有效性和实用性，不能为细分而细分，细分之前必须要有明确的目的和方向。那么，怎样才能保证市场细分的有效性？一般而言，评估有效细分市场的依据主要体现在以下五个方面：

（一）可衡量性

这是指用来细分市场的标准和变数，细分后的市场是可以识别和衡量的，即有明显的区别，有合理的范围，而且购买力和特性是能够为企业所感知的。如果某些细分变数或购买者的需求和特点很难衡量，细分市场后无法界定、难以描述，那么市场细分就失去了意义。一般来说，一些带有客观性的变数，如年龄、性别、收入、地理位置、民族等都易于确定，并且有关的信息和统计数据也比较容易获得；而一些带有主观性的变数，如心理和性格方面的变数，就比较难确定。

（二）适量性

适量性是指细分市场的规模达到满足企业生存和发展的程度即可。也就是说，市场规模并不是越大越好，也不是越小越好，而是要控制在适当的范围内。如果市场规模过大，在初期就会有大量的竞争者进入，参与竞争，不利于企业核心竞争力的形成和培养；如果市场规模太小，这个细分市场可能面临生存问题。

需要说明的是，这种适量性的市场应该具有持续发展的趋势，一方面能够不断满足企业业务发展壮大的要求，另一方面又能根据环境的变化具有一定的广延性。

（三）可接近性

可接近性是指这个细分市场必须是企业通过努力可以达到的，并且能够为企业提供后续服务，即必须考虑营销活动的可行性。企业的进入必须以能占有一席之地为前提，否则可能导致因资源不足而没有作为，或者面对竞争者却无能为力。

可接近性凸显了两个特点：一是企业能够通过一定的广告媒体把产品的信息传递到该市场众多的消费者中去；二是产品能通过一定的销售渠道抵达该市场。

（四）差异性

细分市场后，应观察其是否存在明显差异，分别对企业的营销方案有着怎样的行为或反应。假设某天然矿泉水厂商欲以性别为细分变量，在男性或女性中对其矿泉水产品进行差异化设计，这样的细分意义甚微。

（五）可行性

可行性指的是为到达市场细分的既定目标而制定的计划的可行程度。例如，一家冰箱生产厂商雄心勃勃地生产儿童冰箱以期进入儿童市场，最终却少人问津，不了了之。我们可以想见，儿童冰箱是放在小朋友的房间给小朋友使用的，但是这样一来除了有一定的安全隐患外，还可能会导致小朋友无节制地进食，这些都是家长难以接受的。所以，生产儿童冰箱的想法和做法只能以失败告终。

（六）相对稳定性

相对稳定性指细分后的市场有相对的时间稳定性。细分后的市场能否在一定时间内保持相对稳定，直接关系到企业生产营销的稳定性。特别是大中型企业以及投资周期长、转产慢的企业，更容易造成经营困难，严重影响企业的经济效益。

第二节　目标市场选择

前述有关市场细分的内容充分说明，当企业面临市场机会时，首先要做的是准确地进行市场细分。接下来，企业应怎样对各类细分市场进行评估和选择，以确定目标市场呢？

一、评估细分市场

企业在评估不同的市场时，有四个必须考虑的因素：① 细分市场的发展潜力；② 细分市场的现有规模和增长程度；③ 细分市场结构的吸引力；④ 企业的目标和资源。

（一）细分市场的发展潜力

在选择细分市场时，企业必须考虑这个市场中同业者的竞争激烈程度如何，并且评估自己是否能够在这个市场上有长足的发展。市场中的竞争激烈程度越大，进入市场的风险程度也就越大，在这种情况下企业需要慎重选择；反之，市场的竞争激烈程度越小，进入的风险也就越小，说明市场还有较大的发展潜力。简而言之，企业希望进入的市场是有利可图的，能够使企业获得持续的长足发展。

但是，仅仅以竞争的激烈程度来衡量细分市场，并不足以对企业形成实际的指导，还需要明确应该如何评估市场的烈度。这里，我们给出一个变量Ж，即主要竞争对手的市场占有份额与次要竞争对手的市场占有份额之比。

当Ж>1时，即主要竞争对手的市场占有份额大于次要竞争对手占有份额的总和时，表示该细分市场的市场领先者已经独占鳌头，进入前应慎重考虑；

当Ж<1时，说明此市场还未处于开发阶段，风险较小，可以考虑进入；

当Ж=1时，成败概率各占50%，要根据具体情况，结合企业自身条件具体分析。

（二）细分市场的规模和增长程度

细分市场的规模和增长程度，也是企业评估细分市场的一个重要因素。但这并不意味着细分市场的市场规模越大越好、增长速度越快越好。多大的规模、多快的增长程度，要视每个企业的具体情况与内部资源条件而定。最关键的一点是要选择适合自身特点的细分市场，并使其有效提升。

（三）细分市场结构的吸引力

细分市场可能具备良好的规模和理想的增长程度，也可能在收益方面有所欠缺，所以企业必须找到一个可以支撑其一直奋斗的长期市场。在一个细分市场中，强敌林立必然打击积极性，也不利于长期的激励，因此没有太大的吸引力。许多实际的或潜在的替代产品会限制细分市场中的价格和可供获得的利润[①]。与此同时，消费者的相对购买力也是影响细分市场吸引力的一个因素。当市场是买方市场时，消费者有着更强大的谈判筹码，可以要求卖方提供更好的服务，这时细分市场的吸引力就大大缩减；当市场处在卖方市场时，卖方有更大的筹码与消费者谈判，要求高价卖出，这时细分市场就会有更大的吸引力吸引卖方。

（四）企业的目标和资源

在满足前面三个条件之后，市场有着中低竞争烈度、适当规模和适度增长程度，但企业仍然需要结合自身的目标和资源在进入细分市场前进行评估。某些市场虽然可以短期内发展很快，但从长远来看不利于企业的战略发展，所以只能放弃。有些细分市场可能对企业来说是一份具有诱惑的"小蛋糕"，但是这样做势必会妨碍企业主要目标的达成，是得不偿失之举。所以，在做判断前要仔细辨别什么才是企业当前的主要目标，同时要确认企业自身的资源配置，避免做"事后诸葛亮"。

评估细分市场并不能仅仅看其发展、吸引力、竞争烈度，最重要是看能否结合企业当前的目标和资源，做出最明智的选择。如果企业缺乏能在细分市场中与竞争对手角逐的力量，或者由于种种的客观原因无法发挥自身的力量，那么该企业进入此细分市场的可能性很小。一般而言，只有当企业充分认识自身并能结合营销大环境与营销资源时，才能有效地进入细分市场。

某些细分市场虽然有较大吸引力，但不能推动企业实现发展目标，甚至还会分散企业的精力，使之无法完成其主要目标，这样的市场应考虑放弃。此外，还应考虑企业的资源条件是否适合在某一细分市场经营。

二、选择目标市场

企业根据上述四个因素对目标市场进行评估之后，还要考虑如何选择其目标市

[①] 唐豪、魏农建：《现代营销管理——原理、方法与案例》，上海大学出版社2004年版，第145页。

第五章 目标营销战略

场。所谓目标市场,是指企业决定进入的、具有共同需要或特征的购买者集合。

(一)选择目标市场的模式

选择目标市场有五种模式(见图5-3)。

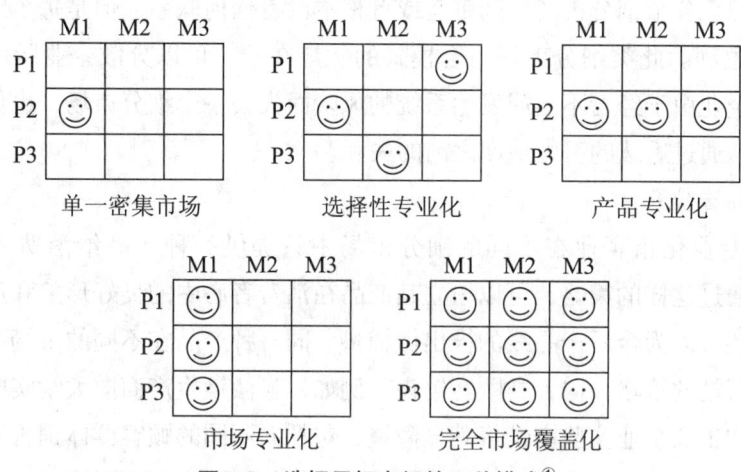

图5-3 选择目标市场的五种模式①

1. 单一密集市场

它是指企业在整个市场上选择单一的细分市场,集中自身资源进行营销活动。这样选择有利有弊,利在于企业可以通过这个单一细分市场中的分工专业化,使得自身能够不断改进产品、生产工艺、生产管理,并进行新品开发等,在给消费者提供优质产品或服务的同时,获得丰厚的回报,树立良好的品牌和声誉。例如,百合网是国内第一家实名制婚恋网络服务商,它只专注于婚恋服务。当然,把鸡蛋放在一个篮子中存在较大的风险,当该细分市场的大环境发生改变时,企业由于在该细分市场专业化程度已经较高,所以在整个系统性的风险面前将不堪一击,这种打击甚至是毁灭性的。就好比炒股票,只买一支股票比买多支股票组合的风险大。所以,由于以上原因,许多公司更愿意在若干个细分市场上分散营销。

---

① 注:M代表市场,P代表产品。

2. 选择性专业化

选择性专业化是指企业选择多个不相关的细分市场作为目标市场。其中，每个细分市场在客观上都有吸引力，并且这些分散的细分市场对于企业来说是有利可图的，客观上可以满足企业求生存、谋发展的条件，并且主观上符合公司的目标和资源。各个细分市场之间鲜有或者根本没有任何联系，但是每个细分市场都有可能盈利。此类细分市场组合模式的优势在于，可以分散企业所承受的风险，即使企业由于经营不当或发生系统的风险而失去一个细分市场，也仍然可以运作下去，通过后续的努力挽回之前的失利。

3. 产品专业化

产品专业化指企业在不同的细分市场中只提供一种产品给消费者。一方面，企业通过这样的策略，可以树立其产品在消费者心中的良好形象和声望；另一方面，还可以为今后产品线的推出做铺垫。同一种产品在不同的市场上推广可以有多种营销的策略，向各类顾客销售。例如，显微镜生产商向大学实验室、政府实验室和工商企业实验室销售其显微镜，包括向不同的顾客群体销售不同种类的显微镜，而不愿去生产实验室可能需要的其他仪器。企业可以通过这种战略，在某个产品方面树立很高的声誉。但是，如果此处所说的显微镜，被一种全新的显微技术代替，那么该企业就会发生经营危机。

4. 市场专业化

市场专业化是指企业专门为满足某个顾客群体而提供不同的产品或服务。消费者可以从企业提供的各式产品或服务中任意挑选满意的产品或服务，这种专业化服务会使企业获得该消费群体的信赖，同时获得不错的经济回报，呈现出一种双赢的局面。例如，企业可为大学实验室提供一系列产品，包括显微镜、示波器、本生灯、化学烧瓶等。通过专门为这一顾客群体服务，企业可以获得良好的声誉，并成为这个顾客群体所需各种新产品的代理商。但如果大学实验室突然削减经费预算，那它们就会减少从这个市场专门化企业购买仪器的数量，对于后者而言就会产生危机。

5. 完全市场覆盖化

完全市场覆盖化是指企业在细分市场中为消费者提供各种各样的服务和产品，来满足消费者的各种需求。完全市场覆盖化要求企业具有足够的资源来支持细分市场中营销战略的开展。对于一般的中小企业来说，如此浩大的工程是他们所负担不起的，换言之，能进行完全市场覆盖化战略的企业通常是拥有雄厚资源的大企业。

（二）市场覆盖战略

常见的可供选择的市场覆盖战略可以分为三种：无差异性营销、差异性营销以及集中性营销。

1. 无差异性营销

无差异性营销是指企业看重各子市场之间在需求方面的共性，而不注重它们的个性；不是把一个或若干个子市场作为目标市场，而是把各子市场重新集合成一个整体市场，并把它作为自己的主要目标市场。该战略适用于大量营销的阶段，即企业大批量生产和销售一种产品给整个市场中的消费者，不考虑消费者的特殊需求，只考虑消费者的共同需求。企业将根据消费者的共同需求，尽全力为推出能让消费者满意的营销组合策划一系列活动。

无差异性营销最大的优点是产品单一，有利于开展标准化与大规模生产，有利于降低研发、生产、储存、运输、促销等成本，从而能以低成本取得市场竞争优势。不仅如此，面对整个市场，企业无需进行细分市场的前期工作和规划，可以降低其管理和调研的成本。

无差异性营销也存在弊端。因为在整个市场上并不只有一家企业，所以竞争是在所难免的。有了竞争，就会摊薄企业所获得的利润，同时，企业的营销资源就会减少。而且，整个市场的消费者需求不尽相同，无差异性营销模式往往忽视了各子市场的需求差异性，企业难以长期采用。一旦竞争者采取差异化或集中化的营销战略，企业就会面临更大的挑战。

可见，无差异性营销更适用于这样的企业，即具有大规模的单一生产线，广泛的销售渠道，在消费者中享有较高的知名度和信誉，且产品质量好。

2. 差异性营销

差异性营销又称差异化市场营销，是指企业把整体市场划分为若干个细分市场，针对各个细分市场的需求而刻意设计适合他们的产品和服务，并在渠道、促销和定价等方面有相应的改变，以适应各个子市场的需要。

差异性营销策略同样也存在不足之处。由于实行差异化策略，所以随着产品品种的增加，销售渠道的多样化，再加上市场调研、广告宣传等营销活动的扩大与复杂化，生产成本、管理费用、销售费用必然会大幅增加。那么，采用这一策略时必然会受到企业资源力量的制约。所以，雄厚的财力、较强的技术力量和素质较高的营销人员，是实行差异性营销的必要条件。

可见，在考虑实施差异性营销策略时，必须结合企业自身的实际情况稳妥进行。一般而言，该策略多为实力雄厚的大公司所采用。

3. 集中性营销

集中性营销旨在让服务于特定细分市场的企业在该细分市场中取得主导性的地位。因为企业只专注于该细分市场，而且对其情况和最新的发展动向了如指掌，能更清晰地把握消费者的实际需求，所以企业有足够的底气傲然于该细分市场，主导一方。集中性营销能更有效地安排企业的资源，可以统筹兼顾，节约不必要的营运费用。如果运用得当，企业将获得高额的回报。

同样，集中型营销也存在着一定的风险。这种战略将使企业的资源过于集中，一旦消费者兴趣转移，就可能对企业造成致命的打击。同时，企业还应该考虑自身是否有能力迎接强大的竞争对手的挑战。

总之，上述三种目标营销战略各有其特点，关键是要学会如何针对具体情况合理运用。在选择不同的市场覆盖战略时，通常有四个需要考虑的因素：

第一，企业所拥有的资源情况。在选择市场覆盖战略时，企业应当量力而行，充分评估自身的资源拥有情况。在资源充足、实力强大的情况下可以选择无差异性营销战略和差异性营销战略；反之，如果资源有限，则以选择集中性营销战略为宜。

第二，产品的特征。它包括产品的差异性和产品生命周期阶段。当产品之间存在较大差异时，如服装、化妆品、汽车之类的产品，可以实行差异性营销战略；反之，当产品之间几乎无差异，如饮用水、食盐等产品，则应实行无差异营销战略。

第三，市场的特征。应根据消费者的需求、偏好及其对营销刺激的反应等因素来决定营销战略。如果消费者的需求、偏好及对营销刺激的反应趋于一致，则说明市场的同质性较强，应该采取无差异性营销战略；反之，则应采取差异性营销战略。

第四，主要竞争对手的战略。在选择目标市场营销战略时，企业还应该了解竞争对手的战略，从而采取更具竞争力的战略来面对竞争对手的挑战。最明智的做法就是避开"红海"，即如果竞争者选择无差异性营销战略，企业则可以在差异性营销战略或集中性营销战略中寻找出路。

总之，企业应当充分考虑上述因素，谨慎选择市场覆盖战略，走出促进企业发展的坚实一步。

第三节　市场定位

企业选择了目标市场之后，如何把握这个市场呢？怎样才能在强手如林的市场中确定企业自身市场的位置呢？市场定位的问题由此产生。

一、市场定位的定义

所谓的市场定位，指的是企业对其产品进行设计，从而使之能在消费者心中占有一个独特的、有价值的地位的行动。例如，"真功夫"向消费者传递的信号是，这是一个中式快餐品牌；而劳力士则向消费者传递着身份和奢华的信号。

二、市场定位的主要依据

（一）依据产品的质量、价格定位

突出性价比，是定位的依据之一。例如世界奢侈品顶级品牌LV（Louis Vuitton），其箱包和皮具以高昂的定价向消费者传递高品质和独特的品味。而浙江温州著名的箱包品牌"奥米兰奇"，则向消费者传递经济实惠的信息。

（二）依据使用者类型定位

从某种意义上说，可以从使用产品的消费者自身来判断某个特定产品所带给消费者的信息，即使用这类产品会给使用者带来什么样的好处，可以向周围传递什么样的信息。例如，劳斯莱斯汽车定位于高端或上流社会人士；而奇瑞QQ则定位于具有时尚活力的年轻人等。

（三）依据使用场合或特殊功能定位

特定的产品会对应特定的消费群，这些消费者因为其特定的功能或使用场合而使用该产品。Coors啤酒公司举办针对都市的年轻消费者的夏季活动，该公司将产品定位为夏季欢乐时光、团体活动场所饮用的啤酒；而绿箭口香糖、无蔗糖食品则以特殊属性进行定位等。

（四）依据与竞争对手的属性差异定位

这是指企业向消费者传递自己的产品或服务方面与竞争对手存在差异的信息，并强调该产品的差异对消费者是有益的。如"六个核桃"针对低糖型消费者推出无糖型的六个核桃饮品，以区别于其他品牌的核桃类饮品；达芙妮公司推出"鞋柜"系列产品，以区别于其原有的成熟路线产品，让年轻女性找到属于自己年龄段的鞋子。

三、市场定位的步骤

一般情况下，进行市场定位的步骤有三个：① 识别潜在的竞争优势；② 选择合适的竞争优势；③ 向目标市场传达企业的定位理念。

（一）识别潜在的竞争优势

市场定位的第一步，就是要识别潜在的竞争优势。消费者只会选择能够最大限度满足其需求的产品与服务，因此，企业应该从消费者的角度比较自身与竞争对手的优势和劣势，从中发现机会，使企业的营销活动和策略相对于竞争对手来说有所区别、有所突破。

通常，识别潜在的竞争优势可以从产品、服务、人员、渠道以及形象等五个方面进行。

1. 产品差异化

企业可以致力于提供与竞争对手不同的产品，实现产品差异化，以此获得竞争优势。提供具有差异化的产品不仅具有溢价的竞争优势，而且能够给消费者鲜明的印象，使企业区别于竞争对手。

2. 服务差异化

为消费者提供区别于竞争对手的服务，可以通过服务形象、服务渠道、服务内容、服务质量等方面的突出特征，使企业的服务具有独创性，从而形成竞争优势。例如"海底捞"火锅在味道方面和其他火锅店相差无几，但是却可以凭借独特的店内服务，获得差异化的竞争优势。

3. 人员差异化

21世纪是人才战略时代，企业可以通过招聘和培训高素质的员工，区别于竞争对手，取得竞争的优势。以高素质的员工服务于企业，服务于消费者，可以使消费者得到不同的消费体验。同时，高素质的员工可以为消费者提供更优质的服务，产生强大的竞争优势。

4. 渠道差异化

渠道差异化也是获得竞争优势的途径之一。如今，在传统的多级渠道链中，价格的层层加成已不能满足企业不断提高的利润目标，也使消费者的消费成本大大提高。所以，企业为了获得渠道差异化的优势，应当建立有别于竞争对手的渠道。这种差异化的实现可以从渠道策略、渠道设计、渠道建立、渠道管理、渠道维护、渠道创新等方面着手。

5. 形象差异化

企业的品牌形象在消费者的购买决策中也起了很大的作用，消费者会根据企业品牌所传递出的企业形象来判断是否尝试购买。企业形象会透过其品牌折射出来，因此，营造独特的企业形象有助于企业获得不同于竞争对手的优势。

（二）选择适当的竞争优势

企业识别了潜在的竞争优势之后，就应当考虑怎样准确地选择竞争优势，并决定以何种差异以及多大程度的差异来应对市场竞争。同时，选择竞争优势后，企业还要借助差异的专有性、可收益性、重要性、优越性等特点来对这些差异进行准确的定位和评价。一般来说，企业有三种可供选择的选择策略：

1. 避其锋芒策略

避其锋芒策略即致力于避开与竞争对手直接竞争，寻找市场还未被占领的空白之处，把握时机进入空白市场。实施这种策略时，企业应当同时对空白市场进行分析与评估，明确该市场是不是有利可图，企业能否在该市场中获得持续的发展等。

2. 共荣共存策略

共荣共存策略指企业把自己的产品定位在竞争者的附近，同竞争者共同满足一个目标市场，不与竞争者发生直接的冲突，但即便如此该企业的产品也仍应具有一定的特色。

3. 完全替代策略

完全替代策略指企业直接向竞争者发起挑战，直至将其赶出目标市场，取而代之，这是一种极具侵略性的市场定位。采取这种做法的企业，必须具备雄厚的实力、详细的市场定位实施规划、强烈的替代愿望和决心，以及极具竞争优势的旗舰产品。

（三）向目标市场传达竞争优势

识别与选择了适当的竞争优势之后，企业要做的就是向目标市场准确地传达其竞争优势，即对此进行宣传，将企业的竞争优势由空谈变为现实。只有竞争优势被市场中的广大消费者理解并接受，才能将企业的竞争优势真正实现，企业的市场定位才能成功。

第四节 营销战略的制定和实施

图5-4概括了针对单独的产品/市场进入而进行营销战略的制定，以及实施过程中的活动和决策。

一、分析为先

在设计一个营销战略之前，应该先对顾客、竞争者和公司自身做大量的分析。成功的战略决策通常建立在对市场和环境客观、细致、真实的理解之上。大多数的营销战略从来不会像纸面上说的那样实施，而是需要根据实际情况进行调整，对顾客需求、竞争者行为和经济状况的变化做出快速反应。

制定一个好的营销计划所必需的基本分析，应该关注将会影响其营销计划可行性和最终成功的四个要素：公司的内部资源、能力和战略；环境，如社会、经济技术趋势；相对于竞争对手的优势和劣势以及环境的趋势；现有及潜在的客户的需求和特征。

第五章 目标营销战略

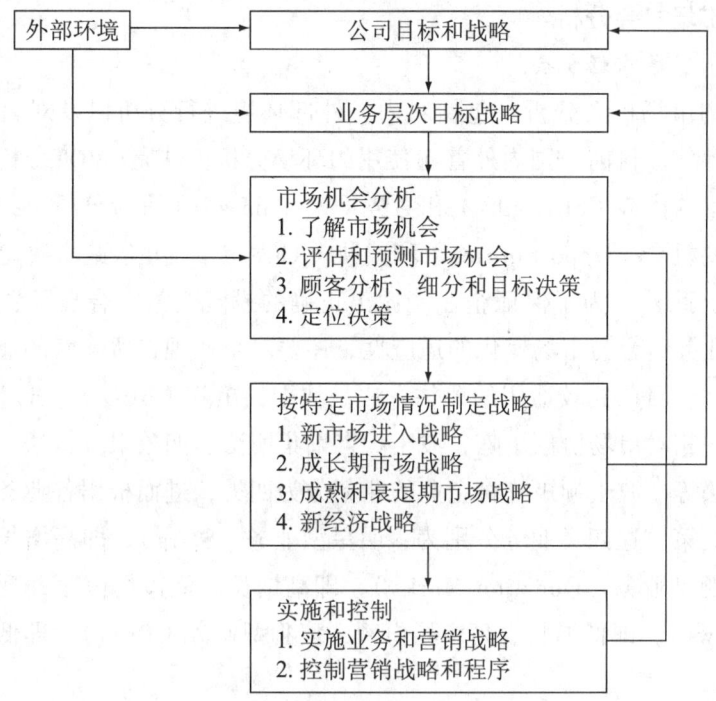

图5-4 营销战略的制定过程[1]

二、将营销战略与公司其他战略和资源进行整合

营销人员工作的主要部分是监控和分析顾客的需求、竞争对手和外部环境的变化趋势带来的机会和威胁。由于所有层次的战略都必须考虑这些因素,因此,营销人员通常会给公司和业务战略提供建议,并对公司战略的制定产生一定的影响。

营销人员还主要负责单一产品/市场单元或产品线的营销战略计划的制定和实施。但是,这些营销战略方案并不是凭空想象出来的,必须考虑企业的资源和能力,并与企业战略和业务战略在方向上保持一致。

---

[1] 〔美〕小奥维尔·C.沃克著,李先国译:《营销战略:以决策为导向的方法》,北京大学出版社2007年版,第27页。

三、市场机会分析

（一）了解市场机会

企业的市场机会分析，包括对内、外部环境进行分析以及对自身业务单元组合的评估。目前，国内外普遍使用的环境分析方法是SWOT分析，它会对企业所具备的优势（Strengths）和劣势（Weaknesses）进行分析，找出外部环境中的主要机会（Opportunities）和威胁（Threats），并依此来决定企业的目标与战略。此外，为了保证企业能做出正确的投资决策，合理配置有限的资源，保持业务组合与市场变化的适应性，还要对企业现在所经营的业务单位进行分析评估。目前比较通用的评估方法是波士顿矩阵（BCG Matrix），又称市场增长率—相对市场份额矩阵、波士顿咨询集团法、四象限分析法、产品系列结构管理法等。波士顿矩阵将企业的业务分为四类，进而根据各业务单元进行投资战略决策。这四类业务分别为：明星型业务（Stars），即高增长、高市场份额；问题型业务（Question Marks），即高增长、低市场份额；现金牛业务（Cash Cows），即低增长、高市场份额；瘦狗型业务（Dogs），即低增长、低市场份额。

（二）衡量市场机会

除了要理解一个市场机会的整体吸引力以外，营销人员还需要仔细衡量这些市场的机会，做出一个有理可据、能在规定时间内实现的销售预期。这对新产品来说是一件非常困难的事情，尤其是那些新进入市场的产品类型。

（三）市场细分、目标和定位策略

顾客的决策受到个人偏好、自身性格、社会环境等因素的影响。营销人员需要将顾客需求进行细分，将顾客划分到不同的细分市场中。定义了细分市场，并探究了每个细分市场里的顾客需求和公司的优、劣势之后，营销人员需要决定哪个细分市场对公司而言表现出吸引力和可行的机会，也就是公司的营销战略应该集中在哪个细分市场。

此外，营销人员必须决定如何在目标市场中定位产品和服务，从而设计产品和营销方案来强化对目标市场中的顾客具有吸引力的特征和利益，同时也将公司的产品与竞争者区别开来。

四、营销战略的实施和控制

决定战略是否成功的最后一个关键因素是公司有效的执行能力,而这依赖于战略与资源、组织结构、合作和控制系统以及公司员工的技能和经验是否能保持一致。管理者必须设计一种战略以符合公司现有的资源、能力和流程,尝试为选定的战略建立新的结构和系统。

为了提高营销战略的实施效果,企业应将营销分析和营销方案决策的结果定期通过详细制定的营销计划反映出来。

营销计划是一份可以执行的行动蓝图,其实就是一份书面计划,详细记述了关于顾客、竞争者和外部环境的现实状况,并提供了在计划时间内,关于现有或预期产品和服务的目标、营销行动和资源配置的指导方针。营销计划可以有效提高企业营销战略的执行效果,一般的营销计划步骤与内容如下(见表5-4)。

表5-4 营销计划的步骤与内容[①]

步骤	内容
1. 执行概要	提出计划涉及的问题、目标、战略和行动,以及对它们的预期结果的简单陈述
2. 目前的状况和趋势	概述关于市场、竞争者、宏观环境以及趋势的相关背景信息,包括整个市场和主要细分市场的规模和增长率
3. 绩效回顾(仅对现有产品或服务)	检验产品及其营销方案要素过去的绩效(如分销、促销等)
4. 关键问题	识别本计划在来年必须处理的产品的主要机遇和威胁,以及面对这些问题时必须考虑的产品和业务单元的相对优势和劣势
5. 目标	列出在销售量、市场份额和利润上要达到的目标
6. 营销战略	概述为了实现计划中的目标要使用的战略
7. 行动计划	这是年计划中最关键的部分,有助于战略的有效实施和各职能部门间的行动配合,包括: · 追求目标市场 · 关于4P中的每一个要素要采取的具体行动 · 谁负责每一项行动 · 什么时候开始行动 · 为每一次行动提供多少预算

[①] 〔美〕小奥维尔·C.沃克著,李先国译:《营销战略:以决策为导向的方法》,北京大学出版社2007年版。

（续表）

8.预算盈亏状况	提出预期的财务盈利
9.控制	讨论如何监控计划流程；当绩效没有达到预期或者环境发生变化时，提出调整方案
10.调整计划	描述在计划实施期间，当特定的威胁或者机遇发生时所要采取的行动

营销计划包括三个主要的部分：

首先，营销计划的开头应该是高层管理者的主要目标介绍和管理提议，以及目前市场竞争状态和公司的绩效。在此基础上，营销人员需要识别营销计划中必须处理的机遇和威胁，以及面对这些问题时必须考虑的产品和业务单元的相对优势和劣势。

其次，为了对营销计划进行量化考核，营销计划中需要列出在销售量、市场份额和利润上要达到的目标。然后列出整个营销战略以及战略实施中与4P的相关活动，以及每次行动的时间和任务重点。

最后，计划需详述战略所需的资金和资源，以及监控计划的实施和进程中所需采取的控制措施。有些计划也会具体说明一些偶发情况，比如一旦市场、竞争或外部环境发生了一些变化，计划应该如何调整。

本章小结

市场细分，指的是按照消费者欲望与需求把一个总的市场划分成若干个具有共同特征的子市场的过程。细分后的市场会具有不同的形态，一般来说，主要表现为同质偏好、扩散偏好和集群偏好三种类型。对于有效细分市场的依据有：可衡量性、适量性、可接近性、差异性、可行性以及相对稳定性。

目标市场，是指企业决定进入的、具有共同需要或特征的购买者集合。选择目标市场可以分为单一密集市场、选择性专业化、产品专业化、市场专业化、完全市场覆盖化。

常见的可供选择的市场覆盖战略可以分为无差异性营销、差异性营销以及集中性营销。

市场定位，指的是对企业的产品进行设计，从而使其能在消费者心中占有

第五章 目标营销战略

一个独特的、有价值的地位的行动。市场定位的主要有：按照产品的质量、价格和服务定位；按照使用者类型定位；按照使用场合或特殊功能定位；按照强调与竞争对手的属性差异定位。一般情况下，市场定位的步骤有三个：识别潜在的竞争优势；选择合适的竞争的优势；向目标市场传达企业的定位理念。

成功的战略决策通常建立在对市场和环境客观、细致、真实的理解之上。制定一个好的营销计划应该关注将会影响营销计划可行性和最终成功的四个要素：公司内部的资源、能力和战略；环境的趋势；相对竞争对手的优势和劣势；现有及潜在的客户的需求和特征。

营销计划包括三个主要的部分。首先，营销计划的开头应该是高层管理者主要目标介绍和管理提议，以及目前市场竞争状态和公司的绩效。其次，列出整个营销战略以及战略实施中与4P的相关活动，以及每次行动的时间和任务重点。最后，计划需详述战略需要的资金和资源，以及监控计划的实施和进程中所需采取的控制措施。

本章思考题

1. 市场细分的前提是什么？
2. 有效细分市场的依据有哪些？
3. 细分市场的类型有哪些？
4. 市场覆盖战略有哪些？
5. 选择目标市场后，可以有哪几种进入模式？
6. 什么是市场定位？如何实现市场定位？它的主要依据是什么？
7. 市场定位有哪几个步骤？
8. 案例研究：

汇源的目标营销战略

20世纪90年代碳酸饮料初盛行时，汇源公司就开始专注于各种果汁饮料市场的开发。相对于国内零星的中小型果汁生产销售商，汇源公司有着无法企及的优势，其先进的果蔬汁生产设备和优质的加工工艺，保证了每一瓶汇源果汁的品质。汇源果汁在当时满足了人们对健康绿色饮品的需求，抓住了腾飞的契机，凭借其专业化的大品牌战略和令人眼花缭乱的新产品开发速度，从鲜桃汁、鲜橙汁、猕猴桃汁、苹果汁扩展到野酸枣汁、野山楂汁、果肉型鲜桃汁、葡萄汁、木瓜汁、蓝莓汁、酸梅汤等，并推出了多种形式的包装。可以说，汇源公司能在竞争初期成为果汁行业的领头羊，关键在于它的广度、深度细分的运作。

然而随着果蔬汁饮料的市场日趋成熟，加上竞争者云行影从，汇源果汁初期细分的竞争优势不再显著。继1999年统一集团推出"鲜橙多"饮品在国内取得成功之后，吸引了众多国际和国内饮料企业的加入，可口可乐、百事可乐、康师傅、娃哈哈、农夫山泉、健力宝等纷纷进入果汁市场。此时，汇源公司的市场份额也随之日渐萎缩，尽管汇源将这一切归咎于"PET包装线的缺失"和"广告投入的不足"等原因，但在重金引进新包装线和打造广告之后，市场份额仍然毫无起色，甚至有下滑的趋势。

在市场的导入初期，由于客户的需求较为简单直接，市场细分一般是围绕着市场的地理分布、人口及经济因素展开。但当客户的需求多元化和复杂化，特别是情感因素在购买中越来越具有影响力的时候，市场也从有形细分向无形细分转化，即细分后的目标市场，无法通过形象的描述来说明。一味地模仿而不去思考，就会造成典型的"营销近视症"，意识不到顾客的需求是会发生变化的。

汇源公司站在一个静态的角度看待市场，忽略顾客需求是会发生变化的，以静态的细分方法应对动态的市场需求，致使企业处于十分不利的地位。

思考与讨论：

（1）汇源对市场的细分为它带来了哪些好处？

（2）汇源为什么最后会患上"营销近视症"？应如何避免？

本章参考文献

1. 菲利普·科特勒、加里·阿姆斯特朗著，俞利军译：《营销学导论》，华夏出版社1998年版。

2. 周景勤：《营销与策划》，北京大学出版社2006年版。

3. 〔美〕菲利普·科特勒著，郭国庆等译：《市场营销管理》，中国人民大学出版社1997年版。

4. 〔美〕戴维·W.克雷文斯等著，韦福祥译：《战略营销》，机械工业出版社2004年版。

第五章 目标营销战略

5. 吕涛:《企业营销策划》,中国矿业大学出版社2005年版。

6. 唐豪、魏农建:《现代营销管理：原理、方法与案例》,上海大学出版社2004年版。

7. 〔美〕菲利普·科特勒等著,王永贵等译:《营销管理》,格致出版社、上海人民出版社2009年版。

8. 〔美〕小奥维尔·C.沃克著,李先国译:《营销战略：以决策为导向的方法》,北京大学出版社2007年版。

9. 马进军:《市场营销学》,机械工业出版社2011年版。

10. 邵焱、谭恒、刘玉芳:《现代市场营销学》,清华大学出版社2007年版。

第六章 产品策略

本章学习目标

1. 了解：新产品的特征、新产品开发程序；
2. 熟悉：产品的概念和整体产品的五个层次；
3. 掌握：产品组合策略、产品线延伸策略、产品生命周期理论。

本章核心概念

整体产品 产品组合 产品线 产品生命周期 新产品开发

第一节 产品概述

企业的一切生产经营活动都是围绕着符合市场需求的产品进行的,即通过及时、有效地提供消费者所需要的产品而实现企业的发展目标。企业生产什么产品?为谁生产?生产多少?这些看起来似乎是经济学问题,其实都是企业在实施产品策略时必须回答的。开发满足消费者需求的产品,并将产品迅速、有效地传送到消费者手中,构成了企业营销活动的主体。产品是企业所面临的最现实问题,企业时时刻刻都在研发、生产、销售产品,消费者时时刻刻都在关注、消费和享受着产品。当前,科学技术快速发展,消费者需求特征日趋个性化,市场竞争程度也在不断加深,所有这些都直接导致了产品更新换代的速度加快。

第六章 产品策略

一、产品的概念

产品通常是指具有某种特定物质形状和用途的物品,这是一种狭义的产品概念。广义的产品是指能够提供给市场、能被人们使用和消费并能满足人们某种需求的任何东西,它既包括产品实体,也包括通过某种服务给消费者带来的利益。通俗地讲,产品包括有形产品和无形服务。有形产品主要包括产品实体及其品质、品牌和包装等;无形服务则包括可以给买主带来附加利益以及心理上的满足感和信任感的售后服务、产品形象、企业信誉等。

在现代观念的影响之下,产品的外延也从其核心产品(基本功能)向一般产品(产品的基本形式)、期望产品(期望的产品属性和条件)、附加产品(附加利益和服务)和潜在产品(产品的未来发展)拓展。这五个层次之间的关系如下(见图6-1):

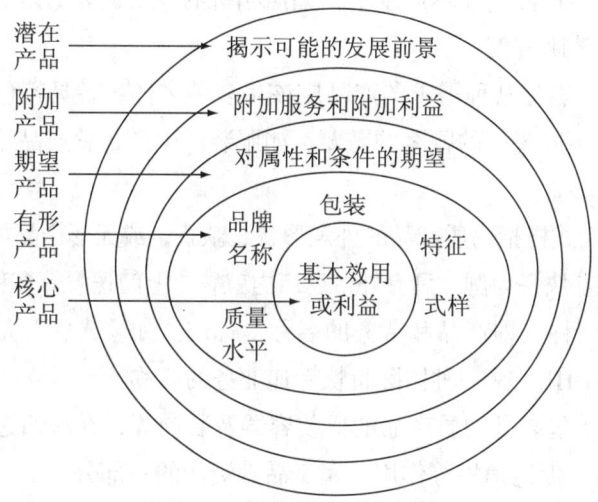

图6-1　产品整体概念示意图

(一)核心产品

核心产品是产品整体概念最基本的层次,是指向顾客提供的产品的基本效用或利益,它构成了产品最本质的核心部分。在此意义上,消费者购买某种产品并非是为了拥有该产品实体,而是为了获得能满足自身某种需要的效用或利益。

如手机的使用,主要体现在它的通讯及时、携带方便等效用方面。由此可见,某一产品能否被市场接受,不仅取决于企业能否提供这一产品,更重要的是它能否给消费者带来某种实际利益使其需求得到满足。因此,营销人员的首要任务就是从满足消费者的需求出发,在产品中完整、全面地体现消费者所需要的核心利益和服务。

(二)有形产品

有形产品是向市场提供的实体和服务的形象,是核心产品借以实现的形式。它在市场上通常表现为产品质量水平、外观特色、式样、品牌名称和包装等。产品的基本效用必须通过某些具体的形式才得以实现。市场营销人员应首先着眼于顾客购买产品时所追求的利益,以求更完美地满足顾客需要,再从这一点出发去寻求利益得以实现的形式,进行产品设计。

(1)质量水平。质量水平指产品实体满足消费者需要的可靠程度,是可以用技术参数表现的产品内在本质水平,如照相机的像素代表的是照片在放大以后还能保持的相片清晰程度。

(2)特征。满足某种需求的产品应该是多种多样、各具特色的,这样才能适合不同层次、不同爱好的顾客的需要。如服装厂生产各款产品用以满足顾客的不同需求。

(3)式样。式样指物质产品的外观形状、款式,或无形产品如服务的不同表现形式。以肯德基快餐为例,可有外带、店内就餐、上门送餐等多种服务形式。

(4)品牌名称。即产品和劳务的名称、标志。如"光明"是一种乳制饮品的品牌名称,"DHL"是一种国际特快专递业务的名称。

(5)包装。包装是物质产品的盛装容器及装饰等,在流通过程中起到保护产品,方便储运,促进销售等作用,属于品牌资产的一部分。

(三)期望产品

期望产品是消费者购买产品时期望得到的一整套属性和条件。如对于购买洗衣机的人来说,通常期望该机器能省时、省力地清洗衣物,不损坏衣物,并且洗衣时噪音小、方便进排水、外型美观及使用安全可靠等。又如,旅客乘坐软卧高铁,通常期望在支出高额票价的同时,能够快速、准时到达目的地,并拥有舒适干净的乘车环境,享受周到及时的服务如提供拖鞋、饮用水等。再如,住酒店的宾客期望酒店提供干净的床铺、热水、电话、电视、空调和相对安静的环境。如果宾客在某星级酒店支付了高额的房价后,却没有享受到期望的产品和服务,那么,宾客会因没有获得满足而心存不满,以后很可能就不会再投宿该酒店。

鉴于此,企业在生产、设计、销售过程中应充分考虑消费者的利益,尽可能增加顾客的满意度,增强品牌的美誉度。若顾客取得了满意的期望产品,将会真正认知并认可该产品品牌。反之,在造成极大的心理落差后,顾客会对产品失去信任并产生怀疑,继而转向其他产品。

(四)附加产品

附加产品又称延伸产品,是指消费者购买的产品中所包含的各种附加利益的总和,包括产品运送、安装、保修、调试、使用说明等。美国著名管理学家哈罗德·里维特(Harold. J. Leavitt)认为,新的竞争不在于工厂里制造出来的产品,而在于工厂外能够给产品加上包装、服务、广告、咨询、融资、送货或顾客认为有价值的其他东西。在当今的营销环境中,附加产品对企业营销的影响重大。以空调产品的销售为例,在购买了某品牌的空调之后,如果没有运送、安装、调试等附加服务,消费者就无法享用这个产品;如果没有维修、产品保证等附加服务,消费者的利益就得不到保障。因此,消费者对附加产品格外关注,这应当引起企业的高度重视。

(五)潜在产品

潜在产品是产品整体概念当中的最高层次,是指上述四个层次未来发展的"潜在状态"的产品,它预示着该产品最终可能的改变,如彩色电视机可发展成为电脑终端机等。把握住潜在产品的发展方向将有助于取得市场先机,这要求企业有超强的预测能力与长远的战略眼光。同时,这也是建立在强大的财力与科研能力基础上的,例如美国的苹果公司。但也有不少公司未做好这个层次而失去市场,陷入困境。例如生产胶片的柯达公司,因为对摄影的未来预测失误而把大片市场拱手留给了数码公司,损失惨重。这说明,企业应加大研发力度,不断推陈出新,努力走在行业的前端,以长远的眼光与超强的预测能力实现企业的可持续发展。

事实已经证明,现代企业产品外延的不断拓展源于消费者需求的复杂化和竞争的白热化。在产品功能日益趋同化的情况下,谁能更快、更多、更好地满足消费者的复杂利益整合的需要，谁就能拥有消费者，占有市场，取得竞争优势。不断地拓展产品的外延部分已成为现代企业产品竞争的焦点，消费者对产品的期望价值越来越多地包含了其所能提供的服务、企业人员的素质及企业整体形象的"综合价值"。目前，发达国家企业的产品竞争多集中于附加产品层次及潜在产品层次上，而发展中国家企业的产品竞争则主要集中在期望产品层次上。若产品在核心利益上相同，但附加产品所提供的服务不同，则可能被消费者看成是两种不同的产品，从而造成两种截然不同的销售状况。企业在对产品整体概念充分认识的基础上，应努力在五个层次上展开营销活动，同时尽可能地增加产品的价值，降低顾客购买的成本，进而增强本企业的产品竞争力。

二、产品的分类

按照不同的标准，产品可以有不同的分类：

（一）耐用品、非耐用品和服务

按照产品的实质性和耐用性，可分为耐用品、非耐用品和服务三大类。

1. 耐用品

耐用品是指用途较多、使用寿命较长的产品，如家用电器、私家车等。耐用品的单位价格高，购买频率低，需要较多的人员推销和服务，但是利润相对也较高。

2. 非耐用品

非耐用品也称为消费品，一般指具有一种或多种消费用途、产品消费快、购买频繁的产品，如糕点、饮料、水果等。对于这类产品，企业必须广设零售网点，使消费者能在许多地方很方便地购买到。企业还应通过大力做广告吸引消费者试用并形成偏好。

3. 服务

服务是一方能够向另一方提供的基本上是无形的任何行为和绩效，并且不会导致任何所有权的产生。它的生产可能与实际产品有关，也可能无关。如教育、旅游、金融服务、咨询公司及美容美发等。

必须指出的是，与有形产品相比，服务具有以下四种特征：

（1）无形性。由于服务是由一系列活动组成的，这个过程不能像有形商品

第六章 产品策略

一样被消费者真切地触摸到，但它同样很重要，如车辆的保养服务等。

（2）异质性。服务是由员工提供给消费者的。由于员工的服务很难做到完全标准化，其服务质量会受到很多因素的影响，如消费者对消费需求的诉求以及服务人员的业务能力等，而这些因素都影响着消费者对服务质量的感知，因此服务存在异质性。

（3）生产和消费不可分离。这是指服务的生产、销售和消费是同时进行、不可分割的。这也意味着服务通常不能像有形产品一样，在某一地点集中生产而在各地分散消费。

（4）易逝性。这是指服务不能被储存、转售或者退回的特性。服务不能储存，却容易被复制。而且，服务很少以隐藏技术为基础，并且没有专利保护。服务的所有权缺位特征决定了在服务的生产和消费过程中不涉及任何实体的所有权转移。

（二）消费品和工业品

根据消费者的购买动机和用途，可分为消费品和工业品两大类。

1. 消费品

消费品指用来满足物质和文化生活需要的社会产品。根据顾客的购买习惯，消费品可以进一步细分为便利品、选购品、特殊品和非渴求品（见图6-2）。

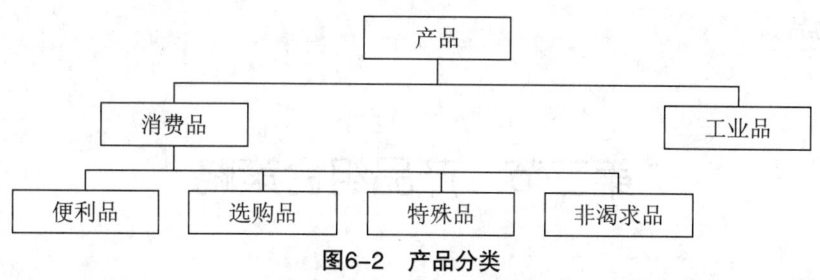

图6-2　产品分类

（1）便利品。便利品是指消费者购买频率较高的快速消费品。便利品的价格通常较低，购买时间较短，以方便为主。如平时生活所购买的洗漱用品、饮料、零食等。

（2）选购品。选购品是指消费者会对其使用性、价格、质量等方面做出认真比较、权衡的商品，包括家具、家电、服装等。

（3）特殊品。特殊品是指具有特定品牌或独具特色，或对消费者具有独特意义的商品。例如奢侈品、婚戒、高档跑车等。这些产品具有一定的特色，消费者愿意付出努力去购买。

（4）非渴求品。非渴求品是指消费者不知道、不了解或者不会主动寻求购买的商品。非渴求品又可分为传统的非渴求品和新上市的非渴求品。传统的非渴求品如一些人寿保险产品、特定专业的书籍等。新上市的非渴求品是指提供给潜在客户所不知的新的理念的产品。如iPhone手机在刚上市的时候就属于非渴求品。

2. 工业品

工业品是指那些为进一步用于工业生产而购买的产品，根据参与生产过程的程度和价值大小，可分为材料和部件、资本项目、供应品和服务三大类。

（1）材料和部件。材料和部件将完全参与生产过程，并在生产过程中将其价值全部转移到最终商品中。材料和部件又可以分为原材料、半制成品和部件三大类。

（2）资本项目。资本项目包括生产设备及其附属设备。其实体不形成最终产品，而是生产最终产品的工具。其价值通过折旧、摊销的方式部分转移到最终产品之中。

（3）供应品和服务。这是指不形成最终产品，而且价值较低、消耗较快的那类物品。

第二节　产品组合策略

随着市场的日益多样化，企业不再局限于生产单一的产品，而是致力于提供多样化的产品和服务来满足不同的需求。如"娃哈哈"集团有果奶、儿童饮料、八宝粥、银耳燕窝罐头、榨菜、纯净水、果汁等数十种产品，三星集团不仅在智能手机的设计与功能上千变万化，其在全球范围内制造的电视机也多达千余款。虽然多样化变得越来越重要，但这并不代表企业提供的产品与服务也越多样

第六章　产品策略

越好，这里还涉及产品组合的一系列问题。企业在致力于产品多样化的同时，也要考虑产品之间的组合与协调。

一、产品组合

所谓产品组合，是指一个企业生产经营的全部产品线和产品项目的组合方式，即全部产品的结构。如某百货商店经营的家电、服装、鞋帽和化妆品等，就是产品组合。产品线是指一组密切相关的产品，这些产品能满足同类需求抑或互补，可以售给相同需求的顾客群，而且一般通过同种类型的销售渠道出售，属于同一的价格波动范畴。如前述百货商店的家电或服装等大类就属于产品线。产品项目则是指某一品牌或产品大类内，由尺码、价格、外观及其他属性来区别的具体产品。

产品组合主要包括宽度、长度、深度和关联度四个变化因素。产品组合的宽度是指企业生产经营的产品线的多少。产品组合的长度是指企业所有产品线中的产品项目的总和。所谓产品组合的深度，是指产品大类中每种产品有多少花色品种、规格，例如宝洁公司的佳洁士牌牙膏，假设有3种规格和2种配方，则其深度为6。产品的关联度是各产品线在最终用途、生产条件、分销渠道和其他方面相互关联的程度。产品组合的上述四个维度为企业制定产品战略提供了依据。

再以TCL公司的产品组合为例。TCL集团的产品包括电视、通讯、空调、洗衣机、小家电、冰箱、数码影音、照明灯具、附件产品等9个产品大类，则该公司的产品组合宽度为9；彩电中又包含LED电视、LCD电视和裸眼3D电视这3个系列，冰箱中包括单开门、双开门、三开门、四开门、对开门5个系列，则彩电的产品组合长度为3，而冰箱的产品组合长度为5。若冰箱中双开门的冰箱又有2个颜色与2种规格，则TCL双开门冰箱的产品深度为4。可见，TCL产品以家电为主，其产品组合的关联度较高。

产品组合的宽度、长度、深度和关联度四个因素对企业经营战略的选择具有重要的意义。增加宽度，即拓宽产品组合的生产、经营范围，能够帮助企业实现多元化经营，充分开发企业的生产与销售潜力，拓展市场，降低市场风险。长度和深度的增加，即增加项目、品种、样式等，能够适应需求变化迅速的市场，满足不同消费者的需求。而关联度的加强，则能够提升企业的市场地位和影响力，同样具有重要的意义。总之，产品组合的这四个维度为企业制定产品战略提供了依据。

二、产品组合策略

因为任何一个产品项目或产品线的利润率、成长率和占有率都有一个由低到高又转为低的变化过程，不能要求所有的产品项目同时达到最好的状态，即使同时达到也难以持久。因此，企业所能要求的最佳产品组合必然包括：目前虽不能获利但有良好发展前途、预期成为未来主要产品的新产品；目前已达到高利润率、高成长率和高占有率的主要产品；目前虽仍有较高利润率而销售成长率已趋降低的维持性产品；以及已决定淘汰、逐步收缩其投资以减少企业损失的衰退产品。根据以上产品线分析，针对市场的变化，调整现有产品结构，从而寻求和保持产品结构最优化，就是产品组合策略。产品组合策略包括以下四大策略：扩大产品组合策略、缩减产品组合策略、产品线延伸策略和产品线现代化策略。

（一）扩大产品组合策略

扩大产品组合策略是指增加产品组合的宽度、拓展其深度，或者两者同时进行的策略。增加宽度即在原有产品组合中增加一条或若干条产品线，在经营范围上有所拓展。这种策略经常用于企业现有的产品在销售额和利润率已经下降或者预期将会下降时。另外，当现有生产线的市场已经饱和，企业又有大量剩余资源时，也可以考虑增加产品线。加强深度一般有以下两种具体做法：一是沿用原来的价格与品质，面对同一市场增加款式、型号；二是生产同一种产品，但改变其价格与品质。

扩大产品组合，可以满足消费者的不同需求，充分利用企业信誉和商标知名度，完善产品系列，扩大经营规模，提高市场占有率。这样，就能够充分利用企业的资源和生产能力，减少浪费，提高利润率。开辟新的产品组合不仅有助于企业分散风险，还能降低市场需求的变动对企业的影响程度。

（二）缩减产品组合策略

缩减产品组合策略是指企业削减一些产品系列和项目，使企业能够把有限的资源集中在获利最大的市场中。也就是说，通过产品组合的宽度、深度的缩减，大力发展能够体现企业核心竞争力的优势产品来获取利润。

第六章 产品策略

缩减产品组合策略有利于企业实现生产经营专业化，在提高生产效率的同时降低生产成本。此外，缩减产品组合策略还能够帮助企业加速资金周转，最终提高企业的经济效益。

（三）产品线延伸策略

产品线延伸是指企业全部或部分地改变其原有产品的市场定位，超出现有的范围来增加它的产品线长度。产品线可以向上延伸、向下延伸或双向延伸。

1. 向上延伸

向上延伸，即企业在原有的产品线内增加高档产品项目。采取这种做法，其原因主要在于：① 希望形成各档产品齐全的完全产品线；② 为高档产品的高增长率和高利润率所吸引；③ 希望提高企业产品的质量形象。

企业采取向上延伸的策略时会面临一定风险。一方面，消费者心中对品牌的定位很难改变，因而对这些企业生产出的高档产品心存疑虑，如国内某知名护肤品品牌，给消费者的印象始终是走大众低端的路线，公司后来尝试发展高端产品但并不成功；另一方面，面对原本就处在高档产品生产领域的竞争者，企业的向上延伸战略往往也会受到严峻挑战。这些高档产品的生产企业不仅会严守高档产品的阵地，还会实施向下延伸战略，这远比向上延伸容易得多。如果不谨慎应对上述风险，不仅向上延伸战略无法成功，还可能影响企业原本的市场声誉。

2. 向下延伸

向下延伸即企业最初处于高档市场，随后将产品线向下延伸，发展低档产品，以扩大市场占有率和销售增长率，补充企业的产品线空白。采用这一策略的主要原因有：① 在高档产品市场受到攻击，于是希望通过拓展低档产品市场进行反击；② 高档产品市场发展缓慢，不得不以开拓低档产品市场来提高企业效益；③ 利用高档产品树立优质形象，而后再向下延伸以扩大产品市场范围；④ 为占领市场空缺，增加低档产品品种，以防竞争对手的侧击。如，欧洲最顶尖的男装时尚品牌GIORGIO ARMANI（阿玛尼）公司旗下有数个针对各种消费阶层的服装品牌线，从二三十万人民币的高级定制时装到数百元的低价品牌系列，阿玛尼的产品定位从高到低多达十余种。又如著名白酒品牌"五粮液"，在立足于高档产品的基础上向中低档产品扩展，陆续推出了五粮春、五粮醇等品牌。

企业采取向下延伸策略也有一定的风险，如处理不慎，会影响企业原有产品的市场形象尤其是名牌产品的市场声誉，还可能会刺激原来生产低档产品的企业转入高档市场，从而加剧竞争。此外，企业要成功运用这一策略，还须辅以一套行之有效的营销策略，如对销售系统的重新设置等，这将使企业增加许多营销费用。

3. 双向延伸

双向延伸即原定位于中档产品市场的企业在掌握了市场优势以后，向产品线的上下两个方向延伸，这是企业寻求市场领导地位的重要途径。比如，上海家化走大众品牌路线，推出"六神""美加净"等一系列产品，这些品牌也为上海家化赢得了很大的市场。后来，该企业又推出了"佰草集""清妃"等高端品牌产品。但是，双向延伸的策略也可能会使企业受到来自各方面的挑战，这对企业各方面的能力都是极大的考验。

（四）产品线现代化策略

当产品线的形式已经不再适应市场需求的时候，产品线的延伸策略就不能发挥作用了。这时，必须采取产品线现代化策略来更新产品线，提高产品的竞争力。在实施产品线现代化的策略时，企业还面临一个选择：是实施渐进式的技术改造，还是全面彻底地更换产品线？如果选择了渐进式的技术改造，则意味着可以节约资金，逐步观察消费者对新产品的反应。如果采取一步到位的改造，尽管将耗费较多的资金，却可能会出其不意地击败竞争对手，赢得市场。

三、产品组合的动态平衡

由于市场需求和竞争形势的变化，产品组合中的每个项目必然会在变化的市场环境下发生分化，有的产品可能会获得较快的成长，有的产品可能会继续取得较高的利润，而有的产品则可能趋于衰落。企业如果不重视新产品的开发以及衰退产品的剔除，则必将逐渐出现不健全的、不平衡的产品组合。为此，企业需要经常分析产品组合中各个产品项目或产品线的销售成长率、利润率和市场占有率，判断各产品项目或产品线在销售成长上的潜力或发展趋势，以确定企业资金的运用方向，做出开发新产品抑或剔除衰退产品的决策，以调整其产品组合。由此可见，所谓产品组合的动态平衡就是指企业根据市场环境和资源条件变动的前景，适时增加应开发的新产品，淘汰应退出的衰退产品，从而使企业能够在时间的推移中，继续维持最大利润的产品组合。

产品组合的动态平衡，实际上是产品组合动态优化的问题，及时调整产品组合是保持产品组合动态平衡的条件。动态平衡的产品组合亦称最佳产品组合，只能通过不断开发新产品和淘汰衰退产品来实现。产品组合动态平衡的形成需要综合研究企业资源和市场环境可能发生的变化，各产品项目或产品线的成长率、利润率、市场占有率将会发生的变化，以及这些变化对企业总利润率所产生的影响。对一个产品项目或产品线众多的企业来说，这是一个非常复杂的问题。目前，系统分析方法和大数据的应用为解决产品组合最佳化问题提供了良好的前景。

第三节 产品生命周期策略

一、产品生命周期的概念

美国哈佛大学教授费农（Raymond Vernon）在1966年提出了产品生命周期理论（Product Life Cycle Theory）。所谓产品生命周期，是指产品从进入市场到最后被市场淘汰的全过程。典型的产品生命周期一般可分为四个阶段，即：导入期、成长期、成熟期和衰退期。但对于产品生命周期的认识，长期以来，企业和营销人员大都存在着一个误区，即简单地将企业自己销售的产品所处的阶段作为产品生命周期；或反过来，将行业产品的生命周期作为企业自己销售产品的生命周期。对于不同区域市场的考虑，更是难以顾及。本书无意对上述误区进行详细分析，只在下文中涉及产品生命周期的三个层次，即行业产品生命周期、企业产品生命周期和区域产品生命周期。

产品生命周期的长短受到诸多因素的影响，如产品本身的性质和特点、市场竞争的激烈程度、消费需求的变化速度以及产品更新换代的速度等。它与产品的使用寿命是两个不同的概念。产品的使用寿命指的是其自然寿命，即产品从投入使用到损坏报废所经历的时间，它受产品的自然属性和使用频率等因素的影响。

一般而言，产品种类、产品形式和产品品牌的生命周期各不相同。三者之中，产品种类的生命周期最长。很多产品种类，如饮用水、粮食等，其产品的成熟阶段可以无限期地持续下去，其销售量的增加与人口增长率成正比关系。而产品形式要比产品种类更能准确地体现一个标准的产品生命周期历程。例如，2010年10月22日，日本索尼公司宣布，30多年来全球销量超过2.2亿部的便携式卡带随身听Walkman，由于需求大大减少，将在日本停产。这标志着曾在20世纪八九十年代盛行一时，给无数人带去欢乐的卡带随身听将成为历史。又如BP机，在经历了典型的介绍期、成长期、成熟期之后，由于手机的普及而进入衰退期，直至退出市场。相对于前两者而言，产品品牌则显示了较短的生命周期历程。一般来说，品牌生命周期的长短更多地取决于一个企业的营销效果，包括品牌推广和品牌竞争的成效。

总的来看，自20世纪80年代以来，随着科技革命的迅猛发展，产品生命周期呈加速缩短的趋势。对此，企业应加快产品开发和更新换代的速度，才能立于不败之地。

二、产品生命周期阶段

典型的产品生命周期一般可分为四个阶段，即介绍期（或引入期）、成长期、成熟期和衰退期。各阶段的划分依据是产品的销售量和利润额的变化情况，通常可以描述为一条类似S形的曲线（见图6-3）。

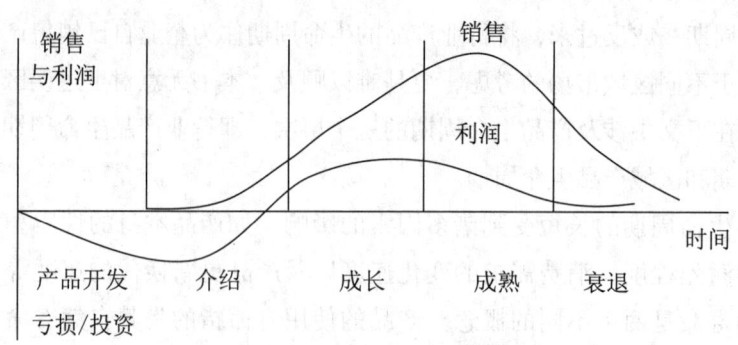

图6-3 典型的产品生命周期曲线图

第六章 产品策略

（一）典型的产品生命周期

1. 介绍期

新产品一投入市场便进入介绍期。此时，顾客对产品还不了解，只有少数追求新奇的顾客可能会购买，因此销售量很低。为了扩展销路，企业需要大量投入促销费用，对产品进行宣传。在这一阶段，由于技术方面的原因，产品有待进一步完善，不能大批量生产，因而成本高，广告费用大，销售额增长缓慢。企业不但得不到利润，反而可能亏损。

2. 成长期

成长期是产品试销后效果良好、快速被市场接受的时期。这时，顾客对产品已经熟悉，大量的新顾客开始购买，市场逐步扩大。产品大批量生产，使得生产成本相对降低，企业的销售额迅速上升，利润也迅速增长。同时，竞争者看到有利可图，也将纷纷进入市场瓜分利润，从而造成同类产品的供给量增大，价格也随之下降，企业利润的增长速度逐步减慢，最后达到生命周期利润的最高点。

3. 成熟期

进入成长期之后，随着购买产品的人数不断增多，一方面市场需求趋于饱和，市场竞争逐渐加剧；另一方面，潜在的顾客逐渐减少，销售量增长减慢。但由于产品完全定型，生产技术也完全成熟，产品生产批量大，成本降低，利润水平达到峰值。而后期为了在竞争中保护产品，市场营销支出增加，企业利润增长值接近于零。

4. 衰退期

随着科学技术的不断进步与消费者需求的不断变化，产品已经不能满足市场的需要，处于衰退期的产品销售额会急剧下降，利润大幅下滑。处于产品衰退期的企业处于微利保本甚至亏损的状态，市场中的竞争者也相继退出市场，竞争趋于缓和。对于企业而言，当其直接成本高于甚至接近市场价格时，企业应考虑退出市场，该产品的生命周期将随即终止。

（二）产品生命周期的其他形态

在现实经济生活中，并非所有的产品都呈现出S型的产品生命周期。美国市场营销学者柯克斯发现了6种不同形式的产品生命周期，斯旺和林克发现了11种，特林斯和克劳弗德发现了17种形式。其中，常见的特殊形式有风格型、时尚型、热潮型和扇型（见图6-4）。

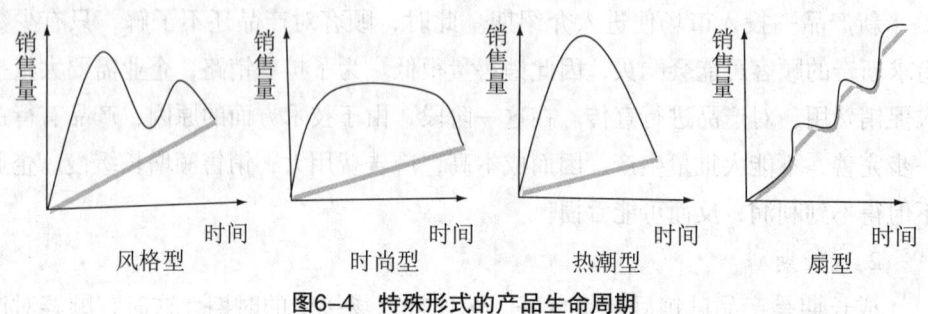

图6-4 特殊形式的产品生命周期

1. 风格型

风格是人们活动的某一领域中出现的主要的和独特的表现方式。风格一旦产生，可能会延续数代。根据人们对它的兴趣而呈现出一种循环再循环的模式，时而流行，时而又可能并不流行。例如，在民国时期广为流行的旗袍，备受女士的喜爱，后来由于种种原因不再流行，但是如今又开始风靡。

2. 时尚型

时尚型是指在既定领域里为大家广泛接受且流行的一种风格。时尚型产品的生命周期要经过四个阶段：刚上市时很少有人接纳（导入阶段）；但接纳人数随着时间慢慢增长（模仿阶段）；终于被广泛接受（大量流行阶段）；最后缓慢衰退（衰退阶段），消费者开始将注意力转向另一种更吸引他们的时尚。

3. 热潮型

热潮型是指那些迅速进入公众视线的时尚，俗称时髦。热潮型产品的生命周期往往快速成长又快速衰退，主要原因是它只能满足人们一时的好奇心或需求，所吸引的只是少数寻求刺激、标新立异的人，通常无法满足更强烈的需求。比如，曾风靡一时的滑板运动，以及人们趋之若鹜的iPhone5S"土豪金"都属于这种产品。

4. 扇型

扇形产品生命周期主要指产品生命周期不断地延伸、再延伸。这往往是因为企业发现了新的产品特性，找到了产品的新用途，或者寻求到了新的市场和用户。因为不断向前，多次增长，从而形成了状如扇型的产品生命周期。这种生命周期常出现在电子产品的更新换代中。

此外，还有一些异常的产品生命周期曲线。其成因包括：一些产品一进入市场便很快消失；有的产品则有很长的成熟期；有的产品在进入衰退期后能通过大量促销或产品重新定位返回增长期。

三、产品生命周期各阶段的特点与营销策略

产品在生命周期的不同阶段具有不同的市场特征，因此，企业必须根据这些特征来制定相应的营销策略（见表6-1）。

表6-1 产品生命周期各阶段的特点与营销策略[1]

	阶段	导入期	成长期	成熟期	衰退期
特征	销售额	低	快速增长	缓慢增长	衰退
	利润	易变动	利润上升	高利润	利润衰退
	现金流量	负数	适度	高	低
	顾客	创新者	早期使用者	中间多数	落后者
	竞争者	稀少	渐多	最多	渐少
营销策略	营销目的	提高产品知名度及产品试用	追求最大市场占有率	追求最大利润及保持市场占有率	减少支出增加利润回收
	产品	基本型为主	提供产品的扩展品、服务、担保	差异化、多样化的产品及品牌	剔除弱势产品项目
	价格	成本加成法策略	渗透性价格策略	竞争性价格策略	削价策略
	分销	选择性分销	密集式分销	密集式分销	排除不合适、效率差的渠道
	广告	争取早期使用者，建立产品知名度	在大量市场中建立知名度和兴趣	强调品牌差异及利益	维持品牌忠诚度
	促销	大量促销及产品试用	利用消费者需求增加，适当减少促销	增加对品牌转换的鼓励	将支出降至最低

---

[1] 马进军主编：《市场营销学》，机械工业出版社2011年版。

（一）介绍期的特征及营销策略

介绍期的特征是产品销量少，促销费用高，制造成本高，销售利润很低甚至为负值。根据这一阶段的特点，企业应努力做到：投入市场的产品要有针对性；进入市场的时机要合适；设法把销售力量直接投向最有可能的购买者，使市场尽快接受该产品，以缩短介绍期，更快地进入成长期。在产品的介绍期，一般可以由产品、分销、价格、促销四个基本要素组合成不同的市场营销策略。仅将价格高低与促销费用高低结合起来考虑，就有以下四种策略：

1. 快速撇脂策略

快速撇脂策略即以高价格、高促销费用推出新产品。实行高价策略可在每单位销售额中获取最大利润，尽快收回投资；而高促销费用能够快速建立知名度、占领市场。如果成功地实施这一策略，企业可以赚取较大的利润，并获得较高的市场占有率。但实施这一策略须具备以下条件：产品有较大的需求潜力；目标顾客求新心理强，急于购买新产品；企业面临潜在竞争者的威胁，需要及早树立品牌形象。一般而言，在产品引入阶段，只要新产品比替代的产品有明显的优势，市场对其价格就不会过分计较。

比如苹果公司的iPod产品，它在当年是极为成功的一款消费类数码产品，一推出就获得成功。第一款iPod零售价高达399元美元，即使对于美国人来说，也属于高价位的产品，但是很多"苹果迷"既有钱又愿意花钱，所以还是纷纷购买。苹果公司的撇脂定价取得了成功，但他们认为还可以"撇到更多的脂"，于是不到半年又推出了一款容量更大的iPod，当然价格也更高，定价499元美元，仍然卖得很好。苹果的撇脂定价再次大获成功。

2. 缓慢撇脂策略

缓慢撇脂策略即以高价格和低促销费用将新产品推入市场。实行高价格的目的在于能够及时收回投资，获取利润；低促销费用则可以节约成本。采用这种策略可以获取大量利润。该策略主要适用于以下市场条件：市场规模有限，竞争威胁不大；大部分潜在的消费者已经熟悉该产品，愿意出高价购买；没有激烈的潜在竞争。

世界顶级的奢侈品公司采用的多是这种定价策略，它们不需要进行大量的宣传，更不会在电视上做广告，只会赞助一些社会名流的活动。

第六章 产品策略

3. 快速渗透策略

快速渗透策略即以低价格和高促销费用推出新产品。该策略可以使产品以最快的速度进入市场,有效地限制竞争对手的出现,为企业带来巨大的市场占有率。这一策略的适应性很广泛,适合的市场条件有:产品市场容量很大;消费者对这种产品不太了解,对价格又十分敏感;潜在竞争比较激烈;随着生产规模和销售量的扩大,产品的单位制造成本可迅速下降。比如,小米公司是一家专注于新一代智能手机软件开发与热点移动物联网业务运营的企业。2011年8月,该公司正式发布小米手机,这是全球首款拥有1.5G双核处理器、载板4G储存空间、最高支持32G存储卡的扩展等一系列超强配置的智能手机,发布时仅售1 999元人民币。超高性价比使得小米快速席卷手机市场,在网上一售而空。目前,小米2S与小米2A的售价分别是人民币1 999元和1 499元,而最新一款"小米3"亦号称迄今为止最快的小米手机,16GB版本的也仅售1 999元。

4. 缓慢渗透策略

缓慢渗透策略是指企业以低价格和低促销费用推出新产品。低价格有助于市场迅速地接受新产品,低促销费用又能使企业减少费用开支,降低成本,以弥补低价造成的低利润或者亏损,从而获得更多的净利。在下列情况下,企业可采用这种策略:市场容量很大;消费者对商品有所了解,同时对价格又十分敏感;有相当的潜在竞争者准备加入竞争行列。

生活必需品采取的往往是缓慢渗透策略,例如,中盐公司进入市场的策略就是如此。

(二)成长期的特征及营销策略

新产品经历了市场介绍期以后,消费者对该产品已经熟悉,消费习惯业已形成,销售量迅速增长,于是该新产品就进入了成长期。此后,老顾客重复购买,并且带来了新的顾客,销售量激增,企业利润迅速增长,利润在这一阶段达到高峰。随着销售量的增大,企业生产规模也逐步扩大,产品成本逐步降低,新的竞争者会加入进来。随着竞争的加剧,新的产品特性开始出现,产品市场开始细分,分销渠道增加。企业为维持市场的继续成长,需要保持或稍微增加促销费用,但由于销量增加,平均促销费用有所下降。针对成长期的特点,为了维持其市场增长率,延长获取最大利润的时间,企业可以采取下面几种策略:

1. 改善产品品质

如增加新的功能，改变产品款式，发展新的型号，开发新的用途等。对产品进行改进，可以提高产品的竞争能力，满足顾客更广泛的需求，吸引更多的顾客。

2. 寻找新的细分市场

企业可通过市场细分，找到新的尚未满足的细分市场，根据其需要组织生产，迅速进入这一新的市场。例如，"蒙牛"在迅速拓宽国内乳制品市场并仅次于"伊利"之时，积极寻找新的未被满足的消费者市场，最终通过市场细分，开发出特仑苏产品系列。

3. 改变广告宣传的重点

把广告宣传的重心从介绍产品转到建立产品形象上来，树立产品名牌，维护老顾客，吸引新顾客。

4. 密集分销

企业还要进入新的分销渠道，利用尽可能多的分销渠道销售产品，扩大商业网点，争取最大的销售量。

5. 适时降价

在适当的时机，可以采取降价策略，以激发那些对价格比较敏感的消费者产生购买动机并且采取购买行动。

（三）成熟期的特征及营销策略

进入成熟期以后，产品的销售量增长缓慢，逐步达到最高峰，然后缓慢下降；产品的销售利润也从成长期的最高点开始下降；市场竞争非常激烈，各种品牌、各种款式的同类产品不断出现。对成熟期的产品，宜采取主动出击的策略，使成熟期延长，或使产品生命周期出现再循环。为此，可以采取以下三种策略：

1. 市场调整

这种策略不是要调整产品本身，而是发现产品的新用途，寻求新的用户或改变推销方式等，以使产品销售量得以扩大。调整市场的主要途径有：努力寻找市场中未被开发的部分，如使非使用者转变为使用者；宣传推广，促使顾客更频繁地使用或每次使用更多的量，以增加现有顾客的购买量；市场细分，努力进入新的细分市场；争夺竞争者的顾客。

第六章 产品策略

2. 产品调整

这种策略是通过调整产品自身来满足顾客的不同需要,吸引有不同需求的顾客。整体产品概念的任何一个层次的调整都可视为产品的再推出。具体方法有:质量改进,即增加产品的功能性效果,如耐用性、可靠性、速度及口味等;特性改进,即增加产品的新特性,如规格大小、重量、材料质量、添加物以及附属品等;式样改进,即增加产品美感上的需求。例如,海尔洗衣机在成熟期时选择给产品添加新的功能,以扩大产品多方面的适应性,使产品使用更有独特性。

3. 市场营销组合调整

即通过对产品、定价、渠道、促销四个市场营销组合因素加以综合调整,刺激销售量的回升。常用的方法包括降价、提高促销水平、扩展分销渠道和提高服务质量等。比如,通过降价优惠,或通过提价表明质量提高来增加销售额;通过增加广告开支或重新设计广告策略,提高广告效果,刺激销售;通过提高现有渠道的分销能力和开拓新的分销渠道增加销售额;采用多种促销方式提高销售额。运用上述手段可以达到保持市场占有率的目的。

(四)衰退期的特征及营销策略

衰退期的主要特点是:产品销售量急剧下降;企业从该产品中获得的利润很低甚至为零;大量的竞争者退出市场;消费者的消费习惯已发生改变等。面对处于衰退期的产品,企业需要进行认真的研究分析,决定采取什么策略、在什么时间退出市场。有以下几种策略可供选择:

1. 继续策略

继续延用过去的策略,仍然按照原来的细分市场,使用相同的分销渠道、定价及促销方式,直到这种产品完全退出市场为止。当企业在该市场占有绝对支配地位,且竞争者退出市场后该市场仍有一定潜力时,通常可采用这一策略。这样可利用产品分销网络、品牌等培植企业的另一个产品,保持企业与市场的联系。例如某品牌的烟熏蚊香,在电蚊香等一系列新型、环保且安全的蚊香产品被开发出来以后,市场份额渐渐缩小,但是还有一些市场需要,所以该产品会采取继续策略,以满足其消费者的需要。

2. 集中策略

把企业能力和资源集中在最有利的细分市场和分销渠道上,从中获取利润。这样既有利于缩短产品退出市场的时间，同时又能为企业创造更多的利润。

3. 收缩策略

抛弃无希望的顾客群体，大幅度降低促销力度，尽量减少促销费用，以增加目前的利润。这样可能导致产品在市场上的衰退加速，但也能从忠实于这种产品的顾客中继续获得利润。如果把所有的营销力量集中到一个或者少数几个较有利的细分市场上，以加强这几个细分市场的营销力量，也可以大幅降低市场营销的费用，以增加当前的利润。

4. 放弃策略

对于衰退比较迅速的产品，应该当机立断，放弃经营。可以采取完全放弃的形式，如把产品完全转移出去或立即停止生产；也可采取逐步放弃的方式，使其所占用的资源逐步转向其他产品。逐步放弃是指企业逐步压缩衰退产品的产量，把资源集中在最有利的子市场和渠道上，放弃没有盈利机会的市场。例如随着科技的迅猛发展，柯达的胶卷产品系列不再为公司带来盈利，柯达便选择放弃胶卷产品。

第四节　新产品开发策略

一、新产品的概念与分类

（一）新产品的概念及特征

新产品是指与老产品相比，在一定的地域内第一次生产和销售的，在产品结构、用途、性能、材质、原理等某一方面或几个方面具有显著的改进、提高或独创的产品。新产品是一个相对的概念，在不同的时间、地点和条件下具有不同的含义。市场营销意义上的新产品含义很广，除包含因科学技术在某一领域的重大发现所产生的新产品外，还包括：在生产销售方面，只要产品在功能、形态上发生改变，与原来的产品产生差异，甚至只是产品从原有市场进入新的市场，都可视为新产品；在消费者方面，则是指能进入市场给消费者提供新的利益或新的效用而被消费者认可的产品。根据产品的研发过程，新产品可分为全新产品、模

第六章 产品策略

仿型新产品、改进型新产品、形成系列型新产品、降低成本型新产品和重新定位型新产品。

从新产品的概念可以看出，它至少应具备下列特点中的一个：① 具有新的原理、构思或设计；② 采用了新材料，使产品的性能有较大幅度的提高；③ 产品结构有明显的改进；④ 扩大了产品的适用范围。

除具有一般产品的特征之外，新产品还具有以下特征：①继承性。新产品的问世，往往是在过去的生产、技术与经验积累之上孕育而生的。② 创新性。新产品不仅是对以往产品的继承与发展，还要在创意、原理、设计、组合等方面有独到之处。③ 先进性。能够称为新产品，就是因为其在质量、构造、性能等技术方面较之前的产品有明显的突破。

（二）新产品的分类

新产品有多种不同的分类方法，常见的主要有：

1. 按新颖程度划分

（1）全新产品。它指应用新原理、新技术、新结构和新材料研制出的市场上从未有过的产品。全新产品往往伴随着科学技术的重大突破而诞生，它具有其他类型新产品所不具备的优势。例如，它具有明显的新特征、新用途，能促使传统生产和生活方式的改变。另外，它还可以获得发明专利，受国家法律保护。

（2）换代产品。它指在原有产品的基础上，部分地采用新技术、新材料等，使结构性能有显著提高的产品，如手机的更新换代。现代科学技术的发展以及消费者需求的日益多变，为企业产品更新换代提供了良好的条件。

（3）改进产品。在原有产品的基础上，对技术、结构、功能、型号等局部进行改善，如推出不同外观的手机，改进化妆品的包装等，都能对产品的销售起到促进作用。此类新产品的开发难度与开发成本相对较小，运用更加灵活，能够满足顾客多样化的需求。

（4）仿制产品。它是企业对市场中已有的产品进行模仿生产，可以模仿现有产品的外形设计，也可以模仿现有产品的生产工艺、技术等。开发这类新产品，无需进行过多的技术创新，但在掌握市场需求、市场竞争潜力等方面却有较高的要求，同时应避免知识产权方面的纠纷。

2. 按地域范围划分

（1）国际新产品。这是指在国际上第一次试制成功并投入市场的新产品。这类新产品如有重大价值，国家应予以重点保护与支持，企业应申请专利以防其他国家侵犯，从而维护其竞争优势。

（2）国家新产品。这是指其他国家已试制成功并投入使用，而在本国尚属初次设计、试制、生产并投入市场的新产品。这种新产品能够填补国内空白，提高一国的竞争力。

（3）地区新产品。这是指该产品虽已在全国其他某些市场中投放，但在本地是首次生产并投放。这类产品的投放不能盲从，要对本地区的市场规模和市场潜力进行合理的预估，以免出现供大于求的局面。

（4）企业新产品。这是指该类产品已有上市，而在某企业则是初次开发生产并销售。对这种新产品更要注意市场需求动向，不能盲目跟风生产。

3. 按开发方式划分

（1）技术引进新产品。这是指直接引进市场上已有的成熟技术制造的产品，这样可以避开自身开发能力较弱的难点。

（2）独立开发新产品。这是指从用户所需要的产品功能出发，探索能够满足功能需求的原理和结构，结合新技术、新材料的研究独立开发制造的产品。

（3）混合开发的产品。这是指在新产品的开发过程中，将直接引进的部分和独立开发的部分有机结合在一起而制造出的新产品。

二、新产品开发的意义

随着科学技术和消费者品位等因素的快速变化，产品的生命周期越来越短。企业为了自身的生存与发展，必须不断开发新产品，以迎合市场需求的快速变化。对于企业而言，开发新产品的意义主要有以下几点：

（1）能够使企业充分发挥其生产与经营的能力。开发新产品不但能够增加产品的多样性，丰富产品组合；同时也能提高设备的利用率，促使企业资源得到更合理的利用。

（2）有利于企业更好地适应市场营销环境的变化。在经济、社会迅速发展的今天，企业所面临的各种市场营销环境因素变化很快，消费者对产品的需求不

第六章 产品策略

断变化,产品流行趋势不断调整,产品更新速度日益加快,款式不断推陈出新。企业如果不及时开发新产品适应变化的市场营销环境,就会面临被淘汰的境地。

(3)有利于促进企业成长。近二三十年来,随着新兴科学的发展及其在生产中的应用,产品生命周期日益出现缩短的趋势,这给某些行业及其中的企业造成了严重威胁。企业必须利用科技新成果不断进行新产品开发,才能在市场上有立足之地。因此,新产品开发已成为企业生存和发展的支柱。根据三位美国学者对美国企业进行调查所完成的一份报告显示,许多主管预期公司未来5年的利润有40%必须来自于新产品。

(4)能够维护企业的竞争优势。随着市场竞争的日益激烈,消费者面临越来越多种类的产品,选择余地越来越大。没有新产品就意味着被市场淘汰,只有不断开发新产品,持续满足消费者各种多变的需求,才能吸引消费者,维持甚至提升市场占有率,进而维护企业的竞争地位。

三、新产品开发的程序

在新形势下,对企业而言,新产品开发是必须的,但此项工作要冒很大的风险。对此,企业应认真策划新产品开发计划,并为找到和开发新产品建立起系统的新产品开发程序。开发新产品的程序,一般要经过八个步骤,即产生构思、筛选构思、概念的形成和测试、制定营销战略、商业分析、产品开发、产品试销和正式上市(见图6-5)。

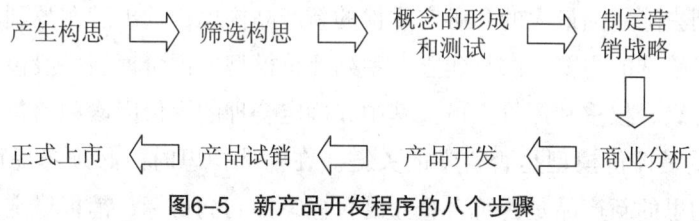

图6-5 新产品开发程序的八个步骤

(一)产生构思

进行新产品构思是新产品开发的首要阶段,一个好的新产品构思是新产品开发成功的关键。构思是创造性思维,即对新产品进行设想或创意的过程。缺乏好的构思已成为许多行业新产品开发的瓶颈。新产品构思的主要来源有几个方面：一是用户；二是销售者；三是科技人员。企业通常可从其内部和外部寻找新产品构思的来源，公司内部人员包括：研发人员、市场营销人员、高层管理者及其他部门人员。这些人员与产品的直接接触程度各不相同，但他们的共同点是都熟悉公司业务的某一个或某几个方面，对公司的产品较外人有更多的了解与关注，因而往往能针对产品的优缺点提出改进或创新产品的构思。企业可寻找的外部构思来源有顾客、中间商、竞争对手、企业外的研发人员、咨询公司、营销调研公司等。

产品构思过程中可采用的方法包括：① 产品属性排列法。即将现有产品的属性一一排列出来，然后探讨改良其中某一属性，从而在原有产品的基础上发展新产品。② 关联法。列举几种不同的产品，将它们联系起来进行组合或延伸，产生新的构思。③ 结构分析法。将一个问题的结构进行分析，然后审查结构的各个方面之间的关系，再进行各种自由联想，形成新的创意。④ 问题分析法。分析消费者在使用产品中遇到的问题，形成新的构思。⑤ 头脑风暴法。由一群人（一般6~10人）进行讨论，会上畅所欲言，彼此激励，相互启发，形成更多更好的构思。⑥ 征集意见法。通过问卷调查、召开座谈会等方式了解消费者需求，征求科技人员、发明人员等相关人员的意见，形成构思。

（二）筛选构思

筛选构思，是采用适当的评价系统及科学的评价方法对各种构思进行分析比较，从中把最有希望的设想挑选出来的一个去粗取精的过程。在这个过程中，要力争做到去除亏损最大的和必定亏损的新产品构思，选出潜在盈利大的新产品构思。构思筛选的主要方法是建立一系列评价模型。评价模型一般包括：评价因素、评价等级、权重和评价人员。其中，确定合理的评价因素和给每个因素确定适当的权重是评价模型是否科学的关键。在筛选构思时，必须考虑两个重要因素：一是构思的新产品是否符合企业的目标，如利润目标、销售稳定目标、销售增长目标和企业总体营销目标等；二是企业是否具备足够的实力来开发所构思的新产品，这种实力包括经济和技术两个方面。

（三）概念的形成和测试

新产品的构思只是为新产品开发指明了方向，必须把构思转化为概念才能

第六章 产品策略

真正指导新产品的开发。新产品概念是企业从消费者的角度对产品构思进行的详尽描述，即将新产品构思具体化，描述出产品的性能、具体用途、形状、优点、外形、价格、名称、提供给消费者的利益，让消费者能一目了然地识别出新产品的特征。因为消费者要购买的不是新产品构思，而是新产品概念。新产品概念形成的过程，亦即把粗略的产品构思转化为详细的产品概念的过程，任何一种产品构思都可转化为几种产品概念。

新产品概念的形成，来源于针对新产品构思所提出的问题的回答，一般通过解答以下三个问题可形成不同的新产品概念，即谁使用该产品，该产品提供的主要利益是什么，该产品适用于什么场合。然后，通过测试来了解消费者对这些产品概念的态度。比如，向消费者描述产品概念后提出下面的问题，以征求意见：你是否清楚并相信该产品概念的利益？你是否认为该产品解决了你的某个问题或满足了某一需要？相对于价值而言，价格是否合理？你是否（肯定、可能、可能不、肯定不）会购买该产品？谁可能会使用这一产品？使用频率怎样？……消费者的回答将帮助企业确定吸引力最强的产品概念。

（四）制定营销战略

为已经形成的新产品概念制定营销战略计划是新产品开发过程中的一个重要阶段。而且，该计划将在以后的开发阶段中不断完善。营销战略计划包括三个部分：

（1）描述目标市场的规模、结构和消费者行为，新产品在目标市场上的定位，市场占有率及前几年的销售额和利润目标等。

（2）对新产品的价格策略、分销策略和第一年的营销预算进行规划。

（3）描述预期的长期销售量和利润目标以及不同时期的营销组合策略。

（五）商业分析

商业分析是指从财务方面分析产品的开发是否具有可行性，即综合分析预计销售量、成本、利润、投资收益率等财务指标，并且判断这些指标能否达到企业的现阶段发展目标。为了进行商业分析，企业应当对类似产品进行市场调查，预估新产品的销售量；通过对各个部门的营销费用与总体开支来预估成本；并且通过预估的销售量和成本进行利润的推算。需要说明的是，虽然财务指标是主要分析对象，但是企业的社会责任也是不容忽视的分析因素。

（六）产品实体开发

产品概念通过商业分析后，就可以进入产品开发阶段。新产品实体开发主要解决的问题是，产品构思能否转化为在技术上和商业上可行的产品。开发是通过对新产品实体的设计、试制、测试和鉴定来完成的。产品开发阶段要求企业要加大投资，产品研发部门将开发一个或多个产品概念实体形式，并从中选择能满足消费者要求、功能要求和预算要求的一种产品原型。而后，研发部门还要对所选择的原型进行一系列功能测试和消费者测试。功能测试是为了确保产品的安全有效；消费者测试则是为了收集消费者对产品的意见、建议和偏好等。根据美国科学基金会的调查，新产品开发过程中的产品实体开发阶段所需的投资占总开发费用的30%，所需的时间占总开发时间的40%，且技术要求很高，是最具挑战性的一个阶段。

（七）产品试销

新产品的试销，是把经过鉴定的样品投入少量生产，按企业所制定的营销策略和计划，将产品小范围投放市场，以观测用户的反应，并把用户的意见及时反馈回来，对新产品做进一步的改进后再试销。这个过程有时要反复多次。新产品市场试销的目的是在新产品正式上市前做最后一次测试，且该次测试的评价者是消费者的货币选票。通过市场试销将新产品投放到有代表性地区的小范围的目标市场进行测试，企业才能真正了解该新产品的市场前景。市场试销是对新产品的全面检验，可为新产品是否全面上市提供全面、系统的决策依据，也能为新产品的改进和市场营销策略的完善提供启示，许多新产品都是通过试销改进后才取得市场成功的。

产品试销的规模取决于两大方面：一是投资费用和风险大小；二是产品试销费用和时间。投资费用多和风险高的新产品，试销规模应大一些；反之，试销规模则可小一些。就市场试销费用和时间而言，所需试销费用越多、时间越长的新产品，产品试销规模应越小；反之，则越大。

（八）正式上市

市场测试完成后，产品即可正式上市。此时，企业需要考虑产品的推出时机、推出地域、目标客户以及营销策略等因素。例如，如果新产品的销售受到季节因素的影响，企业应该考虑应急销售，以期在满足消费者需求的同时增加销售

第六章 产品策略

量。此外,企业在推出新产品时,应考虑现有产品的生命周期阶段,新产品上市过早会加速原有产品进入衰退期,新产品上市过晚则有可能被竞争对手抢占市场份额。对于不同规模的企业来说,选择产品的上市地点也会影响其最终销量。例如,小企业一般选择在特定的市场推出某一商品,然后逐步扩展到其他地区;而大企业则可选择同时在多个市场投放新产品,以求迅速地占领目标市场。此外,企业还应该针对不同的细分客户制定不同的分销和促销策略,并设计不同的营销组合。

本章小结

　　企业的一切生产经营活动都是围绕着市场需求的产品进行的,即通过及时、有效地提供消费者所需要的产品而实现企业的发展目标。核心产品是产品整体概念中最基本的层次,是指向顾客提供的产品的基本效用或利益,它构成了产品最本质的核心部分。期望产品是消费者购买产品时期望的一整套属性和条件。附加产品是产品的第四个层次,即产品包含的附加服务和利益,主要包括运送、安装、调试、维修、产品保证、零配件供应、技术人员培训等。潜在产品是产品整体概念当中的最高层次,是指在四个层次发展成未来最终产品的潜在状态的产品,潜在产品预示着该产品最终可能的所有增加和改变。

　　至于产品分类,根据消费者的购买动机和用途,产品可分为消费品和工业品两大类;按照产品的实质性和耐用性,产品又可以分为耐用品、非耐用品和服务三大类。

　　产品组合,具体而言就是企业生产经营的全部产品线、产品项目的组合方式,即产品组合的宽度、深度、长度和关联度。产品组合的宽度是企业生产经营的产品线的多少;产品组合的长度是企业所有产品线中产品项目的总和;产品组合的深度是指产品线中每一产品有多少品种,产品的关联度是各产品线在最终用途、生产条件、分销渠道和其他方面相互关联的程度。

　　产品组合策略,包括:扩大产品组合策略、缩减产品组合策略、产品线延伸策略。

　　典型的产品生命周期一般可分为四个阶段,即介绍期(或引入期)、成长期、成熟期和衰退期。企业如果不重视新产品的开发和衰退产品的剔除,则必将逐渐出现不健全的、不平衡的产品组合。为此,企业需要经常分析产品组合中各个产品项目或产品线的销售成长率、利润率和市场占有率,判断各产品项目或产品线在销售成长上的潜力或发展趋势,以确定企业资金的运用方向,做出开发新产品和剔除衰退产品的决策,以调整其产品组合。

随着科学技术和消费者品位的快速变化,产品生命周期越来越短。企业为了自身的生存与发展,必须不断开发新产品,以迎合市场需求的快速变化。开发新产品的程序,一般经过八个步骤,即产生构思、筛选构思、概念的形成和测试、制定营销战略、商业分析、产品开发、产品试销和正式上市。

本章思考题

1. 怎样理解产品整体概念的五个层次?
2. 本章对产品是如何分类的?
3. 什么是产品组合?它的四个要素分别是什么?
4. 产品组合策略有哪些?
5. 产品生命周期可分为几个阶段?各阶段的特征是什么?应分别采取什么策略?
6. 阐述产品生命周期的其他形态。
7. 新产品是如何分类的?
8. 阐述新产品开发的程序。
9. 案例研究:

某品牌小麦啤酒的生命周期延长策略[①]

国内某知名啤酒集团针对消费者对啤酒口味的需求日益趋于柔和、淡爽的特点,积极利用公司的人才、市场、技术、品牌优势,进行小麦啤酒的研究。这几年,利用其专利科技成果开发出具有国内领先水平的某品牌小麦啤酒。这种产品泡沫更加洁白细腻,口味更加淡爽柔和,更能迎合啤酒消费者的口味需求,一经上市即在啤酒市场上掀起一场规模宏大的概念消费热潮。

该啤酒公司最初认为,该品牌小麦啤酒作为一个概念产品和高新产品,要

---

① 来源:中国国际啤酒网,http://www.haicent.com/List.asp?ID=877&Page=1

第六章 产品策略

想很快获得大份额的市场，迅速取得市场优势，就必须对产品进行一个准确的定位。该集团把小麦啤酒定位于零售价为8元每瓶的中档产品，包装有销往城市市场的500毫升专利异型瓶装，和销往农村、乡镇市场的630毫升普通瓶装两种。合理的价位、精美的包装、全新的口味、高密度的宣传使该品牌小麦啤酒在2008年5月上市后，迅速风靡本省及周边市场，并且远销到江苏、吉林、河北等外省市场，当年销量超过10万吨，成为该集团一个新的经济增长点。由于上市初期准确的市场定位，该品牌小麦啤酒迅速从诞生期过渡到高速成长期。

高涨的市场需求和可观的利润回报使竞争者也盯上了这座金矿，本省的一些中小啤酒企业不顾自身的生产能力，纷纷上马生产小麦啤酒。一时间，市场上竟出现了五六个品牌的小麦啤酒，而且外包装基本上都是抄袭前述品牌的小麦啤酒，但酒体仍然是普通啤酒，口感较差。

但是，这些竞争者凭借3元左右的超低价格，在农村及乡镇市场迅速铺开，很快就造成了小麦啤酒市场竞争秩序严重混乱，并严重损害了前述品牌小麦啤酒的形象，使其市场份额严重下滑，形势非常严峻。于是，处于高速成长期的该品牌小麦啤酒的一部分市场迅速进入了成熟期，销量止步不前；另一部分市场则由于杂牌小麦啤酒低劣质量的严重影响，导致消费者对小麦啤酒不再信任，使该品牌小麦啤酒销量也急剧下滑，产品提前进入了衰退期。

面对严峻的市场形势，该企业是依据产品生命周期理论选择维持策略，尽量延长产品的成熟期和衰退期，最后被市场自然淘汰；还是选择放弃小麦啤酒市场策略，开发新产品投放其他的目标市场？决策者经过冷静的思考和深入的市场调查后认为：小麦啤酒是一个技术壁垒非常强的高新产品，竞争对手在短期内很难掌握此项技术，也就无法缩短与该品牌小麦啤酒之间的质量差异；而小麦啤酒的口味迎合了当前啤酒消费者的流行口味，整个市场有较强的成长性，市场前景是非常广阔的。所以，企业无论选择维持还是放弃策略都是一种退缩和逃避，失去的将是自己投入巨大心血打下的市场。如果研发新产品、开发其他的目标市场的话，研发和市场投入成本很高，市场风险性很大；那么，不妨积极采取有效措施，调整营销策略，提升该品牌小麦啤酒的品牌形象和活力，使其获得新生，重新退回成长期或直接过渡到新一轮的生命周期，重新成为小麦啤酒的市场引领者。

事实上，通过该公司准确的市场判断和快速有效的资源整合，使得该品牌小麦啤酒化险为夷，夺回了失去的市场，重新焕发出强大的生命活力，重新进入高速成长期，开始了新一轮的生命周期循环。

思考与讨论：

（1）分析该品牌小麦啤酒的优势与劣势。

（2）如果你是该公司的决策者，会采取哪些具体措施来延长该品牌小麦啤酒的生命周期？

本章参考文献

1. 李先国：《营销管理基础》，清华大学出版社2009年版。

2. 马进军主编：《市场营销学》，机械工业出版社2011年版。

3. 李娟萍：《巨大3S策略跨过操作》，《财经文摘》2004年第1期。

4. 凯文·莱恩·凯勒：《品牌建设八大要点》，《当代经理人》2007年第3期。

5. 许加彪：《商品特质、市场结构与〈华商报〉的渗透定价策略分析》，《新闻大学》2009年第4期。

6. 周依亭：《台湾企业家的世界观》，《经济观察报》2003年12月16日。

7. 天津经研所：《向联合利华学习集中化战略》，http://www.ceconline.com/sales_mark eting/mn/8800025841/01/.

第七章 价格策略

本章学习目标

1. 了解：企业定价的目标、影响消费者对价格认知敏感程度的因素；
2. 熟悉：企业定价的基本方法；
3. 掌握：企业在面对复杂多变的社会经济环境时，该如何适时调整价格。

本章核心概念

定价目标　定价方法　定价策略

第一节　影响定价的因素

企业为产品定价是一个极其复杂的过程，充满风险和挑战。定价在很大程度上决定着产品能否迅速进入市场，它直接影响着产品和企业的社会形象，是构成企业竞争力的重要因素。当然，它还影响着企业的销售收入和利润。一般来说，企业会采取不同的定价方法，得到产品的基本价格。进一步而言，企业还需根据具体的企业目标、市场环境、产品条件、市场供求等情况灵活地运用适当的定价技巧和策略，制定最终的有效价格，以期达到扩大销售、增加企业利润的目的。企业的价格决策属于高级别的经营决策范围，对企业影响甚大，必须谨慎行事。

影响定价的因素，包括企业定价的目标、消费者需求的因素、成本因素、竞争对手定价策略的因素以及其他因素。

一、企业定价的目标

影响企业定价的关键因素之一就是企业定价的目标。企业拥有的资源、所处的环境及采取的差异化战略都决定了企业定价目标的差异。常见的定价目标有：谋求生存的目标定位、当期销售收入最大化的目标定位、当期利润最大化的目标定位、最高销售增长的目标定位、质量领先的目标定位和快速撇脂的目标定位等。

（一）以维持生存为目标

如果企业产量过剩，或面临激烈竞争，或试图改变消费者需求，就需要把维持生存作为主要目标。为了出清存货、确保继续生产，企业必须制定较低的价格，并希望市场是价格敏感型的。此时，利润比生存次要得多。许多企业通过大规模的价格折扣来保持企业活力，实践表明，只要其价格能弥补可变成本和固定成本且略微有盈余，企业的生存便能得以维持。

（二）以当期销售收入最大化为目标

销售收入最大化的前提在于企业必须能够准确地认清自己产品的市场需求状况。这意味着企业的价格调整必须结合需求弹性及其具体特点来决定到底是调高价格还是调低价格。20世纪90年代那句"格兰仕微波炉——中国第几品牌"的广告语犹在耳际，格兰仕微波炉不但质量过关，而且在开拓新市场时往往采用低价策略。高质低价的产品很快就能获得消费者青睐，短期内销售猛增。该产品以低价获得最大的市场需求点，用以实现销售收入最大化。

（三）以利润最大化为目标

1. 短期利润最大化

事实上，每个企业在制定价格时都会要求当期利润最大化，试图通过制定一个能使利润最大化的理想价格，获得优厚的回报，当然这还是需要一定前提的。能这样做必定要求企业能充分了解市场对本企业产品的需求，只有供需对接，方能保证产品能被销售出去，企业才能赚得利润。需要指出的是，企业如果一味注重当前的利益，这种短期的行为可能会给企业成长造成阻碍。

2. 长期利润最大化

有些企业在特定的竞争环境和需求水平的条件下，完全可以通过制定较高的价格获取更高的利润，但是为了设定价格壁垒阻止竞争者进入市场，制定了适中的产品价格。这样一方面避免了激烈的市场竞争，也为企业获得较高的长期利润打下了基础。例如格兰仕充分利用规模经济带来的成本优势，每当产能上一个台阶，价格就相应的大幅下调。当格兰仕的产能达到125万台时，就把出厂价定位于产能为80万台的企业的成本价以下；当格兰仕的产能达到300万台时，又把出厂价调到产能为200万台的企业的成本价以下。此时，对于格兰仕来说仍有利润空间。而规模较小的企业则陷入了亏本的泥潭。因此，格兰仕也被称为"价格屠夫"，一度在家电业创造了市场占有率达到61.7%的奇迹。

（四）以最高销售增长为目标

以最高销售增长为目标的企业相信，大量生产、销售能产生显著的成本经济效益。为此，企业会制定可以渗透市场的最低价格。这种定价的策略就是市场渗透策略，即通过销售的快速增长，使得产品的单位成本下降，审视整个产品的生命周期，可实现总的销售额最高。

（五）以质量领先为目标

眼下，"以质量领先为目标"正逐渐成为一些企业新产品的目标定位。这样的企业通常采用的是高质量高价格策略，突出产品的质量优势，即产品本质特征上的优势。产品质量主要包括产品的物理性能、化学成分、技术性能、使用期限、寿命长短等耐用性，使用安全、技术保障等可靠性，以及价格低廉、易于维修保养等经济性。这就要求企业用高价格来弥补高质量产品研发产生的高成本。当然，产品优质优价的同时，还应辅以相应的优质服务。例如劳斯莱斯轿车、LV的皮包等，都是在目标市场通过高价位赢得了消费者的青睐。

（六）以快速撇脂为目标

撇脂定价指产品定价比其成本高出许多，即高定价策略。在新产品刚刚上市、类似产品还没有出现之时，为在最短时间内获得最大利润，一些企业通常采取这一定价策略。如百货商场、家电商可对新上市的新产品实行高价，等该产品大规模上市后再降价运行或放弃经营。这种策略要求新产品品质上乘、超前感强且顾客愿意接受，竞争者短期内不易打入该产品市场。例如，当年索尼公司在日本市场推出世界上首款高清电视机时,其价格定为43 000美元;而在索尼通过撇脂定价获得各个细分市场的最大收益后,便逐年下调产品售价。1993年,一台28英寸的索尼高清电视机需要6 000美元,而在2007年一台40英寸的索尼高清电视机只需1 200美元。通过分析可知,企业制定快速撇脂的目标定位必须具备以下几个前提:

(1)市场上存在一批购买力很强并且对价格不敏感的消费者;

(2)这样一批消费者的数量足够多,企业有厚利可图;

(3)暂时没有竞争对手推出同样的产品,本企业的产品具有明显的差别化优势;

(4)当有竞争对手加入时,本企业有能力转换定价方法,通过提高性价比来提高竞争力;

(5)本企业的品牌在市场上有传统的影响力。

在上述条件具备的情况下,企业就可以采取撇脂定价的方法。而某些企业和某些行业甚至普遍、长期使用撇脂定价法。

(七)以市场占有率最大化为目标

有些企业想通过定价来取得控制市场的地位,使市场占有率最大化。因为企业确信,赢得最高的市场占有率之后将享有最低的成本和最高的长期利润,所以,企业制定尽可能低的价格来追求市场占有率领先地位。当然,企业也可能追求某一特定的市场占有率,例如计划在一年内将其市场占有率从10%提高到15%。为实现这一目标,企业就要制定相应的市场营销计划和价格决策。当具备下述条件之一时,企业就可考虑通过低价来实现市场占有率的提高:①市场对价格高度敏感,因此低价能刺激需求的迅速增长;②生产与分销的单位成本会随着生产经验的积累而下降;③低价能吓退现有的和潜在的竞争者。

二、消费者需求

消费者的需求是影响企业定价的关键因素之一,而消费需求往往是多方面的、不确定的,需要企业营销人员去分析和引导。因而企业在了解自己产品的同时,还需了解消费市场对该产品的需求。

第七章 价格策略

（一）产品的需求价格弹性系数

产品价格受到市场需求的影响，即受产品供给与需求相互作用的影响。一般而言，当产品消费者的需求大于供给时，价格会偏高一些；当消费需求小于供给时，价格会下降一些。反之，价格变动也会影响市场的总需求，从而影响销售量，进而影响企业目标的实现。此时，企业制定价格就必须清楚价格变动对市场需求的影响程度的大小，而反映这种影响程度大小的指标就是产品的价格需求弹性系数。所谓产品的价格需求弹性系数，指的就是价格的相对变动而引起需求的相对变动的程度大小，即：

需求弹性系数=需求量变动百分比/价格变动百分比

$$E_d = (\Delta Q/Q)/(\Delta P/P)$$
$$= (\Delta Q/\Delta P) \cdot (P/Q)$$

以上等式中，$\Delta Q=Q-Q_1$，$\Delta P=P-P_1$；Q为原来的需求量，Q_1为变动后的需求量；P为与Q对应的原始价格，P_1为与Q_1对应的变动后的价格；E_d即为需求弹性系数。

关于E_d值，还必须说明的是：

第一，E_d的值可能为正，也可能为负，正符号仅代表ΔQ与ΔP变化的方向或相同或相反，所以在接下来的讨论中，为方便比较各种产品之间的弹性系数大小，我们考虑其绝对值，即$|E_d|$；

第二，$|E_d|$因产品不同而不同；

第三，需求从Q降到Q_1与从Q_1升到Q的需求价格弹性系数是不同的，需要另行计算；

第四，$|E_d|$的值可以分为以下五种不同的情况（见图7-1）：

（1）$|E_d|=0$，说明无论产品的价格发生怎样的变动，这个消费市场的需求未发生一丝变化，即企业再怎么进行促销活动，整个市场也不为所动，需求的总量没有任何改变，我们称之为需求完全匮乏弹性；

（2）$|E_d|=\infty$，说明在当前的价格下，消费市场的需求总量是任意变动、不受约束的，这种情况，我们称之为需求完全具有弹性；

（3）$|E_d|=1$，说明当需求量每变化（提高或下降）1%，价格也随之发生相应的变化（提高或下降）1%，这种情况，我们可以称之为单位需求弹性；

（4）$|E_d|>1$，说明需求的变化量ΔQ大于价格的变化量ΔP，对此，我们称之为需求富有弹性；

（5）$|E_d|<1$，说明需求的变化量ΔQ小于价格的变化量ΔP，我们称之为需求匮乏弹性。

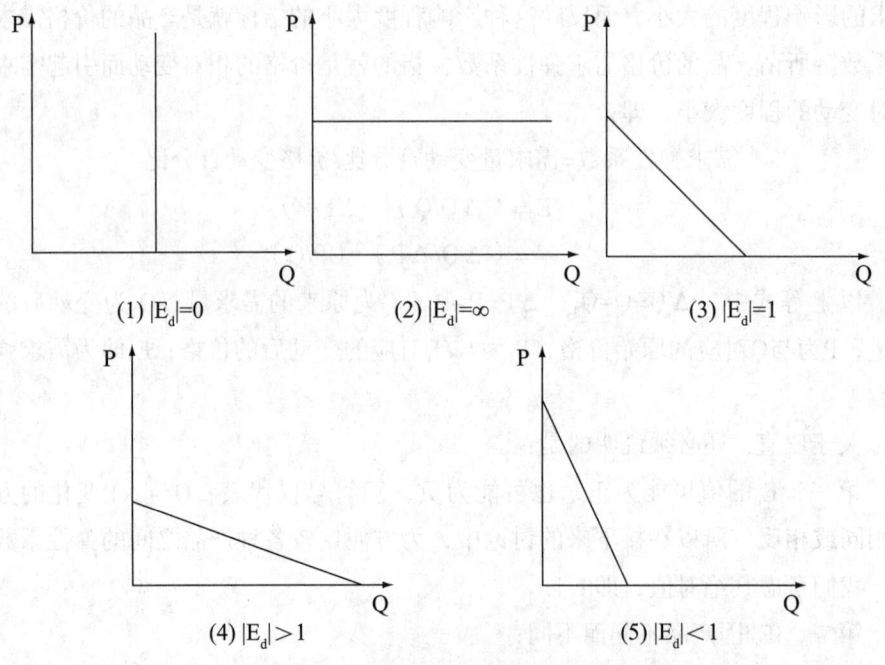

图7-1 需求的价格弹性定性图

决定产品需求价格弹性的要素（即产品的性质）有四个：

一是该产品的替代品或同类竞争产品的数量。当该产品的同类竞争产品或者替代品较少时，则该产品的需求价格弹性较小；

二是消费者改变消费习惯的敏感度。当消费者对改变消费习惯或寻求低价时表现得更为敏感，那么需求的价格弹性可能就很大；

三是消费者对价格的敏感度。即当消费者对价格的高低都不敏感，那么我们可以认为需求的价格弹性很小；反之，当消费者对任意的价格都比较敏感，我们则认为需求的价格弹性可能比较大；

第七章 价格策略

四是消费者对整个环境的认知程度与价格的关系。当消费者对所处的经济环境有深入的了解，可能由于经济的萧条以及产品设计的缺陷等因素，消费者认为高价是不容易被接受的，奉着"现金为王"的信条绝不轻易消费，那么我们可以认为需求的价格弹性可能会很大。

（二）影响消费者对价格认知敏感程度的因素

经济学理论中，消费者的价格敏感度表示为顾客需求弹性函数，即由于价格变动引起的产品需求量的变化。由于市场具有高度的动态性和不确定性，这种量化的数据往往不能直接作为制定营销策略的依据，甚至有时会误导企业的经营策略。而进一步研究消费者的价格消费心理，了解消费者价格敏感度的影响因素，能够使企业在营销活动中掌握更多的主动权，也更具有实际意义。一般来说，影响消费者价格敏感度的因素可以概括为三大类，分别是：产品因素、企业营销策略和消费者个体因素。基于这三类因素，可拓展为以下情况：

1. 产品的独特性

产品所能给消费者带来的价值越是独特，消费的价格认知敏感度就越小，甚至可以为拥有该产品而甘愿付出高昂的溢价。

2. 替代品的多少

替代品越多，消费者的价格敏感度越高，替代品越少，消费者价格敏感度越低。替代品是指能够满足消费者同样需要的产品，包括不同类型的产品、不同品牌的竞争产品以及同一品牌、不同价位的产品。比如，手机、计算机、家电、家具等产品的价格大战，就是因为替代品过多的缘故。

3. 产品的转换成本

转换成本高，消费者的价格敏感度低；转换成本低，消费者价格敏感度就高。因为转换成本低时，消费者可以有更多的产品选择。中国移动和中国联通的多数用户不愿意转网，就是因为手机号码已经成为个人的一种私有财产，变换号码可能会使自己的交际网络发生断裂，尤其对于商务人士更是如此。

4. 产品价格的可比性

产品价格越容易与其他产品比较，消费者价格敏感度越高；相反，比较越困难，消费者价格敏感度越低。在超市，产品的标签一目了然，摆放在一起的同类产品使消费者更易进行价格比较，此时诱人的价格可以引发消费者的冲动购买。

5. 品牌忠诚度的影响

品牌消费者对某一品牌越忠诚，对这种产品的价格敏感度越低。因为在此情况下，品牌是消费者购买的决定性因素。消费者往往认为，高档知名品牌应当收取高价，不仅因为高档是身份和地位的象征，而且还有更高的产品质量和服务保证。品牌定位将直接影响消费者对产品价格的预期和感知。

6. 价格变动幅度的影响

价格变化的幅度与基础价格的比例越高，消费者价格敏感度越高；反之，比例越低，消费者价格敏感度越低。韦伯—费勒定律（Weber-Fechner Law）表明，顾客对价格的感受更多取决于变化的相对值，而不是绝对值。比如，对于一辆自行车而言，降价200元会有很大吸引力；而对于一辆高级轿车，降价200元不会引起消费者的过多关注。这个定律还有一个重要启示，即价格在上下限内变动不会被消费者注意，而超出这个范围消费者会很敏感；在价格上限内逐点提高价格比一下子提高价格更容易被顾客接受；反之，如果一次性将价格下降到下限以下，比连续几次小幅度的减价效果更好。

7. 参考价格的影响

参考价格为消费者设置一个对比效应，从心理上影响消费者的价格公平感知。参考价格通常作为消费者评价产品价格合理性的内部标准，也是企业常用的一种价格策略。影响参考价格形成的最主要因素包括：以往购买价格、消费者个人感知的公平价格、忠爱品牌的价格、相似产品的平均价格、推荐价格、价格排序、最高价格及预期价格等，所有这些因素都是可以直接用货币衡量的。还有一些无形因素也会影响参考价格的形成，主要包括：企业形象、品牌价值、购物环境、购物地点以及口碑宣传。在企业有多种产品时，参考价格的设置就显得更加有意义。比如，将某种产品或某种服务的价格定得比较高，可以提高整个产品线（服务种类）的参考价格，其余产品（服务）就显得比较便宜，牺牲这种高价产品（服务），可以增加低价位的产品或服务的销售，从而提高企业的总体利润。

8. 降价方式的影响

用降价的方式促进产品销售往往会立竿见影，但是过于频繁的价格促销会增加消费者的价格敏感度，使消费者只有在产品降价的时候才会产生购买的欲望。比如，全国性广告可以降低消费者的品牌价格敏感度，因为用全国性广告树立起来的品牌价值更高，消费者更容易将高价值和高质量相联系。而店内广告可以提高消费者的品牌价格敏感度，因为店内广告更容易让消费者进行价格比较。实物促销则能降低消费者的价格敏感度，因为实物更易引起消费者的兴趣，让消费者觉得占了便宜。

9. 产品知识的影响

消费者产品知识越丰富，购买越趋于理性，价格敏感度越低，因为消费者会用专业知识来判断产品的价值。消费者产品知识越少，对价格的变化会越敏感，尤其是对于技术含量比较高的商品，普通消费者只是以价格作为质量优劣的判断标准。

10. 价格变化期望的影响

消费者对价格变化的期望越高，价格敏感度越高；反之，期望越低，价格敏感度越低。因为对价格变化的期望影响着消费者的消费计划，消费者买涨不买落也正是这种心理。

此外，产品价格在顾客消费中留有印象的比例越高，消费者对价格就越敏感；比例越低，消费者对价格就越不敏感。高收入人群可支配收入水准高，因此对多数商品的价格不十分敏感；而低收入群体往往对比较价格敏感，便利品市场就是很典型的例子。

三、成本因素

在很大程度上，需求为企业的定价确定了上限，而企业的成本则是价格的下限。企业总是希望所制定的价格能弥补生产、分销中的成本，并取得对企业所做的努力和承担风险的合理报酬。因此，成本是影响定价决策的一个主要因素，许多企业力图降低成本，以降低价格、扩大销售和增加利润。如果企业某种产品的成本高于竞争者的成本，那么该产品在市场上就会处于十分不利的竞争地位。

企业的成本分为两种：一是固定成本（Fixed Costs）；二是可变成本（Variable Costs）。固定成本是指成本总额在一定时期内，不受产量或销量增减变动影响而能保持不变的成本，如厂房和机器设备的折旧、财产税、房屋租金、管理人员的工资等。可变成本指的是随着企业生产的产量或销量的变化而发生改变的成本。例如苹果公司生产一部iPhone，所耗费的物资包括数字移动芯片、摄像头、塑料、手机显示屏、电路板、软件等，每一部iPhone的耗费是相同的，因此生产多少就决定了苹果公司的变化成本的多少。这个变化成本的总量就是可变成本。

总成本（Total Costs）指的是固定成本与可变成本的加总。平均成本（Average Cost）指的是该产量水平下的单位成本，等于总成本与产量的比值。

为帮助企业更好地把握定价，企业的定价者必须深谙不同产量水平下成本的变化趋势，只有做到胸有成竹，才能准确抓住成本走势的脉搏。

假设一个汽车生产企业，其生产固定规模为每天1 000辆，如果每天产量低于1 000辆，那么平均下来的单位成本将会很高。但当生产企业的日产量达到1 000辆时，由于固定成本更多地被分摊到1 000辆的产量上了，使得平均成本降低了；然而如果产量大于1 000辆即超出了企业的产能负荷时，该企业的短期平均成本会提升，高负荷运作势必造成员工疲倦而降低生产效率，同时过度生产给设备带来的损伤导致设备加速老化也会造成总成本上升（见图7-2）。用长远的观点看待这个问题，企业的生产规模并不是一成不变的，因为企业是需要发展的，总停留在某一产量上有可能会使企业发展前景暗淡。通常来说，根据当前大部分成功企业的情况来看，要谋生存求发展，必须思变，变是发展的需求和自身发展的诉求两方面共同作用的结果。既然企业长远的规模是会发生改变的，那么成本的变化也就会有所不同。图7-3是根据每一个最低的平均生产成本点绘制出的长期平均成本曲线。

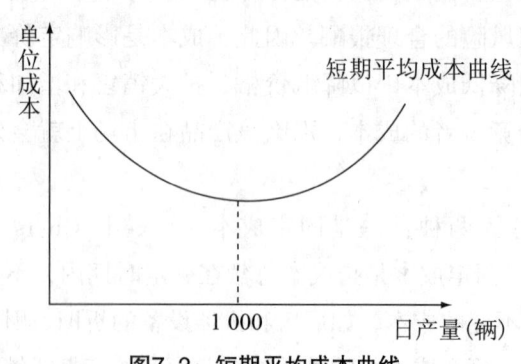

图7-2　短期平均成本曲线

第七章 价格策略

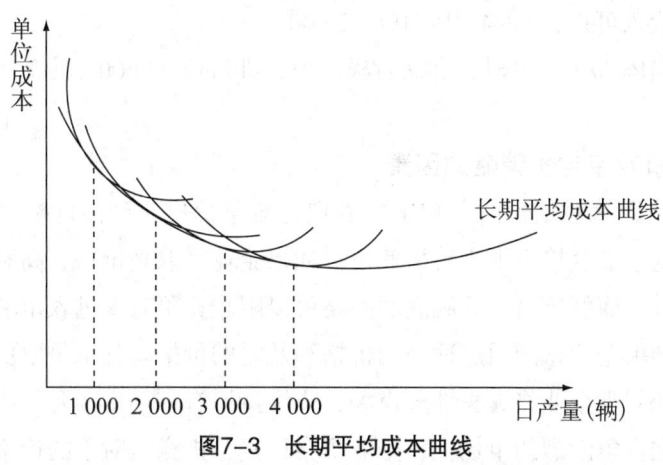

图7-3 长期平均成本曲线

根据图7-3所示，我们可以看到日产2 000辆汽车时，其单位成本比生产1 000辆要低；当生产4 000辆时，其单位成本比4 000辆之前产量的单位成本都低，因此可以在长期取得平均成本最低；然而当日产量超过4 000辆时，由于长期平均成本的上升冲抵了一部分效益，使得效益下降。所以企业在制定价格前，应该充分了解其生产的特点，牢牢把握该企业在不同时段的生产条件与生产的规模，做到有效的监控，保持企业内部资金的生态平衡。

通过上述的案例假设可以发现，一个企业在制定价格的过程中，因为企业自身的情况以及管理上的因素，企业的短期平均成本曲线是有阶段性的，不同的阶段代表了企业不同的生产规模。与此同时，我们可以观察企业的长期平均成本曲线，上面的每一点都代表了某一阶段企业的短期最优平均成本，无数的点汇集成了一条长期的平均成本走势。企业可以根据其特有的长期平均成本曲线来管理自己的生产规模，配合企业的战略规划，运筹帷幄。

例 某酒类产品根据市场调查可获得需求函数为：$Q=400-4P$；其中Q表示总需求量，P表示单价；产品的成本函数为：$C=1\ 000+40Q$；其中C为总成本。如果该企业的目标是利润最大化，那么价格应定为多少？

解：根据已知条件可得，销售收入为：$S=PQ=P（400-4P）=-4P^2+400P$

利润：$Z=S-C$

将条件代入可得：$Z=-4(P-70)^2+2\,600$

解得，当P=70（元）时，利润有极大值，即Zmax=2 600（元）。

四、竞争对手定价策略的因素

竞争价格因素对定价的影响主要表现为竞争价格对产品价格水平的约束。同类产品的竞争最直接表现为价格竞争。如果企业采取高价格、高利润的战略，就会引来竞争；而低价格、低利润的战略可以阻止竞争对手进入市场或者把他们逐出市场。如果企业试图通过适当的价格和及时的价格调整来争取更多顾客，这就意味着其他同类企业将失去部分市场，或维持原有市场份额要付出更多的营销努力。因而在竞争激烈的市场上，企业都会认真分析竞争对手的价格策略，密切关注其价格动向并及时做出反应。

五、其他因素

在设定价格时，企业还必须考虑外部环境中的其他因素。尤其是经济环境，它对企业的定价策略有很大影响，如经济增长和衰退、通货膨胀、利率和汇率等因素，都会影响产品的生产成本以及消费者对产品及价格的看法。当然，生产企业制定价格时还应该能够给销售商带去合理的利润，从而鼓励他们对产品销售的支持。企业营销人员还需要了解影响价格的政府法律法规，并确保自己的定价决策具有可辩护性。此外，在制定价格时，企业的短期销售、市场份额和目标利润都必须服从整个社会的需要。

第二节　主要定价方法

定价方法是指企业为了在目标市场中实现定价目标所采取的具体方法。企业产品价格受到产品成本、市场需求以及市场竞争状况的制约。产品成本确定了价格的最低基数，市场需求和市场竞争则会影响产品的利润。选择合适的定价方法是企业定价策略的重要环节，在给定了消费者的需求函数、企业的成本函数以

第七章 价格策略

及竞争对手的定价后，不难发现：成本是企业定价的底线（又称地板价），竞争对手的产品定价是参考（又称中间价），而消费者对产品的价值评估是定价的最高目标（又称天花板价格）。

总的来说，企业的定价方法主要分为：成本导向定价法、需求导向定价法和竞争导向定价法。

一、成本导向定价法

成本导向定价法包括成本加成定价法、售价加成定价法及目标收益定价法。

（一）成本加成定价法

成本加成定价法是最简单的定价方法，是指在单位成本的基础上加上一定比例的预期利润来制定价格的方法。其计算公式为：

单位产品价格=单位产品成本×（1+成本加成率）

成本加成率=单位产品预计毛利/单位产品进货价格

例如，某产品的单位产品成本为10 000元，加成率为10%，则

产品的单位价格=10 000×（1+10%）=11 000（元）

这种定价的关键在于确定合理的成本加成率，而成本加成率是受产品市场定位、行业特点以及竞争环境等因素影响的。此外，确定成本的加成率时也要考虑产品的价格弹性。当产品的价格弹性较高时，应该适当降低产品的成本加成率以保证产品在市场中所占有的市场份额；当产品的价格弹性较低时，可以适当提高产品的成本加成，以保证企业获得足够的利润。

这种定价方法的优越性，首先表现在简单易行，简化了企业的定价程序，不必根据市场需求经常对产品的价格进行调整，保证了企业在经营过程中获得正常的利润，便于企业进行经济核算。其次，如果同一行业中的企业都采用这一定价方法，那么产品的价格就会趋于相近，价格竞争就会相应地减少。再次，对于消费者来说，企业进行成本加成定价的方式较为透明，当消费者的需求增加时，产品不会通过涨价的方式谋取额外的利润。

（二）售价加成定价法

售价加成定价法是以产品的最后销售为基数，按销售价的一定百分率来计算加成率，最后得出产品售价。其计算公式为：

单位成本=单位可变成本+固定成本/销售总量

单位产品价格=单位产品成本/(1-加成率)

例如：某一生产体育用品的企业的成本和预期的销售总量如下：

单位可变成本为40元；固定成本为600 000元；预期销售总量为30 000件。

根据上述条件可得，该企业的单位成本为：

单位成本=单位可变成本+固定成本/销售总量

=40+600 000/30 000

=60（元）

假设该企业预期的加成率为15%，那么根据上述条件，该企业产品的加成价格为：

加成价格=单位成本/(1-加成率)=60/(1-15%)=80（元）

这说明当该体育用品企业对每件产品向分销渠道商收取80元时，可以从中拿到20元的利润。依此类推，当这类一级分销商在收到这批产品时，会用相同的加成方法将产品转售给次一级的分销商，经过多次的加成之后，最后到消费者手中的真正价格是N多分销商分享利润后的价格。可以想象，这样做的好处是养活了更多的分销商，弊端是消费者在购买产品的时候不得不为这中间环节的利润买单。正因为这种弊端的存在，所以出现了新的营销方式——直销。直销的概念是把这些中间环节去除，把中间的加成利润与消费者共享，这样不仅企业能够获得更多的利润，消费者也会因为购买的价格的降低获得价格等于价值的产品，真正实现"非零和博弈"的宗旨。

售价加成定价法还有一个常见的弊端，即忽视了需求和竞争状态。当然一种方法不可能兼顾两头。

（三）目标收益定价法

目标收益定价法是指企业通过制定一个预期投资回报率来实现预期利润的价格。在成本的基础上，企业努力追求预期的利润，其公式如下：

目标收益价格=单位成本+（预期回报率×投资的成本）/销售总量

如果在上一个例子中加入一个新的假设，即假设该体育用品企业投资的成本为220万，那么利用目标收益定价法可以得到：

目标收益价格=60+（15%×2 200 000）/30 000=71（元）

第七章 价格策略

当某企业对其预期的利润率和销售总量有准确的预判时，企业就可以达到目标。而在使用该定价方法的时候，大多数企业都注重盈亏平衡点的销售量（亦称保本销量）和保利销量（见图7-4）。

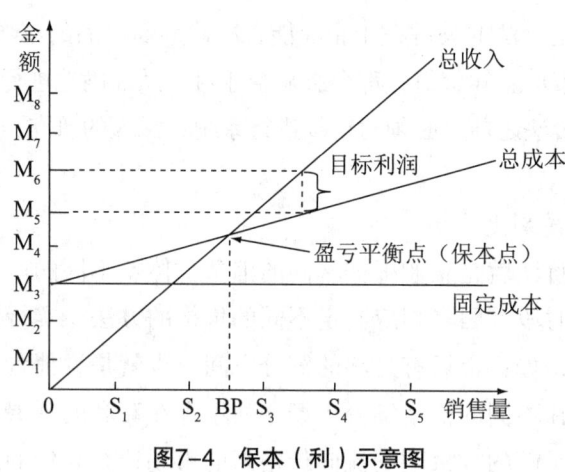

图7-4　保本（利）示意图

在上图中，M代表金额，S代表销售量，BP代表了盈亏平衡时的销售量。从中我们可以看出：无论销售量怎么变化，固定成本恒定，总成本是可变成本与固定成本函数的加总，是随着销售量的改变而改变的，具有线性关系。图中的盈亏平衡点即总成本与销售的总收入相等时的交点，与之对应的销量是BP。当销量<BP时，说明总的成本大于总的销售收入，也就意味着企业是处于亏本的状态；而当销量>BP时，说明总销售收入大于总成本，换言之，企业是处在盈利的状态。保利销售量的计算公式如下：

保利销售量=总固定成本/（价格–单位可变成本）

保本销售价格=总固定成本/保本销售量+单位可变成本

二、需求导向定价法

需求导向定价法包括：认知价值定价法和需求差别定价法。

（一）认知价值定价法

认知价值定价法，也称感受价值定价法，是根据消费者所理解的某种商品

- 161 -

的价值，或者说消费者对产品价值的认识程度来确定产品价格的一种定价方法。认知价值一般包含消费者对产品的主观印象、售后服务水准、客服关爱程度和及时回应顾客诉求等因素。企业需要做的是，能让消费者直接感受到其所展示的价值，并且不断加强这种信息与服务的刺激，以强化产品在消费者心中的地位。可以说，认知价值定价法的关键在于企业能否准确判断产品的市场"感受"。过高或者过低地估计市场感知价值，都会影响企业对产品准确地进行定价。因此，在运用感知价值定价法之前，必须对市场进行系统、深入的研究，以求更加精准地对产品进行定价。

（二）需求差别定价法

需求差别定价法就是企业根据不同的消费群体、不同的产品、不同的地理环境以及不同的时段等因素相应制定不同的价格的方法。实行差别定价必须满足一些前提条件，如：市场有足够的细分空间，也就是说消费者对产品的需求程度比较明显；在不同的价格细分市场之间不存在套利的现象，即价格低的市场的产品不能有足够的投机利润流向价格高的市场；在高价的细分市场处于绝对的优势等。

差别定价一般可以分为以下四种：

1. 顾客细分定价

根据不同的消费群体对同样的产品或服务制定不同的定价。例如：游乐园里为小朋友特设儿童特价票；针对不同乘客，飞机上的座位有公务舱、经济舱等。

2. 产品规格定价

不同产品的规格代表了不同的生产成本，所以在定价方面也有所不同。例如，在网上商城"1号店"，300mL的可口可乐售价为1.9元，600mL的可口可乐售价为2.6元，1.5L的可口可乐售价为5.2元。

3. 形象差异化定价

企业把同质的产品包装成不同的形象从而制定不同的价格的方法。换言之，产品在内容、用途和功能上是完全一样的，但是通过包装成不同的式样，企业设置不同的价格，以树立不同的形象。例如，宝洁公司在一段时间内推出的不同牌子的洗发水，其中"海飞丝"为蓝色包装，个性在于去头屑；"潘婷"为杏黄色包装，个性在于对头发的营养保健；"飘柔"为草绿色包装，个性在于使头发光滑柔顺……企业利用包装、定位的不同，制定不同的价格，占领更多的目标市场。

4.差别时间定价

差别时间定价指企业根据不同的时间段或时间点，制定不同的价格。例如，出租车在白天和晚上价格有别，旅游业在旺季和淡季制定不同的价格，电费分峰价和谷价等。需要指出的是，流行商品在流行初期往往借助轰动效应制定高价，流行期一过，为了商品尽快脱手，价格必须逐渐降低，甚至大幅度降低。

三、竞争导向定价法

竞争导向定价法主要包括：密封投标定价法、拍卖定价法及随行就市定价法。

（一）密封投标定价法

密封投标定价法，也称投标竞争定价法，是指在项目招标竞标的情况下，竞标企业为制定价格而进行角逐，根据对其竞争对手报价的估计来确定，其目的在于签订合同，所以它的报价往往低于竞争对手的报价。密封投标定价法主要用于投标交易方式，如建筑施工、工程设计、设备制造、政府采购、科研课题等需要投标以取得承包合同的项目。需要指出的是，在投标中，投标价格往往能成为企业能否中标的关键所在。可以说，较高的投标价格能够给企业带来丰厚的利润，但是中标的概率也会相应地下降；反之，降低投标价格可以提高中标的概率，但是利润又会受到影响。总之，竞标企业必须深知自身实力，同时要有足够的经验，在竞标过程中适当作出让步。在实际操作中，企业一般采用预期的利润来制定价格。如果企业不惜一切代价来竞标而忽略其他需要考虑的因素，很可能会导致失误。

（二）拍卖定价法

拍卖定价是西方一种古老的传统买卖方式，指在商品销售前，由卖方预先发布商品信息，展出拍卖商品；买方预先查看商品，在规定时间公开拍卖时由买方公开竞争叫价，不再有人竞争的最高价格即为成交价格，卖方按此价格拍板成交。一般在拍售艺术品、地块、"旧货"以及处理破产企业财务等情况下采用此法。拍卖价格与投标价格有所不同，两者的区别在于，前者是买方公开竞价，后者是卖方密封定价。

（三）随行就市定价法

随行就市定价法又称流行水准定价法，它是指在市场竞争激烈的情况下，企业为保存实力采取按同行竞争者的产品价格定价的方法。这种"随大流"的定价方法，主要适用于需求弹性比较小或供求基本平衡的商品，如大米、面粉、食用油以及某些日常用品。这种情况下，如果某企业把价格定高了，就会失去顾客；而把价格定低了，需求和利润也不会增加。所以，随行就市是一种较为稳妥的定价方法，也是竞争导向定价方法中广为流行的一种。这种定价法特别适合于完全竞争市场和寡头垄断市场。

第三节 价格调整策略

企业为某种产品制定出价格以后，并不意味着万事大吉。随着市场营销环境的变化，企业必须对现行价格予以适当的调整。企业产品价格调整的动力既可能来自于内部，也可能来自于外部，其调整策略多种多样，主要有如下几种：

一、地区定价策略

一般地说，一个企业的产品不仅卖给当地顾客，同时也卖给外地顾客，而卖给外地顾客需要把产品从产地运到顾客所在地，需要花一些装运费等。所谓地区性定价策略，就是企业要决定：对于卖给不同地区顾客的某种产品是分别制定不同的价格，还是制定相同的价格，即是否制定地区差价。地区性定价的形式有：

（一）FOB原产地定价

FOB原产地定价（Free On Board Origin Pricing）就是顾客按照厂价购买某种产品，企业只负责将这种产品运到产地某种运输工具上交货。交货后，从产地到目的地的一切风险和费用一概由顾客承担。每一个顾客都各自负担从产地到目的地的运费，这是很合理的，但是，这样定价对企业也有不利之处，即远地的顾客就可能不愿购买这个企业的产品，而购买其附近企业的产品。

（二）统一交货定价

企业对所有地区的消费者实行统一的价格和运费，并且运费按照平均运费计算的定价策略。其优点在于路途较远的消费者能享受更加低廉的运费，从而使得购买的成本下降；不足在于对距离较近的消费者而言，要承受额外的运费，致使他们的购买成本上升、满意度下降。

（三）分区定价

所谓分区定价，实际上是企业将其消费者市场划分为若干价格区，对于卖给不同价格区顾客的某种产品，根据消费需求分别制定不同的地区价格。距离企业远的价格区，价格定得较高；距离企业近的价格区，价格定得较低。在各个价格区范围内执行同一个价格。企业采用分区定价也存在一定的问题：在同一价格区内，有些顾客距离企业较近，有些顾客距离企业较远，而前者就不合算。

（四）基点定价

基点定价是指当企业拥有几个生产地的时候，它会以一个主要的生产地作为基点定价，再加上基点到顾客的运费后形成最终价格。一个企业所使用的基点必定是它的重要生产基地，当市场中只有一个基点时称为单一基点；当市场中存在多个基点时称为多元基点。此时，原则上应该从最近的基点起计算到购买地的运费。

（五）运费补贴定价

运费补贴定价指企业为了促使交易的达成，增加销售额，降低总平均成本以弥补运费，从而为消费者提供运费补贴的定价策略。例如：某网上商城的免运费送货上门服务即属于此策略。

二、价格折扣和折让策略

企业为了实现现金流的循环，使其有足够的现金运营下去，会鼓励顾客及早付清货款、大量购买或增加淡季购买，不少企业通常会酌情调整其基本价格，这种价格调整方法叫做价格折扣和折让。

（一）现金类折扣

它是为促使顾客尽早付清货款而提供的一种价格优惠，也就是说，早付款的顾客要比晚些付款的顾客获得更多的优惠。典型的付款折扣表示如"3/15，Net 60"，指消费者如果能在15天内付清款项，则可以享受3%的优惠；在15至60

天之内付款则不享受折扣,超过60天付款要加付利息。

(二)数量类折扣

它是企业给那些大量购买某种产品的顾客的一种折扣,以鼓励顾客购买更多的货物。大量购买能使企业降低生产、销售等环节的成本。例如:顾客购买某种商品100单位以下,每单位10元;购买100单位以上,每单位9元。

(三)功能类折扣

功能类折扣亦可称为贸易折扣,是制造商给予中间商的一种额外折扣,按照渠道成员在流通中所担当的不同功能,给予相应的优惠予以激励。

(四)季节折扣

季节折扣也称季节差价,一般在有明显的淡、旺季商品或服务行业中实行,是指企业为鼓励消费者在淡季购买而给予的折扣,目的在于减轻仓储压力,利于均衡生产。例如,商场一般在时令转换期间对落令商品进行换季打折,在一定意义上促进了淡季的销售。

(五)折让

折让具体是指企业为了吸引消费者购买产品而给予一定额度的价格优惠。企业会提供给中间经销商一定的折让换购基金,支持换购的活动,以增加产品的销售和广告效应。常见于家电销售中的"以旧换新"就是典型实例。

三、心理定价策略

心理定价策略包括:

(1)声望定价(Prestige Pricing)。有些名牌商品或著名企业,故意把价格定成整数或定高价,称为声望定价或整数定价。

(2)参照定价(Reference Pricing)。当顾客选购商品时,头脑中常有一个参照价格。参照价格可能是顾客已了解到的目前市场上这种产品的一般价格,也可能是把以前的价格当作参照价格。

(3)奇数定价(Odd-Number Pricing)。也称尾数定价,即尾数用奇数5、7、9定价,特别是用9。

(4)促销定价(Promotional Pricing)。有些企业利用多数顾客追求廉价的心理,特意将某几种产品价格定低(低于市场价甚至低于成本);或利用节庆日和换季时机举行"大甩卖"、"酬宾大减价"等活动,将部分商品按原价打折出售,以吸引顾客,通过"以点带面"促进全部商品的销售。

四、产品组合定价策略

产品组合定价指的是企业把若干种产品组合成一组产品,并分别为产品组里的产品制定合适的价格,达到一组产品利润最大化目的的定价方法。通常有六种定价的方法。

(一)产品线定价法

产品线定价法指在一群相关的产品中制定一系列价格,最低价至最高价之间差距宜适中,还应考虑竞争对手的价格,让消费者适应企业的定价。例如,某品牌的运动鞋系列有不同的款式,不同的价格差距,以满足需求各异的消费者。

(二)选择特色定价法

选择特色定价法指企业生产各种具有特色的产品供消费者选购。例如,在购买苹果笔记本电脑的时候,经销商会推荐专业做苹果笔记本贴膜的公司,并以随机另购有优惠来吸引消费者选择购买。

(三)附带产品定价法

附带产品定价法指企业在消费者购买主要产品的同时,提供配套使用的附加产品。如4s店出售家庭用车时,往往会附带一些车饰用品等。

(四)两段定价法

此定价法常用于服务产品。当消费者支付某项服务的基本费用之后,如果消费超出了基本服务的规定,就必须额外附加费用。比较典型的如,中国移动M-Zone流量套餐,每月30兆流量为5元,如果超出,则超出部分以每字节0.02元的标准收取。

(五)副产品定价法

某些企业的生产中会产生副产品,而这种副产品对某些消费者有价值而且能满足他们特殊的需求,因此可以以此为定价依据。例如,养蜂场生产蜂蜜的同时,也会产生蜂蜡,而这种蜂蜡比蜂蜜的价值更高,有一定的医药作用。

(六)套装产品定价法

套装产品定价法指企业将一组产品组成套装以较低的价格销售给消费者,

以刺激多个单品的销售量，鼓励消费者消费。例如，每当开学之际，文具店都会推出文具套装，比分别购买单品的价格便宜，以吸引学生购买。

五、薄利多销定价策略

薄利多销是指低价低利扩大销售的策略。其中，薄利就是降价，降价就能多销，多销就能增加总收益。在销售市场有可能扩大的情况下，通过降低单位商品的利润来降低商品的价格，虽然会使企业从单位商品中获得的利润量减少，但由于销售数量的增加，企业所获利润总额可以增加。只有需求富有弹性的商品才能薄利多销。

企业进行薄利多销定价时，应该注意以下几个条件：首先，产品的需求弹性$|E_d|$必须大于1，也就是说产品是具有弹性的，价格的改变能带动更多的需求；其次，企业的生产规模可以改变的，在扩大产量的同时可以满足趋于饱和的产能；再次，产能增强后的净销售收入增量要大于成本的增量，即边际收入大于边际总成本；最后，企业的经营效果应该以长期总利润最大为目标。

六、价格变动策略

企业在定价之后，由于宏观环境的变化和市场供求发生波动，必须主动调整价格，以适应激烈的市场竞争。

1. 降价策略

当市场营销环境发生变化，如产量过多、库存积压，或者在激烈的竞争中市场占有率下降等，企业为了扩大销售或稳住市场占有率，在其他营销策略无效的情况下只有降低价格。在降价之前，生产商应向自己的代理商、经销商保证，降价后对他们原来的进货或存货按新价补偿降价损失，使长期客户以及该产品分销渠道的各个环节的利益得到保证，实际上也保住了企业的市场。

2. 提价策略

由于资源约束而产生严重的供不应求或发生通货膨胀时，企业不得不提高产品价格以弥补产品成本的增加。但是，企业应积极采取不同的提价策略，以平抑提价引起的不满。主要策略有：①限时提价；②在供货合同中载明随时调价的条款；③对商品的附加服务收费或取消附加服务；④减少或取消折扣和津贴；⑤ 改动产品的型号或增加某种功能等。此外，还要配合其他营销手段，消除提价的负面影响。

本章小结

  价格意味着可以给企业带来收入，并支持当前的运营与新产品、新市场的开发和开拓。影响定价的因素主要包括：企业定价的目标、消费者需求的因素、成本的因素、竞争对手定价策略等。企业拥有的资源、所处的环境、采取的战略差异决定了企业定价目标的差异。常见的定价目标有：谋求生存的目标定位、当期销售收入最大化的目标定位、当期利润最大化的目标定位、最高销售增长的目标定位、质量领先的目标定位、快速撇脂的目标定位等。在研究消费者需求对定价的影响时，需要考虑产品的需求价格弹性系数以及消费者对价格认知敏感程度。

  定价方法是指企业为了在目标市场中实现定价目标所采取的具体方法。总的来说，企业的定价方法主要分为：成本导向定价法、需求导向定价法和竞争导向定价法。成本导向定价法包括成本加成定价法、售后加成定价法和目标收益定价法；需求导向定价法包括感知价值定价法、价值定价法和产品差别定价法；竞争导向定价法主要包括密封投标定价法、拍卖定价法以及随行就市定价法。

  当企业制定完价格之后，必须投入更多的精力来管控自己的价格，并根据市场的变化及时做出价格调整。价格的调整策略多种多样，包括地区定价、价格折扣和折让、促销定价、产品组合定价、薄利多销定价以及如何应对价格变动等。

本章思考题

1. 企业产品定价的影响因素有哪些？
2. 简述常见的企业定价目标。
3. 简述决定产品的需求价格弹性的四个要素。
4. 需求导向定价法包括哪几种定价方法？
5. 竞争导向定价法包括哪几种？分别具有哪些特点？
6. 企业为什么要实施价格调整战略？常见的价格调整战略有哪些？

7. 案例研究：

啤酒业陷入持续价格战怪圈

虽然中国啤酒业已经进入巨头林立阶段，但在啤酒消费旺季到来之前，一场大规模的啤酒促销价格大战已经上演。

据《第一财经日报》报道，"买立减、买立送、直降百元、六折"甚至"三折"成为啤酒促销主旋律。市场整体外部销售环境不振，而一旦有策略失误和市场竞争不到位就会被后来者赶超，这使得2013年啤酒行业促销战格外激烈，而在促销战的背后仍是无休无止的价格战，这使得啤酒行业再次陷入恶性循环的怪圈。

促销大战

在北京家乐福、沃尔玛、永辉等超市的啤酒销售区域，促销海报格外醒目，如青岛啤酒普装买六罐赠送一罐，原价6元的燕京啤酒每瓶仅售3元，原价6元的500mL听装哈尔滨啤酒现在降至5元……各种促销信息随处即见。

"去年啤酒行业整体销量不好，属于微增长；在这样的大背景下，今年促销幅度比往年更大，主要是为了抢先占领市场，提前在销售旺季把货铺到位，以增加销量抢占市场份额。"啤酒行业营销专家方刚认为。

据统计，2012年，啤酒行业（规模以上企业）销量同比增长仅1%，实现销量4 905.3万吨，增速为近10年新低，增速比2011年下滑了8%。

虽然2013年一季度啤酒累计产量达1 044.27万千升，同比增长16.2%。但业内认为，在当前经济形势及天气状况下，啤酒行业2013年度的销量会有一定幅度的下降。在行业销量放缓的背景下，几大啤酒巨头抢占市场份额的势头更加凌厉，因此行业内竞争将非常激烈。

国产啤酒忙促销，外资品牌也没有隔岸观火，而是纷纷推出中低端品牌加入战团。其中，嘉士伯、三得利、百威等纷纷推出2元价位的灌装啤酒。"之前在卖场大多是国内品牌参与促销活动，现在百威、哈尔滨等进口、中外合资啤酒品牌也开始按捺不住了，其中嘉士伯、哈尔滨啤酒今年促销非常显眼。"上述超市的酒水经理表示。

停不下的价格战

抢占市场份额的促销战背后仍是价格战，根据糖酒快讯网5月全国啤酒市

第七章　价格策略

场价格采集数据：2013年5月青岛啤酒全国平均价格为3.63元，与上月相比下跌了0.22元，跌幅为5.7%；百威啤酒平均价格为6.01元，上涨了0.06元；嘉士伯平均价格为6.14元，下跌了0.16元，跌幅为2.5%；华润雪花平均价格为2.78元，上涨了0.18元，涨幅为6.9%；哈尔滨啤酒平均价格为2.98元，下跌0.36元，跌幅为10.8%。

此前，业内的共识是：虽然竞争激烈，但中高端产品将成为消费主流，因而摆脱价格战，调整产品架构，增加中高端产品占比以获取更高的盈利，提升品牌影响力等，以此改变中低端消费为主企业行业利润较低的现状，成为国内啤酒品牌对外宣称的发展目标。

而促销战背后则是高额的促销费用投入。2012年上市公司促销费用排行榜中，青岛啤酒以净利润17.59亿元，促销费15.52亿元名列榜首，远远超过第二名的深康佳5.36亿元和第三名的中恒集团4.81亿元促销费用。

"啤酒行业在长期发展过程中，产品同质化、竞争手段雷同化，缺乏对品牌文化的塑造，导致消费者对品牌的忠诚度都不高。谁的促销力度大，谁的酒就销售得好；谁能垄断渠道，谁的市场份额就高，恶性循环下的恶性竞争想停也停不下来。"一名业内人士如此表示。

另据中新网的报道，中国啤酒行业已连续占据全球产量冠军宝座11年，但其产品结构单一和局限也是不争的事实。在消费多元化的趋势下，酒类市场细分的层次越来越多。以白酒行业为参照，不仅其产品结构复杂，涵盖了高、中、低档层级，并逐步向奢侈品领域延伸，更根据消费场所、消费体验、消费人群的具体差异等，对不同产品品类的细节提出了更高的要求。反观啤酒行业，目前产品结构相对集中，外在表现形式也大同小异，这显然已无法满足酒类消费的实际需求，必须在产品个性化方面寻求突破，实现品质、品牌和文化的同步提升。

而因同质化引发的恶性竞争则持续拉低了啤酒行业的利润水平，旷日持久的血拼促销、买断终端等恶性竞争手段令啤酒企业陷入了深深的泥沼。随着行业集中度越来越高，仅仅依赖成本、资源的优势已经很难起到抑制竞争对手的作用，未来的啤酒市场竞争，必然要与消费能力的提升和消费理念的升级相匹配，以更加现代化的营销手段为辅助，逐步推高啤酒市场档次。

思考与讨论：

（1）分析啤酒业陷入价格战的原因。

（2）试分析啤酒厂商应该制定怎样的产品战略和定价战略才能避免同质化竞争，摆脱价格战的泥潭。

本章参考文献

1. 许以洪、李双玫：《市场营销学》，机械工业出版社2007年版。

2. 倪叠玖：《企业定价》，武汉大学出版社2005年版。

3. 〔美〕罗伯特·J.多兰、赫尔曼·西蒙著，董俊英译：《定价圣经》，中信出版社2008年版。

4. 马进军主编：《市场营销学》，机械工业出版社2011年版。

第八章 渠道策略

本章学习目标

1. 了解：分销渠道的概念、功能；
2. 熟悉：分销渠道的类型、分销渠道的成员与职能；
3. 掌握：分销渠道设计的因素、渠道设计的流程及设计方案的评估。

本章核心概念

分销渠道　渠道成员　渠道设计　渠道管理　渠道冲突

第一节　分销渠道

分销渠道是整个营销系统的重要组成部分，它对降低企业成本和提高企业竞争力具有重要意义。随着市场发展进入新阶段，企业的分销渠道也在不断发生新的变革，传统渠道模式不断受到挑战，渠道的拓展方向、分销渠道的设计和管理等愈显重要。

一、分销渠道的概念

所谓分销渠道，是指某种产品和服务在从生产者向消费者转移过程中，取得这种产品和服务的所有权或帮助所有权转移的所有企业和个人。分销渠道不仅包括商人中间商（他们取得所有权）和代理中间商（他们帮助转移所有权），还包括处于渠道起点的生产者和处于渠道终点的最终消费者或用户。

分销渠道的特征:

(1) 它反映某一特定商品价值实现的过程和商品实体的转移过程。分销渠道一端连接生产,另一端连接消费,是从生产领域到消费领域的完整的商品流通过程。在这个过程中,主要包含两种运动:一是商品价值形式的运动(商品所有权的转移,即商流),二是商品实体的运动(即物流)。

(2) 其主体是参与商品流通过程的商人中间商和代理中间商。

(3) 在商品从生产者流向消费者的过程中,商品所有权至少转移一次。大多数情况下,生产者必须经过一系列中介机构转卖或代理转卖产品。所有权转移的次数越多,商品的分销渠道就越长,反之亦然。

(4) 在分销渠道中,与商品所有权转移直接或间接相关的还有一系列流通辅助形式,如物流、信息流、资金流等,它们发挥着相当重要的协调和辅助作用。

与分销渠道相关的一个营销概念是市场营销渠道。科特勒认为它们是两个不同的概念,因为"一条市场营销渠道是指那些配合起来生产、分销和消费某一生产者的某些货物或劳务的一整套所有企业和个人"。这说明市场营销渠道包括参与某产品供产销过程的所有有关企业和个人,如供应商、生产商、商人中间商、代理中间商、辅助商(如支持分销活动的仓储、广告代理)以及最终消费者或用户等。也就是说,市场营销渠道的成员要多于分销渠道,它们可以配合产品和服务的生产、分销与消费,而不一定直接参与。

二、分销渠道的功能

分销渠道的功能在于,它是连结生产者和消费者或用户的桥梁和纽带。企业使用分销渠道是因为在市场经济条件下,生产者和消费者或用户之间存在空间分离、时间分离、所有权分离、供需数量差异以及供需品种差异等方面的矛盾。

(一) 所有权转移功能

所有权转移指产品从生产领域经过中间商到达最终消费领域的过程中所伴随的产品所有权的转移过程。所有权转移往往是伴随着物流进行的,这一过程通常是通过购销业务环节在渠道中朝下游推进的。而在服务业务中,该过程则表现为持有权与使用权的向前转移。

（二）信息功能

分销渠道成员通过市场调研来收集和整理有关消费者、竞争者及市场营销环境中的有关信息，并通过各种途径将信息传递给渠道内的其他成员，从而缓解信息不对称，使生产者及时准确地了解消费者的需求变化。这一点对于我国的中小企业特别是中小制造商企业具有巨大的意义，它可以使中小企业及时改变渠道策略与管理，以适应竞争日趋激烈的市场。

（三）风险承担功能

承担风险是指在商品流通的过程中，随着商品所有权的转移，市场风险在渠道成员之间转换和分担，此举直接减轻了生产商的货物风险。

（四）其他功能

（1）进行关于所供应货物的说服性沟通，使消费者接受商品的促销功能；

（2）寻找可能的购买者并与其进行沟通的接洽功能；

（3）尽力提供产品实体一系列的储运工作的实体分配功能；

（4）从不同的分销渠道层面收付存货资金的财务功能。

三、分销渠道的类型

分销渠道的类型主要有以下几种（见图8-1）：

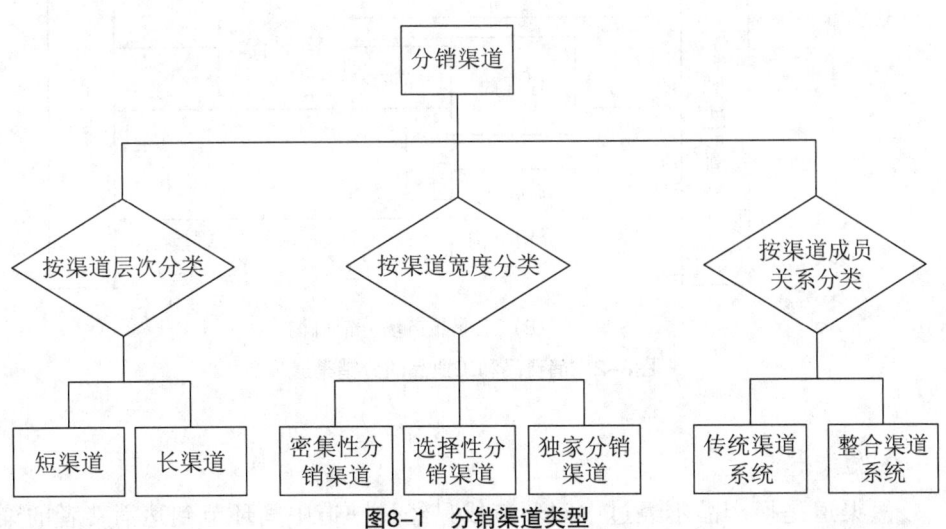

图8-1 分销渠道类型

（一）按渠道层次分类

在产品由生产者向消费者转移的过程中，任何一个对产品拥有所有权或负有销售责任的机构，就叫做一个渠道层次。分销渠道的分类可以按照渠道层次的数目来划分，渠道层次的数目决定了渠道的长度。渠道长度就是指产品在流通中经过的拥有所有权或负有销售责任的机构的多少。根据渠道长度可以将分销渠道划分为短渠道和长渠道。在消费品市场和工业品市场中，分销渠道的长度表现不同（见图8-2）。

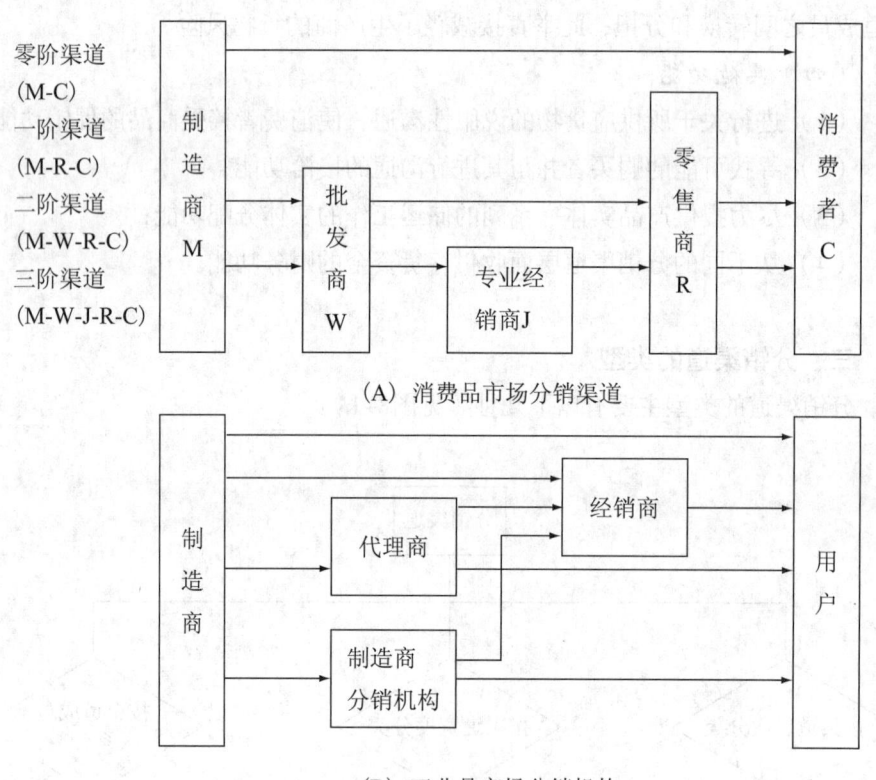

(A) 消费品市场分销渠道

(B) 工业品市场分销机构

图8-2 消费品和工业品的分销渠道

1. 短渠道

短渠道是指产品不经过中间环节或只经过一道中间环节到达消费者的渠

道，可分为零阶渠道和一阶渠道。

（1）零阶渠道（M-C）通常叫做直接分销渠道，是指没有中间商参与，产品由生产商直接销售给消费者或用户的渠道类型，如电视直销和网上直销等。直接渠道一般也是工业品销售的主要方式，特别是一些大型、专用、技术复杂、需要提供专门服务的产品。

（2）一阶渠道（M-R-C）含有一个中介机构。在消费者市场，这个中介机构通常是零售商。当生产商规模很小或零售商规模很大时，都有可能绕过批发商而直接进行交易，如家乐福、沃尔玛等；在产业市场，则可能是销售代表商或佣金商。

2. 长渠道

长渠道是指产品经过两道或两道以上中间环节后到达消费者手中的渠道，可分为二阶渠道和三阶渠道。

（1）二阶渠道（M-W-R-C）含有两个营销中介机构，在消费者市场，通常是批发商和零售商；在产业市场，则通常是销售代理商和批发商。

（2）三阶渠道（M-W-J-R-C）相对于二阶渠道，一般是在工业品的分销渠道中多了一层代理商，在消费品的分销渠道中多了一层批发商。

由于渠道层次越多，相应的渠道管理问题越复杂，渠道成本也越高，因而对于生产商而言，并非渠道越长越好。

（二）按渠道宽度分类

根据渠道每一层级中所含有的不同类型的中间商的数量，可以进行渠道宽度的划分。生产者选择较多的同类型的中间商对其产品进行销售，则这种分销渠道可称为宽渠道；反之，如果生产者在特定市场上只选用一个中间商为自己推销产品的分销渠道，则称为窄渠道。根据渠道宽度划分，可以将渠道分为密集性分销、选择性分销和独家分销三种。

1. 密集性分销

密集性分销也称为广泛型分销，是指生产商在同一渠道层级上选用尽可能多的渠道中间商来分销自己产品的一种渠道类型，可以实现市场的密集覆盖。日常消费品通常采用该种渠道策略。

2. 选择性分销

选择性分销是生产商按一定条件选择若干个（一个以上）同类中间商经销

产品形成的渠道。它通常由实力较强的中间商组成，能较有效地维护制造商品牌信誉，建立稳定的市场和竞争优势。消费品中的选购品、特殊品以及一些标准化程度较高的工业品，一般选用该种分销渠道。

3. 独家分销

独家分销是指生产商在同一层次的分销渠道上仅选择一个中间商进行销售，双方协商签订独家经销合同，规定经销商不得经销市场中的同类产品，以此来控制经销商的经营范围，占领更大的市场份额。同时，该中间商也要求企业在同一区域内不能授权其他中间商，以保护分销商的利益。相对于密集性分销与选择性分销，独家分销更有利于生产商树立品牌形象，但市场覆盖密度很低。独家分销在许多情况下是由于产品的特异性（如专利技术、专门用户、牌号优势等）所造成的，通常只对某些技术性强的耐用消费品或名牌商品适用。例如IT巨头宏基公司采取的就是这种分销模式，把市场划分为几个大区，分别由几家大区总经销商负责产品分销，不过该企业已着手改造这种模式，采取"分公司+代理商"模式，以使渠道扁平化。

（三）按渠道成员间关系分类

根据渠道成员间关系的关联程度，可以将分销渠道分为传统渠道系统和整合渠道系统。

1. 传统渠道系统

传统渠道系统是指有各自独立的生产商、批发商、零售商和消费者组成的分销渠道。它是一种分离度很高的组织网，渠道上的各个成员之间彼此独立、各自为政、各行其是，购销交易是建立在自身利益、讨价还价、相互竞争基础上的，因此联系松散、交易关系很不稳定。传统渠道系统虽然保持了各企业的独立性，但由于缺乏共同目标，因而影响了局部与整体运行效率和经营效益。

2. 整合渠道系统

整合渠道系统是指各渠道成员通过一体化整合而形成的分销渠道系统。根据整合的方式的不同，可将这一渠道系统分为垂直整合渠道系统、水平整合渠道系统和多渠道系统。

（1）垂直整合渠道系统。它是指生产商、批发商和零售商等具有纵向关系的渠道成员按照一定的形式组成一个统一的系统。从外部来说，整个系统是市场

第八章 渠道策略

竞争中的一个单位；从内部来说，所有成员中有一个或几个成员在某些领域内拥有比其他成员大的优势或控制力，从而成为整个系统的核心，配置整个系统的资源，起到了维持与壮大整个系统的作用。在垂直整合渠道系统内，各成员可以属于同一家公司，即公司式渠道系统；也可以由不同层次的独立的制造商和中间商，以合同为基础建立联合渠道系统——合同式垂直渠道系统，例如专卖特许授权等；还可以由某一有足够控制能力的企业对整个分销渠道系统进行协调管理，主要是对渠道中的购销业务、商品陈列、定价等进行控制，即管理式渠道系统。例如美国克拉夫特食品公司积极改善产品包装，广泛开展销售促进，对食品杂货商提供购销业务指导，帮助他们改进商品陈列。管理系统对于中国当前的汽车行业特别适用，这种管理系统可以表现为一种工贸结合的方式。图8-3显示了传统渠道系统与垂直营销渠道系统的比较。

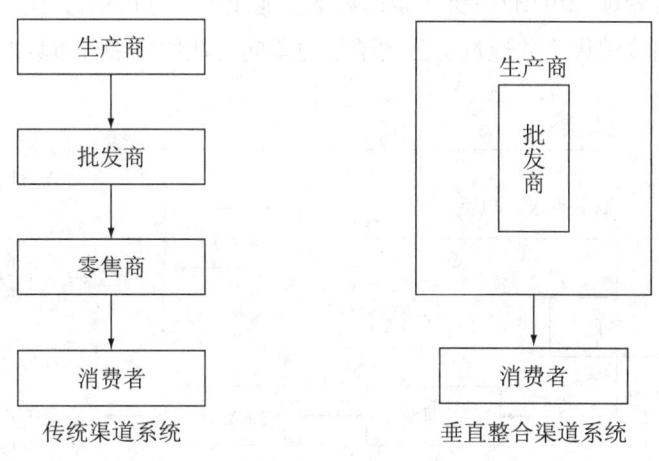

图8-3 传统渠道系统与垂直整合系统的比较

（2）水平整合渠道系统。它是指分销渠道中同一层次上的两个或两个以上的渠道成员进行横向联合，共同开拓渠道和市场，共担风险。其核心内容在于，当市场中各个渠道成员无法独立实施渠道职能时，就会形成两个或多个企业组成一定的同盟形式来共同开发市场，从而使整个渠道扁平化、水平化，这是基于扁平化渠道理论的拓展。扁平化营销渠道从实践角度来看非常适合我国的中小企业。我国中小企业一般具有规模小、专业化等特点,在面对整个渠道竞争时,其能力相对弱小,往往不能直接参与日趋激烈的渠道竞争,其原因就是自身无法支持整个渠道系统中的某些环节而导致渠道断裂。因此,如果若干个甚至更多中小企业共同参与同一渠道系统,在一个系统内发挥各自的优势与专业化,那么该渠道就会具有相当的竞争实力,这个企业联盟往往会在某一个子市场中形成自己的核心竞争力从而形成一定的规模。

（3）多渠道系统。它是指对同一或不同的细分市场,采用多个分销体系。多渠道系统大致有两种形式：一种是制造商通过两条以上竞争性分销渠道销售同一商标的产品；另一种是制造商通过多条分销渠道销售不同商标的差异性产品。此外,还有一些生产商通过同一产品在销售过程中的服务内容与方式的差异形成多渠道以满足不同顾客的需求。图8-4即为一个多渠道系统,其中,生产商通过向消费者寄送商品目录或者电话方式直接销售给消费者细分市场1,并通过零售商间接向消费者细分市场2销售产品；对于工业用户细分市场1,生产商通过代理商和批发商间接销售,并通过自己的销售力量向工业用户细分市场2销售。

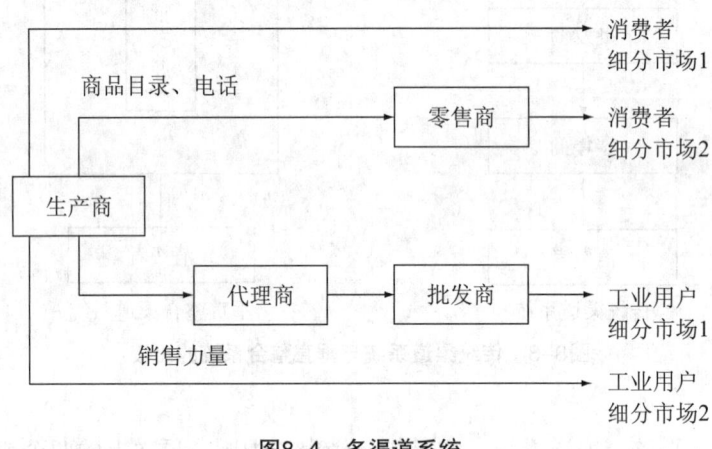

图8-4　多渠道系统

四、分销渠道的流程

分销渠道作为连接生产者与消费者的纽带,承担的不仅是产品（服务）与所有权的转移,随之共同转移的还有资金、信息、促销活动等,这些就构成了渠道中的相关流程。分销渠道中的流程主要包括：信息流程、资金流程、所有权流程、实物流程和促销流程（见图8-5）。

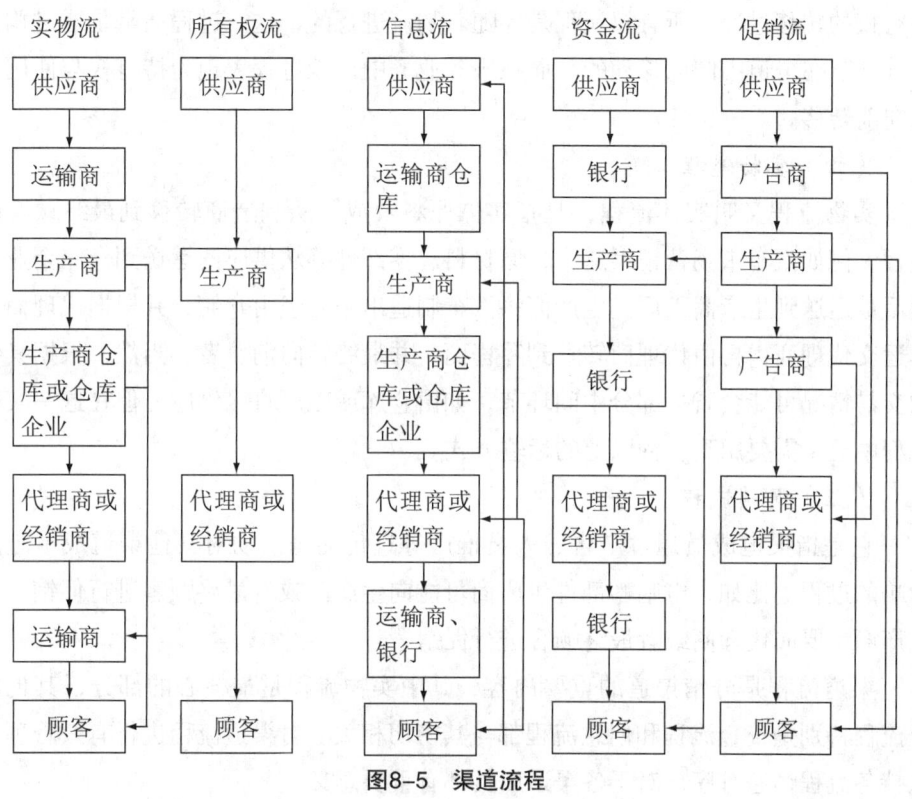

图8-5 渠道流程

（一）信息流程

它是指整个渠道各个成员间针对渠道对象所形成的市场信息的传递过程。随着我国经济市场的日渐成熟，市场信息流的作用越来越重要。保持整个分销渠道中信息流的畅通，对于我国的中小企业特别是中小制造商企业具有重大的意义，它可以使中小企业及时改变营销策略从而适应变化中的竞争市场。

（二）资金流程

它是指货款在各市场营销中间机构之间的流动过程。货款也是伴随着实物的转移而转移的，例如顾客通过银行向代理商支付货款，而代理商扣除佣金后再将货款转给生产商等。

（三）所有权流程

它是指产品从生产者通过分销渠道流入最终消费者的过程中所伴随的产品所有权的转移过程。所有权流程是伴随着物流进行的，这一过程通常是通过购销业务环节在渠道中向前移动的。而在服务业务中，该过程表现为持有权与使用权的向前转移。

（四）实物流程

实物流程又叫实体流程，是指实体原料及成品从制造商转移到最终顾客的过程。例如汽车市场营销渠道中，原材料、零部件等从供应商运送到仓储企业，然后被运送到生产商工厂。生产商将汽车制造出来后经由仓储，并根据代理商订单运交代理商，再由代理商转移到零售商，并最终转向消费者。当然，根据具体的交易情况可能会省去部分中间环节，如由仓库或工厂直接供应，但在这一实物流程中至少需要用到一种以上的运输方式。

（五）促销流程

它是指渠道成员通过广告、人员推广等宣传促销活动对其他渠道成员施加影响的过程。比如，电脑零部件供应商可能向生产商或者最终顾客进行促销，而生产商也要向代理商或者最终顾客进行促销。

渠道流程是分销渠道的重要内容，其中实物流程是最核心的部分，其他四个流程特别是资金流程和信息流程都与其密切相关。对渠道流程进行有效管理，保持各流程畅通有序，对于各渠道成员都有重要意义。

第二节 分销渠道成员

菲利普·科特勒认为，分销渠道是使产品或服务能被使用或消费而配合起来的一系列相对独立的组织的集合。它由不同的渠道成员组成，并通过各渠道成员之间的业务往来和相互作用实现产品（服务）及其所有权由生产者向消费者的转移。因此，渠道成员对于分销渠道而言至关重要。尽管生产者和消费者分别是

第八章 渠道策略

分销渠道的起点和终点，限于篇幅，本节仅介绍在分销渠道中起到桥梁纽带作用的批发商和零售商。

一、批发商

（一）批发商的概念与职能

批发是指专门从事大宗商品交易的商业活动，是商品流通中不可缺少的一个环节。而批发商是指从事批发活动的企业。批发商作为连接生产商与零售商的重要环节，是整个分销渠道的纽带。

批发业是社会化大生产和专业化分工发展的必然产物，从整个社会宏观经济角度看，批发商的存在有着节约流通成本、减少交易费用、合理配置社会资源的作用。其职能主要有以下几个方面：

1. 销售和促销

批发商通过销售团队使得制造商以较低的成本结识到分散的零售商和用户，从而促进销售，并且由于批发商的接触面较广，从而相比制造商更易获得顾客信任。

2. 采购与配货

零售商经营的商品一般种类繁多，而数量较少；与此相对，单个制造商生产的商品一般种类单一，而批量较大。因此，零售商直接向单个制造商采购会耗费较高的交易费用，批发商则可以通过整买零卖进行集中采购和配货，协调零售商与制造商的冲突。

3. 运输与仓储

制造商与零售商或用户之间往往相隔很远，并且零售商一般分散分布，对制造商的运输能力和零售商的仓储能力都有较高要求，而批发商则可以提供运输和仓储职能，解决制造商和零售商的麻烦。

4. 融资与风险分担

批发商通过预付货款和赊销赊购的方式，事实上为制造商和零售商提供了融资支持。而通过持有存货，批发商也分担了货物损失的风险。

5. 信息与咨询

批发商作为连接制造商和零售商的纽带，能够及时了解市场供需变动的信息,并通过业务往来为制造商和零售商提供有关市场信息,如价格变动、竞争对手情况等;同时也可以为零售商提供关于产品采购、商品陈列、销售与存货控制等方面的咨询。

(二)批发商的类型

根据批发商对商品是否拥有所有权,可以将批发商分为以下类型:商人批发商、代理批发商、制造商和零售商的分店与销售办事处、代销品批发商、机动式批发商和仓储式批发商。下面将对前三个类型进行逐一探讨。

1. 商人批发商

商人批发商也称独立批发商,指的是自己进货,取得商品所有权后再批发出售的商业企业。商人批发商是批发商最主要的类型,按职能和提供的服务是否完全可分为两种类型:

(1)完全服务批发商。这类批发商执行批发商业的全部职能,提供的服务主要有:保持存货,雇用固定的销售人员,提供信贷,送货和协助管理等。这类批发商包括批发商人和工业分销商两种,批发商人主要是向零售商销售,并提供广泛的服务;工业分销商向制造商而不是向零售商销售产品。

(2)有限服务批发商。有限服务批发商为了减少成本费用,降低批发价格,因而只执行批发商的部分职能。它主要有六种类型:① 现购自运批发商;② 承销批发商;③ 卡车批发商;④ 托售批发商;⑤ 邮购批发商;⑥ 农场主合作社。

现购自运批发商不赊销、不送货,客户要自备货车去批发商的仓库选购货物并即时付清货款,自己把货物运回来。这种批发商主要经营食品杂货,客户主要是小食品杂货商、餐馆等。

承销批发商拿到客户(包括其他批发商、零售商、用户等)的订货单后,就向制造商、厂商等生产者求购,并通知生产者将货物直接运送给客户。承销批发商不需要有仓库和商品库存,只需要一间办公室或营业所办公,因而也被称为"写字台批发商"。

卡车批发商从生产者处把货物装车后立即运送给各零售商店、饭馆、旅馆等客户。由于卡车批发商经营的商品多是易腐或半易腐商品,所以一接到客户的要货通知就立即送货上门。实际上,卡车批发商主要执行推销员和送货员的职能。

第八章 渠道策略

托售批发商在超级市场和其他食品杂货店设置货架，展销其经营的商品，商品卖出后零售商才付其货款。这种批发商的经营费用较高，主要经营家用器皿、化妆品、玩具等商品。

邮购批发商指那些全部批发业务均采取邮购方式的批发商，主要经营食品杂货、小五金等商品，其客户主要是边远地区的小零售商等。

农场主合作社指为农场主共同所有，负责将农产品组织到当地市场上销售的批发商。合作社的利润在年终时分配给各农场主。

2. 经纪人和代理商

经纪人和代理商不同于商人批发商，他们不拥有商品所有权，主要功能就是促进买卖，获得销售佣金。经纪人的主要作用是为买卖双方牵线搭桥，由委托方付给他们佣金。他们不存货，不卷入财务，不承担风险，多见于食品、不动产、保险和证券业。经纪人和代理商可进一步细分为：产品经纪人、制造商代表、销售代理商、采购代理商和佣金商。

（1）产品经纪人。产品经纪人是指为购销双方提供产品、价格等市场信息，对购销双方交易起中介作用的代理商，其不参与协议的签订，也不承担风险，其雇佣方可以是制造商也可以是购买方，与证券经纪人、房产经纪人等职能相似。

（2）制造代理商。他们根据合同中制造商给定的销售区域、定价政策、订单处理程序等条件，为制造商销售产品。可以代表两个或多个拥有互补产品线的制造商，其规模一般较小。

（3）销售代理商。它是指根据合同为制造商销售全部产品或特定产品的代理商。销售代理商与制造商代表职能相似，但也存在不同。首先，制造商在使用制造商代表时，可以同时选用多个制造商代表，或雇佣自己的推销员，但在使用销售代理商时，一般只能使用一个，且不得雇佣自己的推销员；其次，制造商代表在销售价格和销售条件方面的权力较小，受到制造商较大的制约，而销售代理商则类似于独家全权代理，拥有较大的权力。

（4）采购代理商。采购代理商是为购买方寻找货源，采购所需物品的代理商。其职能一般包括采购、收货、验货、储运等。

（5）佣金商。佣金商是指受生产商委托进行现货代销业务的代理商，又称寄售代理商。佣金商对委托商品的经营有较大权限，可以不经委托人同意以当时最好的价格出售产品,并在扣除佣金和各种费用后将余款汇给委托人。这种代理商常见于农产品的代销业务。

3. 制造商和零售商的分店与销售办事处

制造商和零售商也可以自己经营批发业务,而不需通过独立的批发商。这种类型的批发机构主要包括:制造商的销售分店和销售办事处,以及零售商的采购办事处。

(1)销售分店和销售办事处。它们是由制造商设立的批发机构,一般负责存货控制和销售。有的销售分店和办事处持有自己的存货,常见于木材业和设备零件业;有的销售办事处则没有存货,常见于纺织业等。

(2)采购办事处。采购办事处是由零售商设立的负责采购的机构,其职能类似于采购代理商,一般设立于大城市中。

二、零售商

零售商是指将商品直接销售给最终消费者的中间商,相对于生产者和批发商而言,它是分销渠道中最靠近消费者的一环,其基本任务是直接为最终消费者服务,职能包括购、销、调、存、加工、拆零、分包、传递信息、提供销售服务等。在地点、时间与服务方面,为消费者提供购买便利,同时它又是联系生产企业、批发商与消费者的桥梁,在分销途径中具有重要作用。

随着社会经济发展和市场变迁,零售商的组织形式变化不断,新形式层出不穷。2004年,我国商务部发布了《零售业态分类》新标准。该标准结合零售店铺的结构特点,根据其经营方式、商品结构、服务功能,以及选址、商圈、规模、店堂设施、目标顾客和有无固定营业场所等因素,将零售业分为食杂店、便利店、折扣店、超市、大型超市、仓储会员店、百货店、专业店、专卖店、家居建材店、购物中心、厂家直销中心、电视购物、邮购、网上商店、自动售货亭、电话购物等十七种业态。根据有无门市可将零售商分为:实体零售商和无门市零售商;而根据组织结构可将零售商分为独立商店和零售组织。以下将介绍一些代表性零售商业态。

(一)实体零售商

实体零售商即商店零售商,是指通过实体营业场所(门市)进行零售业务

第八章 渠道策略

的零售商。从经营范围、经营方式、场所选择等角度可以对实体零售商进一步的细分。

1. 百货商店

百货商店指经营包括服装、鞋帽、首饰、化妆品、装饰品、家电、家庭用品等众多种类商品的大型零售商店。它是在一个大建筑物内，根据不同商品部门设销售区，采取柜台销售和开架面售方式，注重服务功能，满足目标顾客追求生活时尚和品位需求的零售业态。百货商店多位于城市中心商业区，交通便利。例如，上海南京路上的永安公司、徐家汇的东方商厦等都是位于繁华地段的百货商店。

2. 超级市场

超级市场是以顾客自选方式经营的大型综合性零售商场，又称自选商场，是许多国家特别是经济发达国家的主要商业零售组织形式。超级市场于20世纪30年代初最先出现在美国东部地区。第二次世界大战后，特别是五六十年代，超级市场在世界范围内得到较快的发展。在超级市场中最初经营的主要是各种食品，以后经营范围日益广泛，逐渐扩展到销售服装、家庭日用杂品、家用电器、玩具、家具以及医药用品等。超级市场一般在入口处备有手提篮或手推车供顾客使用，顾客将挑选好的商品放在篮或车里，到出口处收款台统一结算。

3. 便利商店

便利商店通常指规模较小，主要销售与民生相关的生活用品和食物的商店，多位于交通较为便捷之处，也选址于居民区、学校、医院等附近。其营业时间长甚至全年无休，而商品价格较高。由于消费者一般在便利店进行补充性购买，所以愿意支付较高的价格以节省交易时间。上海知名的便利店有"全家"、"好德"等。

4. 专用品商店

专用品商店是指专业化较高的零售店，如体育用品商店、照相器材专卖店、服装店、花店等。它经营的产品线狭窄，但品种、规格齐全。由于专用品商店目标市场定位准确，受到顾客青睐。

5. 超级商店、联合商店和特级商店

超级商店、联合商店和特级商店在规模上都比超级市场要大，并且呈升序

排列。超级商店相对于超级市场而言,除了规模更大外,在经营范围上扩展到了快餐、洗衣和修鞋等服务;联合商店日益呈现多元化发展的趋势,主要是向医药领域发展;特级商店(又称大卖场)在规模上最大,综合了超级市场、折扣商店和仓储商店的经营特点,其经营的产品种类超出了日常用品,包括服装、家具、大型电器等。

6. 折扣商店

折扣商店是按照折扣价销售商品的商店,其经营的商品多为全国性品牌,并非质量低劣或假冒伪劣产品。折扣店之所以能够低价销售主要是由于其多在租金低的区域开设门店,并通过推行自助式服务、减少设备和人员投入来降低经营成本。由于大型超市和百货商店低价策略的挤压,以及折扣商店之间竞争导致的成本上涨,传统折扣商店的优势已经不太明显,因而折扣商店正在从普通商店向专门商店转变,常见的有折扣服装店、折扣书店,"迪亚天天"折扣店等。

7. 仓储商店

仓储商店是一种仓库与商店合二为一的零售形式,其经营特点就是通过大批量、低价格实现薄利多销。仓储商店一般通过选择低租金区域、简单装修、减少服务、从生产商处直接进货以实现低价。仓储商点经营范围广泛,但其销售的商品一般都是最为畅销的商品,其销售对象主要是工薪阶层和机关团体,并通过会员制加强与会员之间的联谊。最典型的仓储商店是德国的麦德龙。

8. 产品陈列室

产品陈列室仅展出商品目录和样品,大量的商品不在陈列室中,在顾客确定购买后由商店送货上门。产品陈列室一般位于繁华地段,经营范围主要包括珠宝首饰、动力工具和照相器材等,经营方式主要是定期发行表明产品类别、价格和折扣率的彩色目录,顾客可电话订购并由商店送货上门(顾客自付运费),也可亲自看样取货。

9. 临时商店

这一零售业态2004年在美国萌芽,主要是指在商业发达的地区设置临时性的铺位,供零售商在比较短的时间内(若干星期)推销其品牌,抓住一些季节性的消费者。目前,诸多国际一线奢侈品牌会选择时尚尖端城市开设这类临时商店,

第八章 渠道策略

临时商店在满足了年轻人探索、淘宝精神的同时,也给零售业指明了另一条发展途径。

10. 依附性混业经营

依附性混业经营是在保持原有系统基本不变的基础上,以一种业态为主导,几种专业性业态共同在一个经营区域内协调经营,提供连贯服务,并获得集聚效应的结构模式。这种零售新业态打破了传统封闭的行业经营格局,以多业连锁混合型组织体系,使连锁经营在行业之间横向抱团。如加油站与便利店连锁经营混合,或者与连锁汽车旅馆混合等。

(二) 无门市零售商

无门市零售商是指不通过实体零售店进行零售业务的零售商,其没有销售商品的门市,主要包括直复营销、直接销售、自动售货和购物服务公司。

1. 直复营销

美国直复营销协会给直复营销下的定义是:"一种为了在任何地方产生可度量的反应和(或)达成交易而使用一种或多种广告媒体的相互作用的市场营销体系。"直复营销主要是利用广告来介绍商品,其往往在可承受的广告费的范围内选择最有效的广告媒体以扩大销售量。直复营销的具体形式包括直接邮购营销、目录营销、电话营销、电视营销以及网络营销等。

2. 直接销售

直接销售指销售人员与顾客进行面对面的沟通并进行销售,对销售人员依赖很高,其支付的销售佣金一般为20%~50%,因而销售成本一般较高,具体形式主要有上门推销和家庭销售会等。上门推销是指由推销人员直接到顾客家中或办公室里进行推销;而家庭销售会是指推销人员将朋友或邻居邀请到家中聚会,并在聚会上展示和销售产品。

3. 自动售货

自动售货是二战后兴起的一种依靠机器自动售货的零售形式。自动售货机被广泛放置于工厂、办公楼、加油站、医院、学校等公共场所,提供24小时的自动售货服务,主要用于食品、饮料、香烟和报纸等物品的销售。但由于破损率和失窃率高且补货麻烦,所以其售货成本较高,因而其相同产品的售价比一般商店要高出15%~20%。对于消费者而言,这种售货形式方便实用,但也存在机器损坏、供应短缺和无法退货等缺陷。

4.购物服务公司

购物服务公司主要为政府、学校和医院等大型机构的雇员提供购买服务。通过吸收这些雇员成为会员，并与一些零售商建立长期服务关系，购物服务公司可以保证会员凭借公司的购物凭证，在有合作关系的零售商处以折扣价进行购物，而零售商则需向购物服务公司支付一定费用。

（三）零售组织

零售组织是一种团体零售形式，一般由多个商店按一定的形式和结构组成。与之对应的是独立商店，即没有参与任何团体零售组织的商店。根据其组织结构可以将零售组织分为：直营连锁店、自愿连锁店、加盟连锁店、零售店合作社、消费者合作社与销售联合大企业。

1.直营连锁店

直营连锁店是指总公司直接经营的连锁店，即由公司总部直接经营、投资、管理各个零售点的经营形态。总部采取纵深式的管理方式，直接下令掌管所有的零售点，零售点也必须完全接受总部指挥。直接连锁的主要任务在于渠道经营，意思指透过经营渠道的拓展从消费者手中获取利润。因此直营连锁实际上是一种管理产业，它也是大型垄断商业资本通过吞并、兼并或独资、控股等途径，发展壮大自身实力和规模的一种形式。

2.自愿连锁店

自愿连锁店是由批发商牵头，若干独立的中小零售商自愿加入，以合同为基础的联营组织。在自愿连锁的形式下，各成员在所有权上仍保持独立性，商品采购实行联购分销，并且在业务经营上互利合作，以此应对直营连锁带来的竞争压力。

3.加盟连锁店

加盟连锁店是指主导企业把自己开发的产品、商标和商号、经营技术等，以契约的形式授予加盟企业在规定区域内的经销权或营业权。加盟连锁通常是销售某些独特的商品与服务，其大多基于特许人所发展与建立起来的经营方式、商标专利权或商誉等。这种特许专卖的方式在快餐、保健、旅游等行业已非常普遍。采用加盟连锁方式最成功的公司之一是麦当劳。截至2010年底，麦当劳集团在全球117个国家拥有直营和加盟的麦当劳餐厅共32 737家,其中加盟或许可的26 338家。2010年,麦当劳公司总收入240.75亿美元,其中特许经营费78.42亿美元。加盟店本身营业额611.47亿美元。[①]而美国则早在20世纪90年代初就有超过35%的零售店采用加盟连锁形式。

4. 零售店合作社

零售商合作社,是由一些独立经营的中小零售商按照自愿互利原则成立的,以应对大型零售商的竞争。零售店合作社以共同名义为各零售商统一采购货物、统一进行广告宣传、统一培训职工。

5. 消费者合作社

消费者合作社是某一地区的消费者为避免当地的零售商加价和服务质量低劣而自发入股筹资设立的零售组织。合作社由出资人选举代表管理,社员按购货额获得惠顾分红,可以向非社员开放也可以不向非社员开放。

6. 销售联合大企业

销售联合大企业是将不同零售形式组合在一起的多元化的自由形式的公司,其将分销、管理功能综合为一个整体,以使各独立零售商可以获得由此带来的利益。

第三节 渠道设计与管理策略

渠道设计与渠道管理是制定和运用分销策略的具体体现。其中,渠道设计是指创建一个新的市场分销渠道或改进现有的分销渠道,使企业能以最有效的途径到达目标市场。渠道管理是指企业为保持分销渠道的有效运行而对渠道成员进行的评估、激励,对成员关系的协调以及对渠道冲突的处理等。它们是企业营销决策与管理的重要环节。

---

① 资料来源:麦当劳官网,2010年财务报告。

一、渠道设计

分销渠道管理是指通过计划、组织、激励、控制等环节来协调与整合分销活动中的人力、物力和财力资源，以期更好、更有效地提高渠道运行效率和效益的过程。渠道设计需要考虑包括市场、产品、企业等在内的一系列因素，其主要内容是对渠道结构和渠道成员的选择。

（一）影响渠道设计的因素

分销渠道的设计需要考虑很多方面的因素，主要有商品因素、市场因素、竞争者状况、制造商以及环境因素。

1. 商品因素

（1）商品价值的大小。调查显示，商品单价越高，渠道越短；反之，商品单价越低，渠道就会越多且长，两者呈现反向的关系。比如，家庭用车分销渠道与快速消费品市场的分销渠道，就是鲜明的对照。

（2）商品的体积与重量。体积越大、重量越重的商品，其成本就越大，尤其是运输成本。渠道设计的时候，应尽量减少中间商，最好实现企业与消费者直接面对面交易，可以减少商品成本，提高商品的成交率。这方面可以在快递业很好地体现出来，比如圆通公司收取快递运输费，除了目的地的远近外，最重要的收费标准就是商品的重量，重量越大收费越贵。

（3）商品的时尚性。该类商品主要是指款式变化过快的商品。譬如针对时装类商品，在渠道设计时，应直接找零售商较妥。因该类产品款式变化快，如果渠道过长，会直接导致错过上市时间而给企业造成很大的损失。

（4）技术性商品和售后服务。这方面，可以从常见的家电商品的售后服务得到深刻的体会。比如说，某家庭买了一台某品牌空调，如果该品牌的售后人员不能迅速为该户人家安装空调，那就会失去这个客户的影响力。因此，售后服务应以迅速应变为主，满足消费者一切合理的需求。

（5）库存数量。实践表明，库存商品数量越大，越难在市场消化，而且需要更多的中间商层层消化库存；反之，如果库存商品数量过少，又不能满足市场需求，对企业来说不能达到利润最大化的经营目标。比如说季节性商品，每个季节都有新款上市，但是库存量过多又会造成库存积压，如果库存量过少，又会失去客户，其中的度需要掌握好。

第八章 渠道策略

（6）产品市场寿命周期。在产品寿命周期的不同阶段，所选择的经销商（或者代理商）不同，需要建立的分销渠道也不同。在衰退期，产品需要缩短渠道，以便产品尽快被市场消化。比如说，在前几年手机行业刚刚兴起的时候，最出名的莫过于诺基亚和摩托罗拉了。不过，经历了产品寿命周期的兴盛时期后，面临的就是产品的寿命衰退期，近两年，摩托罗拉和诺基亚先后被谷歌和微软收购。

（7）新产品。这是把双刃剑，好的新产品更能满足消费者的消费欲望，增加企业的利润，但是，对于新产品，消费者总是抱着观望的态度。因此，作为生产厂家，企业应直接面向消费者推销，省略经销商等中间商环节；或者增加一些广告方面的投入，增加新产品的影响力。一个企业的生存时间长短在于企业的创新能力，只有不断的创新，才能吸引更多的新客户、留住更多的老客户。这点在食品行业尤为突出，比如说饮料生产厂商如果不增加新产品，就会逐渐被市场淘汰，只有不断地研究新口味，让客户有新鲜感，才能留住更多的客户。就拿"脉动"饮料来说，刚开始只有一种口味，现在推出了五种不同的口味，具有一定的市场影响力。

2. 市场因素

（1）潜在客户。这是企业在原有客户基础上最需要争取的客户群体，如果客户潜力大且分布区域广，就应设计长且宽的渠道。

（2）市场的区域性。在国际市场聚集的地区，渠道可以短一些；一般地区则遵循典型的渠道路径。

（3）消费者的购买习惯。这是影响渠道设计的关键所在，设计营销渠道之前，应先期调查，切实掌握目标群体（消费者）对于产品的价格、包装、服务等因素的偏好及诉求。

（4）产品的季节性。季节性的产品比较特殊，主要是掌握好时间。设计渠道时，对时间的把握要求很高。

（5）竞争性产品。市场上总是免不了同类商品的激烈搏杀，如何在搏杀中取胜（占领更多的市场份额），是设计营销渠道的关键所在。对快速消费品市场而言，一般会增加渠道的宽度。

3. 竞争者

竞争者（国家管控物品除外）的存在是市场的必然。怎样在竞争中获胜，成了每个企业设计营销渠道时需要考虑的重要因素。针对竞争者,企业在设计营销渠道时要把握好两个方面。

(1)避开正面冲突,通过其他渠道来实现营销目的。例如戴尔电脑在线、实体并举销售,突破传统营销渠道模式,采用了直销的方式,取得了不俗的业绩。

(2)正面竞争,直接在市场上用类似的渠道来竞争。例如日常用品中的纸巾消费,人们十分熟悉。眼下,生产纸巾的厂家众多,在各个零售店和超市都可以看到它们的产品。但是总有几个牌子的纸巾是比较出名的,比如说妮飘、清风等。消费者往往会在价格、质量、包装等方面进行全面比较。受购买模式的影响,此类商品同类渠道正面竞争在所难免。

4. 制造商

制造商是整个分销渠道的设计者。分销渠道的存在就是为了协助制造商获得更大的利润。但作为设计者,对于渠道的各个环节可以说是无法控制的。制造商在设计整个分销渠道的时候,需要考虑到方方面面,尤其是在选择经销商和代理商时。因此,最有效,最直接的分销渠道就是制造商与消费者直面相对,但该方法需要大量的人力、物力,制造商还需要非常大的品牌影响力。尤其对中小型企业而言,它们的品牌影响力、财力、物力都非常有限,如果想要开拓自己的市场,寻找经销商和零售商是必然的,故中小型企业的分销渠道相比较大企业而言都会比较长而且宽。

5. 环境因素

影响营销渠道的设计的环境因素多且杂,主要有以下三个方面:

(1)社会文化环境。主要指各国家、各地区的人文风俗、生活习惯等存有差异,而导致消费者消费习惯各异。渠道设计应注意文化差异。

(2)经济环境。也就是国家或者地区的发展水平、经济形势。比如经济出现萧条、衰退时,企业往往采用短渠道;经济形势好时,可以考虑长渠道。

(3)竞争环境。主要指同一种商品,两家或者几家不同的企业,相互竞争,争夺市场份额,对对手形成的压力。例如日本制造企业在刚开始打入欧美市场时,面对欧美企业的强势压力,日本的商品和欧美国家的商品如果进行正面竞争的话,根本无法成功。在此情况下,日企采用了避开正面冲突,选择让中间商先富起来的渠道策略,打开了欧美市场。

第八章 渠道策略

（二）渠道设计流程

渠道设计流程涉及一系列环节，从生产商的角度具体可以分为：设计确认、目标确立、任务分配、结构设计和成员选择（见图8-6）。

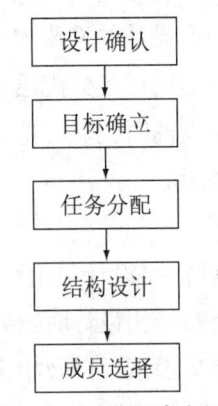

图8-6　渠道设计流程

1. 设计确认

企业并非必须进行渠道设计，而应当根据具体情况确认是否需要进行渠道设计，在以下几类情况下通常有必要进行渠道设计：

（1）新产品或新产品系列的开发。由于原有的分销渠道不适合新产品的销售，企业可能需要重新进行渠道设计。

（2）新政策的确立。企业可能有了新的目标市场或销售区域，或者其他营销政策发生了变化，都会使原有的分销渠道不再适用。

（3）中间商的变化。如果渠道中的其他成员发生了变化，例如某类中间商在竞争中被另一类中间商取代，或某类中间商的职能或政策发生变化，都会迫使企业重新进行渠道设计。

2. 目标确立

在确认进行渠道设计后应确立分销目标，对此，企业首先需要明确是以商品流量为主要目标，还是以现金流量为主要目标。商品流量目标主要包括销售量、销售增长率和市场占有率等；而现金流量目标主要包括销售额、销售费用、销售利润率和利润率等。进行渠道设计时，需要确立明确的分销目标，这样才能为整个渠道设计工作指明方向。

3. 任务分配

在明确分销目标后就应分配分销任务，分销任务主要包括仓储、运输、接洽和销售等任务。这些任务需要明确分配给不同的渠道成员，各渠道成员具体应当承担哪一项或哪几项任务是渠道设计的重要内容，将直接影响结构设计和成员选择。例如生产商可以将仓储和运输任务分配给批发商，而将接洽和销售任务分配给零售商，这样企业在选择批发商时就需要选择具有仓储和运输能力的综合服务批发商，而不能选择销售代理商。

4. 结构设计

在分销任务分配后，企业就需要设计渠道结构，主要包括渠道长度、渠道宽度和中间商种类的选择。在进行结构设计时需要考虑的主要有目标市场的地理位置、市场规模和市场密度等市场因素，以及生产商的分销目标以及分销任务的分配。合理的渠道结构是渠道有效运行的关键，不合理的渠道结构将会带来高昂的渠道成本，也往往是渠道冲突的重要原因。

5. 成员选择

渠道结构确立之后，每一层次的渠道上应选用哪些中间商加入也是渠道设计的一个重要环节。一般而言，在选择中间商时，生产商应主要考察中间商经营时间的长短、成长记录、清偿能力、推销人员的数量与素质以及企业声誉等。渠道成员是整个分销渠道的核心，如果没有好的渠道成员，渠道其他方面的设计都是无用的。

（三）渠道设计方案的评估

企业分销渠道设置完毕或者经过一段时间的运行以后，必须对方案进行评估，以确定是否需要对渠道进行调整。评估的基本标准有三个：经济性、控制性和适应性。

1. 经济性标准

经济性标准是最重要的评价标准，每一渠道方案都有其特定的成本和销售额，企业必须决定分销成本和销售额的最佳组合，即最大利润的方案。这种经济分析，首先应从估计每个方案的销售开始，因为有些成本会随着销售水平的变化而变化。比如，究竟使用企业推销人员取得的销售额大，还是使用制造商的销售

第八章 渠道策略

代理商取得的销售额大。其次是估计各种方案实现某一销售额所需花费的成本。利用代理商所花费的固定成本，比企业经营一个营业处所需的固定成本低。然而，利用代理商实现某一销售水平所需增加的成本比率要比利用企业推销员高，其原因是代理商的佣金率比企业推销员高。

一般来讲，小企业以及在较小地区从事经营活动的大企业，最好利用代理商推销产品。如果不能假设两种渠道方案会达到相同的销售水平，则最好直接对投资收益率作简单估计。代理商与企业推销员的经济分析，只能大致表明某一渠道在经济上是否优于另一渠道。这种评估范围必须加以扩大，同时还要考虑各渠道方案的激励性、控制性与冲突性等。

2. 控制性标准

企业对分销渠道的设计和选择不仅应考虑经济效益，还应该考虑企业能否对其分销渠道实行有效的控制。因为分销渠道是否稳定对于企业能否维持其市场份额、实现其长远目标是至关重要的。

企业最容易控制的是自销系统，但是由于成本较高、市场覆盖面较窄，不可能完全利用这一系统来进行分销。而利用中间商分销，就应该充分考虑所选择的中间商的可控程度。一般而言，特许经营、独家代理方式比较容易控制，但企业也必须相应做出授予商标、技术、管理模式以及在同一地区不再使用其他中间商的承诺。在这样的情况下，中间商的销售能力对企业影响很大，选择时必须十分慎重。如果利用多家中间商在同一地区进行销售，企业利益风险比较小，但对中间商的控制能力就会相应削弱。

然而，对分销渠道控制能力的要求并不是绝对的，并非所有企业、所有产品都必须对其分销渠道实行完全的控制。如市场面较广、购买频率较高、消费偏好不明显的一般日用消费品就无需过分强调控制；而购买频率低、消费偏好明显、市场竞争激烈的高级耐用消费品，分销渠道的控制就十分重要。又如，在产品供过于求时，往往比产品供不应求时更需强调对分销渠道的控制。总之，对分销渠道的控制应讲究适度，应将控制的必要性与控制成本加以比较，以求达到最佳的控制效果。

3. 适应性标准

在评估各渠道方案时，还有一项需要考虑的标准，那就是分销渠道是否具有地区、时间、中间商等方面的适应性。

（1）地区适应性。在某一地区建立产品的分销渠道，应充分考虑该地区的消费水平、购买习惯和市场环境，并据此建立与此相适应的分销渠道。

（2）时间适应性。根据产品在市场上不同时期的适销状况，企业可采取不同的分销渠道与之相适应。如季节性商品在非当令季节就比较适合于利用中间商的吸收和辐射能力进行销售；而在当令季节就比较适合于扩大自销比重。

（3）中间商适应性。企业应根据各个市场上中间商的不同状态采取不同的分销渠道。如在某一市场若有一两个销售能力特别强的中间商，渠道可以窄一点；若不存在突出的中间商，则可采取较宽的渠道。

二、渠道管理

在渠道设计和构建完成之后，企业还需要对渠道进行管理，主要包括对渠道成员的选择、激励、评估，对成员关系的协调以及对渠道的调整等。

（一）选择渠道成员

选择渠道成员是指生产商决定由谁来分销其产品的相关决策。选择渠道成员应该有一定的标准：如经营规模、管理水平、经营理念、对新生事物的接受程度、合作精神、对顾客的服务水平、其下游客户的数量以及发展潜力等。

（二）激励渠道成员

生产商不仅要选择中间商，还要经常激励中间商使之尽职。常见的激励形式有直接激励和间接激励。直接激励就是以物质奖励来激励中间商，例如返利政策、价格折扣、设立奖项和补贴；而间接激励主要是帮助中间商更好地进行管理和销售，提高销售绩效，例如库存保护、市场开拓和技术支持等。激励应当合理，激励过分和激励不足对渠道都是有害的。如果激励过分就会导致入不敷出、得不偿失，而如若激励不足就会使中间商缺乏足够的积极性。

（三）评估渠道成员

生产商除了选择和激励分销渠道成员外，还必须定期评估他们的绩效。如果某一渠道成员的绩效过分低于既定标准，则须找出主要原因，并考虑可能的弥补办法。

第八章 渠道策略

1. 评估方法

测量中间商的绩效，主要有两种办法：

（1）将每一中间商的销售绩效与上期的绩效进行比较，并以整个群体的升降百分比为评价标准。对低于该群体平均水平的中间商，必须加强评估与激励措施。如果对后进中间商的环境因素加以调查，可能会发现一些不可控因素，如当地经济衰退、主力推销员退休等。对此，生产商就不应对中间商采取惩罚措施。

（2）将各中间商的绩效与该地区的销售潜量分析所设立的计划相比较，即在销售期过后，根据中间商实际销售额与其潜在销售额的比率，对各中间商按先后名次进行排列。这样，企业的调查与激励措施可以集中于那些未达到既定比率的中间商。

2. 评估的内容

对中间商的评估并不仅仅着眼于销售量的分析，一般比较全面的评估应包括以下内容：

（1）检查中间商的销售量及其变化趋势；

（2）检查中间商的销售利润及其发展趋势；

（3）检查中间商对推销本公司产品的态度是积极的、一般的，还是较差的；

（4）检查中间商同时经销有几种与本企业产品相竞争的产品，其状况如何；

（5）检查中间商能否及时发出订货单，计算中间商每个订单的平均订货单；

（6）检查中间商对用户的服务能力和态度，能否保证满足用户的需要；

（7）检查中间商信用的好坏；

（8）检查中间商对收集市场情报与提供反馈的能力。

（四）协调成员关系和调整渠道

生产商在设计了一个渠道系统后，需要协调与其他渠道成员之间的关系。渠道中的各成员之间存在着相互依赖的关系，这种依赖关系又使得一部分成员在渠道中居于主导地位，具有渠道权力。渠道权力是指一个渠道成员对于另一个在同一渠道中不同层次上的渠道成员的控制力与影响力。当一方渠道成员的渠道权力过大，易导致渠道冲突。因此，对于生产商来说，如何保持与各渠道成员之间的合作关系、避免渠道冲突是渠道管理的一项重要内容。此外，为了适应市场需求的变化，还需要对渠道成员进行随时调整。

三、渠道冲突及治理

由于分销渠道是由不同的独立利益企业组合而成的，出于对各自物质利益的追求，相互间的冲突是经常的。企业必须正视渠道冲突，并采取切实措施来协调各方面关系。

（一）渠道冲突的类型

根据成员间的关系，渠道冲突可以分为水平冲突、垂直冲突和交叉冲突三类。水平冲突是指存在于渠道同一层次的渠道成员之间的冲突。如某产品在某一市场采取密集型分销策略，其分销商有超市、便利店、大卖场等，由于各家公司的进货数量、进货环节不同引起进货成本的差异，加上各企业不同的促销政策，同一产品在不同类型零售企业中会有不同的零售价。为此，这些商业企业之间有可能发生冲突。垂直冲突对应于渠道成员间的纵向关系，是指同一渠道不同层次渠道成员之间的冲突，例如生产商与批发商或生产商与零售商之间的利益冲突。交叉冲突对应于多渠道成员关系，是指分属同一生产商的不同分销渠道中的成员之间的冲突。水平冲突与交叉冲突实际上体现的是一种竞争关系，而垂直冲突则是分销渠道中的一种特殊的冲突形式，并且经常发生，因而是渠道冲突治理的重点内容。

按冲突的影响和作用程度不同进行分类，包括：① 低水平冲突，对渠道效率无影响，可自我调节；② 中等水平冲突，可能会提高渠道效率，问题暴露并改进；③ 高等水平冲突，降低渠道效率，应当避免和及时解决。

按照冲突的不同性质进行分类，可分为：良性冲突和恶性冲突。其中，良性冲突可激发渠道成员的竞争意识，产生创新，如"放水"，增加固定区域内的经销商数，人为制造内部竞争，降低总经销或独家代理的反控制力，适度倒货可以促进市场尽早进入火爆状态，对提高市场占有率有帮助。

（二）渠道冲突的根源

导致渠道冲突的具体因素主要包括：目标差异、期望差异、信息差异、感知差异和渠道管理不当等。

1. 目标差异

由于各渠道成员一般都是独立的经济主体，以自身利益最大化为最终目

第八章 渠道策略

标,而个体的利益最大化不一定会导致整体的利益最大化,各成员在实现自身目标的过程中可能会损害其他成员的利益或者渠道的整体利益,从而导致渠道冲突。

2. 期望差异

渠道成员会对其他成员的未来行为进行预测,即对其他成员的未来行为存在期望或预期,并以此为依据采取相应的行动,但由于各种因素的影响,这种预测的结果往往是不准确的,从而可能引发渠道成员间的冲突。假设三星手机预期其经苏宁电器销售的手机在未来一个月的销量将增加15%,进而增加产量和供货,但实际销量可能只增加了5%,使三星遭受了一定程度的损失,这就有可能引发三星与苏宁之间的冲突。

3. 信息差异

各渠道成员的规模、市场地位、信息搜集能力等方面的差异决定了各成员之间的信息是不对称的,而各成员基于不对称的信息所做出的经营决策就可能产生冲突。

4. 感知差异

由于各渠道成员的渠道地位、经营方式与理念、所处市场环境等因素各不相同,即使在面对同一信息时,其反应或者说感知是不同的。例如生产商一般会欢迎新的经销商加入,而原有的经销商则会抵触新的经销商。

5. 渠道管理不当

上述四方面因素是由各渠道成员的不同特征所造成的,除此之外,渠道管理不当也可能导致渠道冲突,这种情况也较为常见。例如奖励体系不合理、竞争机制不合理或者沟通障碍等不合理的渠道管理都会导致渠道冲突。

(三)渠道冲突的治理

渠道冲突的性质不同,因而治理渠道冲突的方法也有多种,主要包括:问题解决法、劝解法、讨价还价法和第三方介入法。前两种方法主要是以合作的方式解决冲突,适用于低水平的冲突;而后两种方法更适用于较严重的冲突。

1. 问题解决法

该方法的使用需要以冲突双方存在事先约定好的共同目标和维持良好关系的意愿为前提。其方法是,由一方或双方提供新的建议或方案,然后经过协商和讨论，使得双方能够各自做出一些让步，最终达成双方都能接受的协议，实现合作共赢。

2. 劝解法

其主要方式是冲突的一方通过劝说另一方，使其能够认识到双方之间的共同利益，并建立一些共同的目标，从而改变其原有的看法或决策，化解冲突。

3. 讨价还价法

讨价还价法是指在冲突双方的目标存在较大差异，而又只强调自身利益的情况下，每一方都通过利用自己拥有的权力迫使对方在相关问题上做出让步。

4. 第三方介入法

此方法适用于冲突较为严重、双方难以达成妥协的情况下。主要经由第三方安排冲突双方进行沟通谈判，或从中调解以化解冲突。如果双方的矛盾不可调和，可能需要仲裁或司法机构作为第三方以强制的方式解决冲突。

（四）窜货及其整治

窜货是一种常见的渠道冲突现象，是指经销商不顾生产商的长期利益与经销协议的规定而进行的产品跨地区降价销售。

1. 窜货的原因

从根源上看，窜货是分销商为了维护自身利益而采取的一种不正当手段，具体的原因主要有：

（1）任务过重。生产商不顾市场容量、品牌现状及经销商的分销能力等因素，给经销商施加过重的任务量，迫使经销商向其他区域窜货。

（2）追逐返利。厂商为提高经销商的积极性，通常设定各种形式的奖励，且大多与销量挂钩，一些实力雄厚的经销商为了获得奖励而不择手段地向外窜货，以达到提升销量的目的。

（3）成本价格差。由于经销商地理位置不同、获得的优惠政策不同等因素的影响，不同经销商的进货成本不同，因而不同市场上存在价差，当价差足以弥补运输成本时，窜货的必要条件便形成了。

（4）融资套现。有些经销商将其经营的产品作为融资套现的工具，此类经销商以银行承兑汇票为主要支付方式，通过在承兑期内分销产品套现，再投入到其他高利润经营活动中，而窜货显然是实现其快速套现的捷径。

2. 窜货的整治

窜货显然会对生产商的经营和市场秩序造成不利影响，对这一现象的整治可以采用以下几种方式：

（1）签订禁止窜货的协议。通过与经销商签订禁止窜货的协议，生产商可以利用法律整治违约窜货的经销商，但由于经销商依然存在着强烈的窜货动机，因而此类协议的签订往往不能有效地阻止窜货的发生。

（2）外包装区域差异化。生产商可以对销往不同地区的产品实行差异化的包装，通过文字标识、代码标识或商标颜色标识等方式对不同地区销售的商品的包装进行区分。其中，代码标识使厂商对产品的去向了如指掌，能够在窜货的治理问题上掌握主动权，因而是最为有效的外包装区域差异化方式。

（3）完善级差价格体系。合理的级差价格体系能够使每一个渠道成员得到相应的利润，有利于保持地区价格稳定和整个分销渠道正常运转。对于总经销商，应要求其在各地按出厂价统一出货，并将其利润包含在出厂价中；对于二级批发商，应保证其进货价格与零售商、团体消费者及个人消费者购买价格之间的差别，从而使二级批发商的利益得到有效维护；对于零售商，应确保总经销商和二级批发商能够以团体批发价和零售价，向团体消费者和个人消费者进行出售，从而确保零售市场不受冲击，保障零售商的利润。

（4）加强分销管理。通过制定合理的销售任务、奖惩措施以及加强监管来预防窜货，并在窜货发生后能及时地进行整治。例如，可以通过交纳保证金来提高经销商的窜货成本，使其不敢轻易窜货；成立专门机构进行市场监察，特别是加强对本企业销售人员的监管。

本章小结

分销渠道，也称作配销通路，一般是指产品或服务从生产者流向消费者（用户）所经过的整个环节。

分销渠道的特征是：首先，分销渠道的起点是生产者，终点是消费者和用户，体现了价值实现的通道；其次，分销渠道的积极参与者，是商品流通过程中各种类型的中间商，它们之间是相互依存、具有一定目标的网络体系；再次，在分销渠道中生产者向消费者或用户转移产品的过程中所有权发生了转移，且随之共同转移的还有资金、信息、促销活动等，这些就构成了渠道中的相关流程。

分销渠道的功能主要在于通过各渠道成员的专业运作，以最有效率的方式弥补生产者与消费者之间的时空间隔。主要表现在：风险承担功能、所有权转移功能、信息功能、促销功能、财务功能、接洽功能、实体分配功能等。

分销渠道根据不同的标准可以分为不同的类型，分类依据主要有渠道层次、渠道宽度和渠道成员关系。

分销渠道是由不同的渠道成员组成的，并通过各渠道成员之间的业务往来和相互作用实现产品（服务）及其所有权由生产者向消费者的转移。分销渠道成员主要是批发商和零售商。

渠道设计是指创建一个新的市场分销渠道或改进现有的分销渠道，使企业能以最有效的途径到达目标市场。渠道管理是指企业为保持分销渠道的有效运行而对渠道成员进行的评估、激励，对成员关系的协调以及对渠道冲突的处理等。影响渠道设计的因素主要有商品因素、市场因素、竞争者状况、制造商和环境因素等。

根据成员间的关系，渠道冲突可以分为水平冲突、垂直冲突和交叉冲突三类。按冲突的影响和作用程度不同可以分为低水平冲突、中等水平冲突和高等水平冲突。按照冲突的不同性质可以分为良性冲突和恶性冲突。渠道冲突的性质不同，因而治理渠道冲突的方法也有多种，主要包括：问题解决法、劝解法、讨价还价法和第三方介入法。

本章思考题

1. 分销渠道与市场营销渠道的区别是什么？
2. 分销渠道的功能和类型有哪些？
3. 批发商的类型及其职能有哪些？
4. 影响渠道设计的因素有哪些？
5. 如何进行渠道管理？
6. 渠道冲突的类型有哪些？其产生的根源是什么？
7. 举例说明什么是窜货，并提出解决办法。

第八章 渠道策略

8. 案例研究：

从渠道窜货案例看渠道窜货解决策略

刘某是一家食品厂的营销经理。为了扩大产品销量，提高经销商的积极性，他出台了新的奖励措施，以期进一步提高给经销商的销量返利奖励。

刘某为每个经销商制定了三个不同的年销量指标，即底限任务、中档任务和冲刺任务。完成的年销量指标越高，返利的百分比越大。从刘某的返利政策来看，如果经销商只完成200万的底限任务，只能拿2万的返利；如果完成300万的冲刺任务，则可拿到15万的返利。

在刘某如此的返利奖励诱导下，经销商为了完成更高的销量，不惜采用各种手段，有的经销商大肆向其他地区窜货。

刘某为了制止窜货，对一些违规的经销商三令五申，并以扣除返利威胁，但无济于事，因为厂家的铺货底款扣在经销商手里。于是，窜货和低价倾销就越演越烈，不断升级，原来一直遵守秩序的经销商也被迫卷入，价格越卖越低，经销商的差价利润也越来越薄，不到一年，价格就接近"卖穿"。

思考与讨论：

（1）窜货产生的原因是什么？

（2）如何有效解决窜货问题？

本章参考文献

1.〔美〕菲利浦·科特勒、加里·阿姆斯特朗著，赵平、王霞等译：《市场营销学原理》，清华大学出版社2009年版。

2.〔美〕菲利普·科特勒著，洪端云等译：《营销管理》，中国人民大学出版社2005年版。

3.〔美〕菲利普·科特勒著，俞利军译：《市场营销导论》，华夏出版社2001年版。

4.李先国：《分销渠道管理》，清华大学出版社2007年版。

5.马进军主编：《市场营销学》，机械工业出版社2011年版。

6.胡春：《市场营销渠道管理》，清华大学出版社、北京交通大学出版社2006年版。

7. 魏农建：《依附性混业经营：后连锁时代的零售新业态》，《经济导刊》2008年第7期。

8. 许加彪：《商品特质、市场结构与〈华商报〉的渗透定价策略分析》，《新闻大学》2009年第4期。

9. 徐印州：《批发商与供应链之关系研究》，《广州商学院学报》2003年第5期。

10. 张闯：《美国商品流通渠道的结构与变迁——基于美国经济史的研究》，《商业经济与管理》2005年第8期。

11. 熊伟：《分销渠道管理研究》，武汉理工大学2003年硕士论文。

12. 李卫：《现代企业营销渠道模式研究》，西南交通大学2005年硕士论文。

13. 姜玉强：《基于顾客价值的青岛联通营销渠道策略研究》，中国海洋大学2012年硕士论文。

14. 李凤媛：《分销渠道现状与发展趋势研究》，广东工业大学2000年硕士论文。

第九章　促销组合策略

本章学习目标

1. 了解：沟通模式中的九个部分；
2. 熟悉：促销组合的构成因素；
3. 掌握：开展有效沟通的步骤、制定促销预算常用的方法。

本章核心概念

促销组合　人员推销　广告　公共关系　销售促进　直复营销

第一节　沟通和促销组合

促销组合是指企业根据促销的需要，对广告、销售促进、宣传与人员推销等各种促销方式进行的适当选择和配合。促销组合传播是将事物视为一个整体进行传播的一种行之有效的方法，而过去我们只看到局部，如广告、公共关系、销售推广、购买、员工沟通等。促销组合传播是多种传播"声音"的战略协调，其目的是通过协调营销组合中的销售人员、广告、公关、销售促进等因素，充分利用劝诱性传播对消费者和非消费者（即零售商、销售人员、舆论领袖）受众的影响。

促销组合也体现了整合营销传播（Integrated Marketing Communications，IMC）理论，强调在与消费者沟通时，为了达到理想（明确、一致、高效）的沟通效果，要将促销组合要素如广告、公关宣传、销售促进、人员销售、赞助营销、直复营销、POP沟通等相互配合，整合成一体，与品牌的市场定位相一致，与产品、价格和分销渠道相协调。

一、沟通的含义及模式

沟通是企业整体市场营销活动的重要组成部分。面对日趋激烈的竞争环境和瞬息万变的市场，企业如何与顾客之间开展有效的信息沟通对于企业的生存与发展日益显示出关键性作用，因而沟通策划也成为企业营销决策的重要内容。

（一）沟通的含义

沟通是两个或两个以上的人之间分享信息的动态过程，其目的是获得信息、劝说或说服。企业促销活动中的沟通是企业与目标顾客或公众之间的信息交流过程，其实质是企业作为沟通者，发出作为刺激物的产品及相关信息，并借助某种沟通渠道，把信息传播到目标顾客或公众，从而试图影响目标顾客的购买态度与行为的过程。因此，沟通是一种说服性的活动，即沟通者有意识地传播有说服力的信息，以期在特定的沟通对象中唤起沟通者的预期意念，有效地影响沟通对象的行为与态度。

（二）沟通模式

沟通本质上是一种信息传播活动。沟通过程模式（见图9-1）揭示了企业与顾客的沟通过程，十分有助于营销人员了解沟通是怎样进行的。

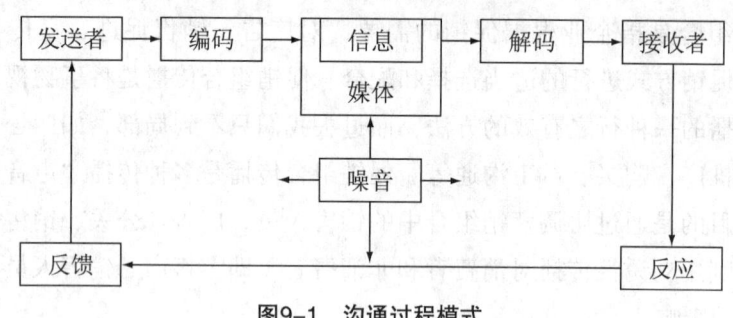

图9-1 沟通过程模式

沟通过程模式由九个要素构成，其中两个要素表示沟通的主要参与者——发送者和接受者，两个表示沟通的主要工具——信息和媒体，还有四个表示沟通的主要职能——编码、解码、反应和反馈，最后一个要素表示系统中的噪音。

市场营销沟通过程模式强调了有效的市场营销沟通过程中关键性的因素，揭示了有效的营销沟通过程要求沟通者：必须明确目标沟通对象是谁；应该期待目标沟通对象何种反应；为使目标沟通对象做出预期的反应，应该传递何种信息；必须通过能触及目标沟通对象的有效媒体传播信息；必须建立反馈渠道，以了解沟通对象对信息的反应。

消费者在沟通过程中处于主动的地位，决定着什么样的沟通是他们想得到的，以及关于他们使用的产品和服务他们想怎样交流。因此营销人员必须采取富有创造力的沟通手段。

二、促销组合的构成因素

现代市场营销要求企业不仅仅是开发优良的产品，制定吸引人的价格，使目标消费者能够买到，还必须与现有的和潜在的消费者进行有效沟通。促销组合就是企业和消费者进行沟通时运用的直接方法，由五个因素组成（见图9-2）。

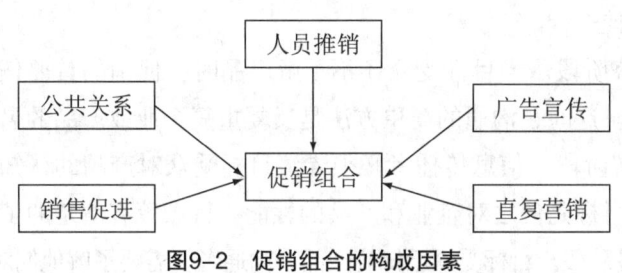

图9-2　促销组合的构成因素

其中，人员推销是由公司的销售人员以销售为目的向一个或多个潜在顾客进行口头沟通的方式。广告宣传是企业（包括政府和其他非营利组织和个人）作为广告主，以有偿付费、非个人沟通方式通过各种媒体传递有关创意、产品、服务和观念等方面的信息。公共关系是通过有利的宣传树立良好的公司形象，并应付或阻止谣言、不利的新闻和事件所产生的负面影响，从而与公司的各个公众群体建立良好关系，而不仅限于顾客。销售促进是一种战术，它采用短期激励的方法，鼓励消费者按照某种方式行动。直复营销是指依靠产品目录、印刷品邮件、电话或附有直接反馈的广告以及其他相互交流的媒体所进行的大范围的营销活动。促销组合也就是将人员推销、广告宣传、公共关系、销售促进和直复营销都组合在一起，用来达成公司的营销目标。

三、有效沟通的过程

实施有效的营销沟通过程，要求沟通者必须完成以下几个步骤：

（一）确定目标受众

营销沟通首先必须有明确的目标受众，目标受众将会极大地影响营销沟通中信息的内容、沟通的媒介选择、沟通的时间以及由谁来传递信息。因此，营销沟通人员要对目标受众进行详细的分析，确定目标受众群体。例如，某公司想要选择报纸或网络杂志作为沟通媒介与目标受众沟通，就必须了解目标受众喜欢阅读哪一类报纸、浏览何种网络杂志。

（二）确定沟通目标

总的来说，企业所希望实现的沟通目标就是企业期待目标市场对沟通活动所作出的反应。所以就特定产品而言，企业必须确定采取哪些促销手段才是实现这一目标的最佳途径。

（1）知晓阶段。当目标受众还不了解产品时，促销的首要任务是引起其注意并使其知晓。这时，沟通的简单方法是反复重复企业或产品的名称。

（2）了解阶段。信息传播者必须弄清目标受众对产品的认知程度，然后对症下药。沟通目标是使之对企业和产品的性能、特点等有清楚的了解。

（3）喜爱阶段。目标受众已知晓产品，沟通者就需要了解他们对产品的反应，即喜爱与否。促销的目标是着重宣传企业或产品的特色和优势，使之产生好感。

（4）偏好阶段。当目标受众已喜欢企业或产品，但没有特殊的偏好时，促销的目标就是建立受众对本企业或产品的偏好，这是形成顾客忠诚的前提，此时需要着重宣传企业或产品相较于其他企业或产品的优越性。

（5）信任阶段。如果目标受众对企业或产品已经形成偏好，但尚未发展出购买它的信念，这时促销的目标就是促使他们做出或"强化"购买决策，并确信这种决策是最佳决策。

第九章　促销组合策略

（6）购买阶段。如果目标受众已决定购买但还没有立即购买，促销的目标是促进购买行为的实现，促销手段更实用，常见的有"积点"方式、赠送礼品等。

企业营销人员的任务是判断目标受众对产品的认知处于哪一个阶段，然后采取相应对策，最终实现购买行为。

（三）选择媒介

作为信息的发送者，企业必须选择最有效的沟通媒介，以便准确传达促销信息。现就五个主要的促销手段逐一进行分析。

1. 人员推销

人员推销即主要依靠推销员发挥主观能动作用，运用各种说服技巧达到销售目的。人员沟通可以是当面交流，也可以通过电话、信件、微信甚至QQ聊天等方式进行。这是一种双向沟通，能立即得到对方的反馈，并能够与沟通对象进行情感渗透，因此效率较高。在产品昂贵、风险较大、不常购买、产品具有显著的社会地位标志时，人员的影响尤为重要。

2. 广告

它是为了某种特定的需要，通过一定形式的媒体，公开而广泛地向公众传递信息的宣传手段。广告的传播面广，形象生动，比较节省资源，但广告只能对一般消费者进行促销，针对性不足，而且广告是"独白"也难以立即促成交易。需要指出的是，与传统的媒体（报纸、杂志、电视、广播）广告及近来备受垂青的户外广告相比，网络广告更具有得天独厚的优势，是实施现代营销媒体战略的重要组成部分。互联网是一个全新的传播方式，也是速度快、效果好的广告媒体，是中小企业提升影响力的极佳途径，对于从事国际营销的企业更是如此。

3. 公共关系

公共关系是指某一组织为改善与社会公众的关系，用传播手段促进公众对组织的认识、理解，从而树立良好形象，并促使组织与相关公众之间形成双向交流、相互适应。当下，企业策划和实施公共活动的一大内容，就是试图通过媒体的正面宣传报道，达到提高社会知名度以及强化企业形象之目的。

4. 销售促进

销售促进又称为营业推广，是指企业运用各种短期诱因鼓励消费者和中间商购买企业产品和服务的促销活动。其方式多种多样,包括折价、会员制销售、惠赠和有奖竞赛等。

5. 直复营销

直复营销的"直"即直接,是指不通过中间分销渠道而直接通过媒体连接企业和消费者,其目的是为了与消费者进行更直接、更具人情味、更加个性化的促销沟通。

(四)设计信息

沟通目标明确后,信息传播者要着手制定一个有效的信息,使发出去的信息能够引起目标受众的注意(Attention)与兴趣(Interest),唤起其购买欲望(Desire),并最终导致其产生购买行为(Action)。这就是所谓的AIDA模式。

设计信息需要解决三个问题,即信息内容、信息结构和信息格式。例如,麦当劳餐厅除了营造了温馨的家庭氛围,还有一整套儿童故事以及卡通人物形象(麦当劳叔叔、汉堡神偷、麦克警察、奶昔小精灵等),作为麦当劳广告中的主角,深受孩子们的欢迎。麦当劳的文化就凭借这些具有鲜明个性的人物在大众群体中广为传播,企业知名度不断提升。

(五)选择信息来源

在人员沟通和非人员沟通中,信息对目标受众的影响也受到目标受众对沟通人员看法的影响。因此,由可信任的发送者发出的信息,就有说服力。例如,用专家学者的研究成果作为某些特定商品广告的内容,要比一般明星代言更有吸引力。良好的信息发送者应具备三个要素:一是权威性,即在某一专业领域中的权威(机构或人物);二是可信度,即信息的发送者要客观地传播信息,可信度要高;三是吸引力,即发送者吸引受众的程度,风趣、自然、真诚等特性都可增加吸引力。

(六)收集反馈

企业将信息通过一定的通道传递到目标受众之后,企业还应该对目标受众的接收效果进行调查。例如,目标受众是否注意到信息的内容,接收到信息的次数是多少,对信息的印象如何等。通过信息反馈,可以了解信息传播的范围、影响力以及沟通对象在信息传播前后态度、行为的变化等,并应根据这些反馈信息来决定是否有必要改进和调整下一阶段的沟通工作。

第九章　促销组合策略

四、制定促销预算和促销组合

（一）制定促销预算

促销预算是企业最难作的营销决策之一。行业之间、企业之间的促销预算差别相当大。在化妆品行业，促销费用可能达到销售额的20%~30%，甚至50%；而在机械制造行业中仅为10%~20%。企业制定促销预算的方法有许多，目前常用的方法有以下四种：

1. 量力支出法

量力支出法（Affordable Method）是一种量力而行的预算方法，即企业以本身的支付能力为基础来确定促销活动的费用。这种方法简单易行，但忽略了促销与销售量的因果关系，而且企业每年财力不一，往往导致促销预算经常变化。限于财力，一些中小企业常用此法。

2. 销售额百分比法

销售额百分比法（Percentage-of-Sales Method）即依照销售额的一定百分比来制定促销预算。假设某企业今年实现销售额100万元，如果将今年销售额的10%作为明年的促销费用，则明年的促销费用就为10万元。

3. 竞争对等法

竞争对等法（Competitive-Parity Method）主要是根据竞争者的促销费用来确定企业自身的促销预算。

4. 目标任务法

企业首先确定促销目标，然后确定达到目标所要完成的任务，最后估算完成这些任务所需的费用，这种预算方法即为目标任务法（Objective-Task Method）。

（二）设计促销组合

在确定总的促销预算之后，企业要进行总体的和具体的沟通活动，即决定其促销组合。促销组合以某种方式结合人员推销、广告、公共关系、销售促进和直复营销来进行，满足目标市场的需求，实现组织目标。一般而言，企业很少单一使用某种促销方式，而是会采取复合的促销方式。

上述五种促销方式各有优势和不足，在各司其职的同时可以相互补充。在实践中，不少企业都综合运用五种方式来锁定目标。这使企业的促销活动更具有生动性、艺术性、灵活性和现实价值，但也增加了企业设计促销组合的难度。当然，企业在五种方式的选择上也会各有侧重，如同样是消费品企业，百事可乐主要依靠广告促销，而服装类商品则主要通过人员推销。

第二节 人员推销

人员推销不仅是卖的过程，也是买的过程，即帮助顾客购买的过程。推销员只有将推销工作理解为顾客购买的工作，才能使推销工作进行得卓有成效，达到双方满意的目的。

一、人员推销及其特点

（一）人员推销的概念

根据美国市场营销协会的定义，人员推销是指企业通过派出销售人员与一个或一个以上的潜在消费者通过交谈、口头陈述，以推销商品、促进和扩大销售的活动。推销主体、推销客体和推销对象构成了推销活动的三个基本要素。商品的推销过程，就是推销员运用各种推销术，说服推销对象接受推销客体的过程。与广告不同，人员推销是一种买卖双方直接接触的方式，可以获取及时、准确的反馈，从顾客的反应中判断销售展示的作用。

（二）人员推销的特点

与其他促销方式相比，人员推销有以下特点：

1. 灵活性大，针对性强

推销人员在与潜在顾客的直接接触和面谈中，能及时了解顾客的反应，从而可以根据不同的推销对象，灵活采取不同的推销策略，进行有针对性的说服。

2. 有利于双向沟通

推销人员在推销过程中，一方面可以通过示范、讲解，更好地传递产品信息，帮助顾客更深入地了解产品的操作及性能，消除顾客的疑虑；另一方面又可以听到顾客的意见和要求，从而给予及时的解释，或将意见反馈给企业。

3. 有利于发展与顾客的长期关系

推销人员与顾客在长期交往中可以建立起良好的个人关系和友谊，进而有利于巩固和争取更多的顾客，建立长期、稳定的业务关系。

当然，人员推销这种促销方式也有一定的局限性。首先，人员推销的市场覆盖面有限，推销成本较高；其次，对推销人员的素质要求较高，而理想的推销人员也不易得。

二、人员推销的形式及与其他沟通方式的整合

人员推销可以是面对面的，也可以通过其他方式（电话、微信等）进行。这种人际交流所具有的交互性，使营销上的沟通具有灵活性，卖方可以听见或看见潜在买者的反应并依此调整信息，并依据顾客的特定需要提供信息。

不管是吸引新顾客还是向当前顾客销售别的产品，人员推销过程都包括以下内容：形成顾客线索和确认这些线索的有效性；进行销售拜访；确定异议并对异议做出反应；完成销售以及跟进销售以便建立和维护客户关系。

人员推销属于一对一的沟通，有助于销售人员工作的核心——顾客关系的建立，与此同时，其他促销沟通工具则属于大众沟通，对销售的作用是间接的。由于组织结构和职能的差异，人员推销和其他促销沟通方式在实际操作中往往是相互独立运作的，如果不注重人际沟通与非人际沟通的交互作用，将会影响整体沟通效果。因此，企业应把人员推销与其他非人际促销沟通工具整合起来。

第一，人员推销与广告整合。广告通过大众传媒向广大受众传达有关企业和产品的最新信息，在通常情况下，信息反馈和调整机会几乎为零。与人员推销结合使用可以实现优势互补，尤其是在新产品上市时更加重要。因为人员推销是一对一的人际沟通模式，可以向受众解释、反馈及有针对性地调整信息，在一定程度上弥补广告的不足。

第二，人员推销与销售促进整合。销售促进对人员推销能起到积极的促进作用，两者的结合使用能刺激顾客购买。

第三，人员推销与公共关系整合。公共关系的重要作用是建立和维持与公众的关系，而销售人员在企业和公众顾客的关系建立中扮演着重要角色，两者应紧密协作。

第四，与其他营销沟通工具的整合。人员推销可与销售点广告等其他沟通工具配合使用，产生协同效应。

此外，口头传播也是一种重要的营销沟通工具。尽管大众传媒是信息沟通的主要方法，但人员的口传信息沟通在某些条件下比大众信息沟通更为有效，尤其是对说服性信息的传播而言。具体的口传渠道包括：企业的销售人员、具有专门知识并能影响他人购买的独立专家以及亲朋邻居等。口传营销沟通也要求企业的各种营销沟通工具协同配合，以增加口传的效力。

三、销售管理过程

销售管理过程包括以下几个方面：

（一）制定销售计划及相应的销售策略

企业在确定了营销策略计划之后，销售部门便需要据此制定具体细致的销售计划，以便开展、执行企业的销售任务，从而达到企业的销售目标。销售部门必须清楚地了解企业的经营目标、产品的目标市场和目标客户，才能够制定出切实有效的销售策略和计划。在制定营销策略的时候，必须考虑市场的经营环境、行业的竞争状况、企业本身的实力和可分配的资源状况、产品所处的生命周期等各项因素。在企业制定的市场营销策略的基础上，销售部门才能制定相应的销售策略和战术。根据预测的销售目标及销售费用，销售部门必须决定销售组织的规模。另外，销售人员的工作安排、培训安排、销售区域的划分及人员的编排、销售人员的工作评估及报酬都是销售部门在制定销售计划时所必须考虑的问题。销售计划必须包括销售人员的工作任务安排，每一个地区的销售工作都必须安排具体的人员负责。销售计划必须要做到具体和量化，要能够明确定出每一个地区或者每一个销售人员需要完成的销售指标。

（二）组建销售团队并对销售人员进行培训

销售部门需要研究并确定如何组建销售团队、确定销售部门的人员数量、销售经费的预算、销售人员的招聘办法和资历要求。在销售计划的制定和执行过程中，如何组织销售部门，如何划分销售地区，如何组建销售队伍和安排销售人员的工作任务都是非常重要的工作。销售部门需要根据目标销售量、销售区域的大小、销售分支机构的设置情况、销售人员的素质水平等因素进行评估，以便确定销售组织的规模和销售分支机构的设置。

第九章　促销组合策略

（三）制定销售人员的个人销售指标并将销售计划转化为销售业绩

销售工作，或者说销售人员与目标客户进行接触的最终目的，是为了出售产品，维持与客户的关系，从而为企业带来销售业务及利润。销售人员的销售业绩，一般以销售人员所销售出的产品数量或销售金额来衡量。而销售人员所销售出的产品的利润贡献，是衡量销售人员销售业绩的另一个标准。因此，对于一些需要重复购买产品的客户，销售人员要维持与这类客户的关系。维持与客户的业务关系的能力，以及对客户的售后服务质量也是一个重要的考核因素。销售部门需要按照销售计划去执行各项销售工作；要紧密地跟进和监督各个销售地区的销售工作进展情况；要经常检查每一个地区、每一个销售人员的销售任务完成情况；发现问题应立刻进行了解及处理，并指导、协助销售人员克服在工作中可能遇到的困难，帮助销售人员完成销售任务。销售部门还要为销售人员的工作提供各种资源，支持和激励每一个销售人员去完成他们的销售指标。

（四）对销售人员的评估

销售人员的工作表现评估是一项重要的工作，销售部门必须确保既定的工作计划及销售目标能够完成，因此，需要有系统的监督和评估计划及目标的完成情况。销售人员的工作表现评估主要是检查每一个销售人员的销售业绩，这当中包括产品的销售数量，完成销售指标的情况和进度，对客户的拜访次数等各项工作。对销售人员的销售业绩的管理及评估必须定期进行，对评估的事项必须订立明确的准则，使销售人员能够有规章可循。而评估的结果，必须对销售人员进行反馈，使他们知道自己的不足，从而改进工作。工作评估不仅在于检查销售人员工作指标的完成情况和销售业绩，更重要的是要检讨销售策略和计划的成效，从中总结出成功或失败的经验教训。成功的经验和事例应该向其他销售人员进行推广，找出的失败原因也应该让其他人作为借鉴。对销售业绩好的销售人员应当给予适当奖励，以促使他们更加努力地做好工作；对销售业绩差的销售人员，应当向他们指出应该改进的地方，并限时予以改进。根据销售人员的工作表现情况和业绩评估的结果，销售部门需要对公司的市场营销策略及销售策略进行检讨，发现需要进行改进的地方，并对原来的策略和计划进行修订。与此同时，还应该对公司的销售组织机构、销售人员的培训和督导安排进行检讨，并加以改进，以提高销售人员的工作水平，增强销售工作的效率。

第三节 广 告

一、广告的定义和作用

(一) 广告的定义和特点

广告,即广而告知之意,是为了某种特定的需要,通过一定形式的媒体公开而广泛地向公众传递信息的宣传手段。广告有广义和狭义之分,前者包括非经济广告和经济广告。非经济广告指不以盈利为目的的广告,又称效应广告,如政府行政部门、社会事业单位乃至个人的各种公告、启事、声明等,主要目的是推广;后者仅指经济广告,又称商业广告,是指以盈利为目的的广告,通常是商品生产者、经营者和消费者之间沟通信息的重要手段,或企业占领市场、推销产品、提供劳务的重要形式,其主要目的是扩大经济效益。就经济广告而言,其有利之处在于,以单位消费者计的成本较低。广告能触及广大的、地域上分散的市场,如播放一则电视广告要花500万,它能影响500万人,人均成本为1元;从不利之处看,因为广告消息是标准化的,但面对的是需求各异的受众,很难满足个性要求,且广告是非个人沟通,很难获得及时反馈。

(二) 广告的类型

制定广告计划的前提是必须明确广告的目的,这样才能做到有的放矢。根据广告目的确定广告的内容和投放时机,以及广告所要采用的形式和媒介,可以将广告分为产品广告、企业广告、品牌广告、观念广告等类别。

1. 产品广告

产品广告又称商品广告。它以促进产品的销售为目的,通过向目标受众介绍有关商品信息,突出商品的特性,以引起目标受众和潜在消费者的关注,力求产生直接和即时的广告效果,在受众心目中留下美好的产品形象,从而为提高产品的市场占有率并最终实现企业的目标埋下伏笔。

2. 企业广告

企业广告又称企业形象广告。它是以树立企业形象、宣传企业理念、提高企业知名度为直接目的的广告。虽然企业广告的最终目的是为了实现利润，但它一般着眼于长远的营销目标和效果，侧重于传播企业的信念、宗旨或是企业的历史、发展状况、经营情况等信息，以改善和促进企业与公众的关系，增进企业的知名度和美誉度。企业声望的提高，可以使企业在公众心目中留下了较美好的印象，对加速企业的发展具有其他类别的广告所不具备的优势，是一种战略意义上的广告。具体还可以分为企业声誉广告、售后服务广告等类别。

3. 品牌广告

它是以树立产品的品牌形象、提高品牌的市场占有率为直接目的，突出传播品牌的个性以塑造品牌的良好形象。品牌广告往往不直接介绍产品，而是以品牌的核心价值理念为传播的重心，从而为铺设经销渠道、促进该品牌下的产品的销售起到很好的先导作用。

4. 观念广告

观念广告即企业对影响自身生存与发展的，并且也与公众的根本利益息息相关的问题发表看法，以引起公众和舆论的关注，最终达到影响政府立法或制定有利于本行业发展的政策与法规的目的，当然也包括旨在建立或改变某种消费观念和消费习惯的广告。观念广告有助于企业获得长远利益。

（三）广告的作用

1. 提高企业知名度，树立产品形象

广告除了推销功能之外，还能树立企业和产品形象，加强顾客的记忆和好感，提高在市场的声誉。当今市场竞争激烈，商品种类繁多，在消费者难以做出选择时，企业和产品的知名度和形象就成为参考依据。而且，广告还是提高商品知名度不可缺少的利器。

2. 激发需求，增加销售

一则好广告，能诱导消费者的兴趣和感情，激发消费者购买该商品的欲望，直至促进消费者的购买行动。比如，"每天喝一点，健康多一点——宁夏枸杞酒"，市场效果就较为理想。

3. 传递信息，沟通产需

即通过各种媒体，让广告帮助消费者了解产品的特点，创造销售的机会。企业还可以沟通企业—中间商—消费者之间的联系，帮助商业部门做好销售活动。

4. 改善服务，加强竞争

在激烈的竞争中，各企业都希望突出自己的产品，争先诱导顾客购买，并为此进行着激烈的广告战。

5. 丰富生活，陶冶情操

优秀的广告，也是一件出色的艺术作品，不仅真实、具体地向人们介绍了商品，而且让人们通过对作品形象的观摩、欣赏，引起丰富的生活联想，树立新的消费观念，增加精神上美的享受，并在艺术的潜移默化中，产生购买欲望。不仅如此，优秀的广告还可以帮助消费者树立正确的道德观、人生观，培养人们的精神文明，并且给消费者以科学技术方面的知识，陶冶人们的情操。

二、制定广告计划

广告是促销策略的一个组成部分，是实现企业经营策略的工具之一。企业在制定广告计划的时候，首先要确定广告目标并且制定广告预算；其次要进行广告设计；然后要选择广告媒体；最后也是非常重要的一步是进行广告计划评估。

（一）确定广告目标，制定预算

广告目标的确定不是随机的，而应当建立在对当前市场营销情况的透彻分析的基础上，以企业有关的目标市场、市场定位营销组合等重要决策为依据。广告目标的特点主要是：

（1）广告目标很难准确定为完成多少销售额或利润。例如，一个企业的促销目标可以确定为一年内把销售额提高20%，但广告目标却很难如此确定，因为影响企业销售额的因素除了广告以外，还有很多因素，如企业产品的价格、包装、流通、营业推广以及消费者偏好的变化等。当然，广告的最终目标是为企业扩大销售和增加利润。

（2）广告的促销目标很难以一定的期间为标准进行判断和衡量，因为广告效果有迟效性，其效果要在广告刊播以后持续一段时间才能表现出来。例如，某化妆品公司在电视上做了化妆品广告，但消费者并不一定看了广告以后马上去购买，而要经过一系列的心理活动过程或认知过程以后再做出购买决策。

广告预算是广告主根据广告计划对开展广告活动费用的匡算，是广告主进行广告宣传活动投入资金的使用计划，它规定了广告计划期内开展广告活动所需的费用总额、使用范围和使用方法。广告预算不仅是广告计划的重要组成部分，而且是确保广告活动有计划地顺利开展的基础。广告预算编制额度过大，就会造成资金的浪费；编制额度过小，又无法实现广告宣传的预期效果。广告预算是企业财务活动的主要内容之一，它支撑着广告计划，关系着广告计划能否落实以及广告活动效果的大小，但又不同于企业的其他财务预算。一般财务预算包括收入和支出两部分内容，而广告预算只是广告费支出的匡算，广告投入的收益由于广告目标的不同而有不同的衡量标准。它或许反映在良好社会观念的倡导上，或许反映在媒体受众的心理反应上，也有可能体现在商品的销售额指标上。许多广告主误认为，广告投入越大，所取得的效果也就越大。其实，有广告策划者通过对大量广告活动效果的实证分析后得出结论，认为当广告投入达到一定规模时，其边际收益呈递减趋势。美国广告学家肯尼斯·朗曼（Kenneth Longman）经过长期的潜心研究，也得出了类似的结果。于是，他在利润分析的基础上创立了一个广告投资模式，认为任何品牌产品的广告效果都只能在临限（Threshold，即不进行广告宣传时的销售额）和最大销售额之间取值。

（二）进行广告设计

广告的影响不仅取决于它说什么，还取决于它怎么说。广告信息的表达具有决定性的作用。企业应该明确广告定位，即广告想要表达品牌的何种诉求，以及如何表达品牌诉求。

一个好的广告通常只强调一个销售主题。作为品牌定位的一部分，企业应该依靠市场调研，确定哪一个是目标受众的最好诉求。一旦发现某个有效诉求，就可以根据此诉求进行广告设计。

（三）选择广告媒体

企业必须了解各类主要媒体在触及面、频率和影响等方面所具备的能力。企业在选择媒体时要考虑以下变量：

（1）目标受众的媒体习惯。例如对于青少年来说，网络是最有效的广告媒体。

（2）产品特点。各类媒体在表演示范、形象化、解释力、可信程度和色彩具有不同的潜力，比如女性服装广告等在彩色印刷的杂志上更为吸引人。

（3）信息特点。时段和信息将对媒体选择产生巨大影响。例如，一条宣布近日某品牌将有力度较大的短期促销的信息，就可用广播、电视或者互联网作为传播媒介。而一条包含大量技术资料的广告信息，可能选用专业性杂志或者邮件为好。

（4）成本。电视广告费用相对来说比较昂贵，而报纸则相对便宜。这里要考虑的应该是千人平均水平。例如，在某视频网站上投放视频需要20万元，如果浏览视频网站的人有20万人，那么千人广告成本是1 000元。

（四）广告计划评估

广告计划评估是指广告作品通过广告媒体传播后所产生的作用与影响，或者说是广告受众对广告活动的综合反应。检测结果可能会指出广告计划中必须进行的修改部分。广告事后检测的方法有以下几种：

1. 传播效果研究

传播效果研究又称为文稿测试，是为了判断一个广告能否有效地传播。它可以在广告进入现实媒体之前测试，也可以在印刷或广播之后施行。许多企业对已完成的广告活动的整天传播效果感兴趣。例如，如果公司希望把品牌知名度从目标人口总数的20%提高到50%，但结果只提高到了30%，那么，不是公司的广告投入不足就是广告效果不好，或者是忽略了其他因素。

2. 销售效果研究

研究人员常常试图通过历史分析法或者实验分析法来衡量销售效果。当今，越来越多的企业在努力衡量广告支出中的销售效果，而不再仅仅满足于对传播效果的衡量。

第四节 促销组合的其他构成因素

一、销售促进

（一）销售促进的含义和特点

销售促进是指为销售队伍、分销商或最终消费者提供附加价值或激励，从而刺激销售立即增长的促销活动，是企业为了达到营销目标，在一定时期内为迅速刺激需求、鼓励消费而采取的促销手段和方法。如某服装品牌，平时在商场的销售一般不打折，但是每隔一段时间就会在商场做些特卖活动，这些特卖活动总是能吸引很多消费者，可以说，该服装品牌很好地做了销售促进。

实际上，销售促进包括很多有趣的短期战术工具，能对长期的营销战略起到极其重要的补充作用。它的目的是在商品之外，用增加另外的商品或服务等来营造试用或购买的诱惑。

销售促进的特点主要有以下几个方面：

1. 销售促进效果显著

在开展销售促进活动中，可选用的方式多种多样。一般说来，只要能选择合理的销售促进方式，就会很快收到明显的增销效果，它不像广告和公共关系那样需要一个较长的时期才能见效。因此，销售促进适合于在一定时期、一定任务的短期性的促销活动中使用。

2. 销售促进是一种辅助性促销方式

人员推销和广告都是常规性的促销方式，而多数销售促进方式则是非经常性的，只能是它们的补充方式。也就是说，使用销售促进方式开展促销活动，虽能在短期内取得明显的效果，但它一般不能单独使用，常常需要配合其他促销方式进行。销售促进方式的运用能使与其配合的促销方式更好地发挥作用。

3. 销售促进有"贬低"产品之意

采用销售促进方式促销，似乎迫使顾客产生"机不可失，时不再来"之感，进而能打破消费者需求动机的衰变和购买行为的惰性。不过，销售促进的一些做法也常使顾客认为卖家有急于抛售的意图。若频繁使用或使用不当，往往会引起顾客对产品质量、价格产生怀疑。因此，企业在开展销售促进活动时，要注意选择恰当的方式和时机。

（二）销售促进的类型

销售促进的手段有很多，大致可以归纳为两大类：一类是针对消费者的，另一类是针对中间商的。

1. 针对消费者的销售促进

（1）减价。减价可以标示在货架上或者商品包装上。例如，零售商在销售商品时，会采取购买多件商品在付款的时候系统自动扣除一部分金额的方法。这种方法对消费者来说，或许机会不容错过，因而必须立刻做出反应。但是实例表明，这种方式不能维持企业总的销售额。

（2）赠送促销。向消费者赠送样品或试用品，是介绍新产品最有效的方法，缺点是费用高。样品可以选择在商店或闹市区散发，或在其他产品中附送，也可以公开广告赠送或入户派送。

（3）折价券。即在购买某种商品时，持券可以免付一定金额的钱。其目的在于吸引顾客进入商场，并使他们成为回头客。折价券的发放方式多种多样，可以印在广告里，印在报纸和杂志里，在商场购买满一定金额时领取，或通过放在商品包装内送发出去等。但无论谁发行优惠券，回收率和优惠的幅度是关键。有专家估计，优惠券必须提供15%~20%的价格减让才会有效果。

（4）积点促销。积点促销是一种先消费后获赠的促销活动，也是一种成本低、活动持续时间较长的促销方式，在促使顾客再次购买和保护现有使用者免受竞争品牌的干扰这两个方面极有成效。积点促销的基本形式为：依据消费金额所积的点数、消费者购物后所得的积分兑换券或店家要求消费者保存的某种购物凭证（发票、收银小票、商品标签等）等，在达到一定数量后即可换取不同的奖励。奖品可以是现金，也可以是礼品或是下次购买的折扣券等。

（5）融资销售。融资销售是指对金额较大的商品实行分期付款的优惠促销行为。例如，现在很多价格较高的家电销售零售商都会与银行合作，允许采取分期付款的方式购买家电。

在针对消费者的销售促进中做得较好、也为广大消费者普遍接受的当属"屈臣氏"，该企业通常采取以下六个招数来吸引消费者：

• 招数一：超值换购。

在每一期的促销活动中，屈臣氏都会推出三个以上的超值商品。当顾客一次性购物满50元时，只要再加10元即可任意选择其中一件商品。这些超值商品通常来自屈臣氏的自有品牌，所以能在完成低价位的同时又保证利润。

• 招数二：独家优惠。

这是屈臣氏经常运用的一种促销手腕，在寻觅促销商品时经常避开其他商家，给顾客更多新颖感，也能够维系顾客忠诚度。

• 招数三：买就送。

比如买一送一、买二送一、买四送二、买大送小；送商品、送赠品、送礼品、送购物券、送抽奖券……促销方式灵活多变。

• 招数四：加量不加价。

这一招主要是针对屈臣氏的自有品牌产品，经常会推出加量不加价的包装，用鲜明的标签标示，以加量33%或50%为主，多用于面膜、橄榄油、护手霜、洗发水、润发素、化装棉等产品，对消费者十分有吸收力。

• 招数五：优惠券

屈臣氏经常会在促销宣传手册或者报纸海报上印上剪角优惠券，在购置指定产品时，能够给予一定金额的优惠，省5元和几十元的都有。

• 招数六：套装优惠

屈臣氏会向厂家定制专供的套装商品，以较优惠的价格向顾客销售，如资生堂、曼秀雷敦、旁氏、玉兰油等都常常推出带赠品的套装。屈臣氏自有品牌也经常会推出套装优惠。例如，购买69.9元一盒的屈臣氏骨胶原修护精髓液即送49.9元的眼部保湿啫喱一支，促销力度很大。

2. 针对中间商的销售促进

中间商是为制造商出售产品的，因此制造商必须专门为中间商制定合理的销售促进，调动他们的积极性，这样本企业产品的销售才能更好。针对中间商的销售促进，主要有以下几种形式：

（1）折扣和折让。折扣和折让是通过价格优惠来影响中间商的采购模式，通过鼓励中间商增加购买，保持和增加分销渠道中的存货水平。常用的折扣和折让方法有以下几种：

一是单价折扣。即通过单位产品的价格折扣鼓励中间商购买产品。如购买一定量的某产品后，便可以享受固定比例的折扣。

二是销售额折扣。是指在单位时间内，当中间商的销售数量达到一定的销售目标，即给予一定的奖励。如某个中间商在一个月内卖出1万双鞋子可获得10万元的奖励。

三是免费商品。对达到商定数量的产品采购提供免费商品，如零售商每采购八箱牛奶就赠送一箱牛奶，或者提供其他类型的免费商品。

（2）联合广告。联合广告是指制造商承担一定比例的广告费用以使零售商在当地为推广制造商的产品而进行广告宣传。通常情况下，联合广告的支持成本会很高,给销售预算造成不小的压力。厂商根据零售商购买其产品的数量支付一定比例的广告费用,一般为50%。除支付广告费用外,厂商常常会提供适用于不同媒体的一系列可供选择的广告执行方案。

(3)无偿培训。无偿培训针对的是中间商的销售队伍,由于他们缺乏专业的产品知识,所以对其培训可以提高他们的销售业绩。这些培训大多发生在产品价格较高或者消费比较复杂的情况下,例如汽车、智能家电或者高科技产品等。

(4)推广津贴。企业为促使中间商购进企业产品并帮助企业推销产品,可以支付给中间商一定的推广津贴。

(5)销售竞赛。根据各个中间商销售本企业产品的实绩,分别给优胜者以不同的奖励,如现金奖、实物奖、免费旅游、度假奖等,以起到激励的作用。

(6)扶持零售商。生产商对零售商专柜的装潢予以资助,提供POP广告,以强化零售网络,促使销售额增加;可派遣厂方信息员或代培销售人员。生产商这样做的目的是鼓励和提高中间商推销本企业产品的积极性和能力。

在零售环节,虽然销售促进产生的冲击力只是短期的,但对于吸引客户并使他们保持忠诚是很重要的。无论是针对企业还是品牌,销售促进应当经过谨慎考虑、合理设计,以符合整体促销策略。

二、公共关系

(一)公共关系的定义和作用

菲利普·科特勒将公共关系定义为:通过有利宣传与有关公众建立良好关系,树立良好的公司形象,处理不利的谣言、传闻和事件。

公共关系是现代社会组织或个人为自身与公众之间相互了解、相互合作而进行的传播活动、采取的沟通手段以及遵循的行为规范。其核心是社会组织及个人创新精神与实践能力的培养,主要内容是树立以公众为对象、以形象为目标、以互惠为原则、以传播为手段、以真诚为信条、以长远为方针的思想,促进社会和谐建设。而企业的公共关系则是为改善企业与社会公众的关系,促进公众对企业的认识、理解与支持,树立良好企业形象所开展的一系列活动。

公共关系的作用主要有以下几个方面:

第九章 促销组合策略

1. 形成舆论影响、树立品牌形象

企业可以通过公众吸引、优势表现、对象分类等定位法设计有个性、易识别的企业形象,以期给公众留下明确、清晰而深刻的印象。例如,均瑶集团前董事长王均瑶1991年7月在国内第一次承包了长沙到温州的航班,次年创办了国内首家民营包机公司,该公司后来进入国家民航业。王均瑶以个性张扬的行为为其企业提高了知名度。

2. 加强与利益关系者的交流,化解企业信任危机

无数的案例告诉我们,企业公关危机不容避免。企业应该在日常管理过程中对相关人员进行危机管理培训和模拟演习,做好危机处理的各项预案准备,以免危机到来时措手不及。在危机发生后,企业要积极与公众沟通,争取主动性,勇于承担责任,以真诚的态度面对公众,及时与相关部门沟通,随时跟踪舆论导向,掌握外界对企业的看法,指定新闻发言人,保证信息的统一性与流畅性,尽量化"危"为"机"。不能因一时疏忽,将多年塑造的企业形象毁于一旦。

3. 用较少的费用,在媒体广告之外激发市场

这是企业发展公共关系的重要原因。而赢得公众信赖,建立良好的社区关系,增强企业的亲和力;广交朋友,坦诚以待,建立良好的媒体关系,扩大企业的影响力;举办公益慈善活动,为地震灾区捐款捐物等,都是为回报社会、发展自我。比如,江苏黄埔再生资源利用有限公司董事长陈光标多年进行"高调"的慈善活动,对他个人和企业来说都是一个很好的公关,而且可信度高,其良好的形象也为公司带来更高的回报。陈光标能轻松进入快消品行业的根源就是"陈光标"效应。其实,陈光标真正进入公众视野是在2008年汶川大地震期间的表现。人们不会忘记他当时率领公司组织的救援队伍积极参与救灾的场景,在随后的多起自然灾害中也总能看到他的身影。他在外界塑造了高调捐赠、亲力亲为,将捐赠与救援行动结合起来的印象之余,也为企业带来了回报。

(二)公共关系的活动方式

公共关系的具体活动方式主要有以下几种:

1. 新闻宣传

新闻宣传是企业成本最低的一种宣传方式,而媒体捕捉新闻是其职业要求。企业应该利用媒体宣传自身良好形象,同媒体建立良好的关系,尽量对媒体

提供对企业有利的消息,以扩大企业的影响,加深消费者的印象。

2. 赞助公益活动

赞助公益活动是企业通过无偿提供物资或资金支持某一项公益事业,来获得一定的形象传播效益的活动。例如基金捐献、支持社会福利活动、为灾区捐款捐物等。

3. 积极参加各种专题活动

企业可借助国家或地方举办的专题活动来宣传自己。例如,参加地方的一些博览会,又如婚庆公司可以参加近来较为流行的婚博会等。

4. 针对企业内部的公关活动

内部公共关系,是对一个组织内部横向与纵向的公众关系的总称。组织内部纵向的公众关系包括一个组织机构里上下级之间的关系,组织内部横向的公众关系包括一个组织机构中各个职能部门、科室、班组之间和内部员工之间的关系。企业可以举办一些活动来加强企业内部员工的交流活动,例如,举办运动会、文娱活动等。

（三）制定公共关系计划

1. 设定公共关系目标

公关目标必须符合企业整体发展的要求,并与企业的其他活动目标协调统一。任何企业都是由很多要素构成的、具有明确目标的有机系统,这就要求企业设定公共关系目标时应做到明确具体。

2. 选择信息和载体

即具体选择和使用哪一种宣传类型,借助于哪些沟通渠道和沟通工具将关键信息发布给受众。如可以采用新闻宣传、召开新闻发布会、同媒体合作搞一些有创意的活动及发起赞助等方式。当然,必须在一定的资源和预算限定的条件下,充分考虑各种可能的传播方式,随后将力量集中在关键的几项,然后再制定详细的方案。

3. 制定公关活动的时间表

即制定一个科学的、详尽的公关计划时间表。公关计划时间表的确定,应和既定的目标系统相配合,按照目标管理的办法,将最终的总目标、项目目标以及每一级目标所需的总时间、起止时间一一列表,以形成一个系统的时间表。对活动的起始时间,公关人员要独具匠心,抓住最有利的时机,以取得事半功倍的效果。

4. 执行计划和评估结果

所谓公共关系评估就是根据特定的标准,对公关计划、实施及效果进行检查、评价,以判断其优劣的过程。它在整个公关计划实施过程中具有非常重要的作用。评估控制着公关实践的每个活动及环节,目的就是取得关于公关工作过程和工作效益的信息,作为决定开展、改进公关工作和制定公关计划的依据。

三、直复营销

直复营销又称为直销。1872年,蒙哥马利·华尔德(Montgomery Ward)创办了美国第一家邮购商店,标志着一种全新的营销方式的产生。但在20世纪80年代以前,直复营销并不为人重视,甚至被看成是一种不正当的营销方式。进入20世纪80年代后,直复营销得到了飞速发展,其独有的优势日益被企业和消费者所了解,也为促销组合中的其他要素增加了另外一个维度。

（一）直复营销的定义

根据美国直复营销协会的观点,直复营销是一种互动的营销系统,即运用一种或多种广告媒介在任意地点产生可衡量的反应或交易。

（二）直复营销的类型

与一般广告不同的是,直复营销广告是一种直接回应的广告。与一般营销广告相似,几乎各种媒介都可以为直复营销所用,只不过直复营销采用不同的使用方式和效果评价方式。典型的直复营销媒介主要有:直接邮购营销、电话营销、电视营销、整合互动营销、目录营销及网络营销等。

（三）直复营销的特点

直复营销区别于其他营销方式的主要特点有:

1. 目标顾客选择更精确

从事直复营销的人员可以从企业顾客名单或数据库中挑选目标顾客,然后与单个目标顾客或特定的商业用户进行直接的信息交流,切实做到沟通有针对性。

2. 强调与顾客的关系

直复营销活动中,直复营销人员可根据每位顾客的不同需求和消费习惯进行有针对性的营销活动,从而建立与顾客间一对一的双向沟通,与顾客形成并保持良好的关系。

3. 激励顾客立即反应

面对激励性的广告,一些顾客会即刻购买,直复营销人员应为此提供尽可能多的便利,使人性化的直接沟通即刻实现。

4. 直复营销战略的隐蔽性

直复营销战略不是大张旗鼓进行的,不易被竞争对手察觉,即使竞争对手察觉也为时已晚,因为直复营销广告和销售是同时进行的。

5. 关注顾客终生价值和长期沟通

直复营销将企业的客户(包括最终客户、分销商和合作伙伴)作为最重要的企业资源,通过完善的客户服务和深入的客户分析来满足客户的需求,关注和帮助顾客实现终生价值。

在直复营销方面做得最早、效果也较为理想的企业之一,是上海麦考林国际邮购有限公司。该公司成立于1996年1月8日,是中国第一家获得政府批准的从事邮购业务的三资企业,也是目前国内实际投入资金和规模最大的邮购公司。除邮购业务外,公司于2000年4月开通了电子商务门户网站,经营服装、首饰、家居用品、健康用品、宠物用品等多种产品。该公司主要通过专门的产品目录、杂志广告、互联网等媒体向顾客介绍产品,并以邮寄、送货上门等方式进行交货。在中国,目前麦考林已经服务了超过250万的顾客,拥有近500万用户的姓名和地址,无可争议地成为了中国直复营销行业的领导者。

本章小结

沟通是企业整体市场营销活动的重要组成部分。面对日趋激烈的竞争环境和瞬息万变的市场,企业如何与顾客之间开展有效的信息沟通对于企业的生存与发展日益显示出关键性作用,因而沟通策划也成为企业营销决策的重要内容。

沟通是信息发送者和信息接受者之间为达到思想上的相通或一致而进行的活动过程。这一过程由九个部分组成:发送者、编码、信息、媒体、解码、接受者、反应、反馈和噪音。

有效的营销沟通过程,要求沟通者必须完成以下步骤:确定目标受众;确

第九章 促销组合策略

定沟通目标；选择媒体；设计信息；选择信息来源；收集反馈。现代市场营销要求企业还必须与现有的和潜在的消费者进行沟通，促销组合是企业和消费者进行沟通时运用的直接方法。它由五个因素组成，包括人员推销、广告、公共关系、销售促进和直复营销。

应采用合理的促销预算方法，然后沟通者才能依据切实可行的预算方案展开工作，以实现目标。目前建立促销预算常用的方法有以下四种：量力支出法，销售额百分比法，竞争对等法和目标任务法。

在确定总的促销预算之后，企业要进行总体的和具体的沟通活动，即决定其促销组合。促销组合以某种方式结合人员推销、广告、公共关系、销售促进和直复营销，满足目标市场的需求，实现组织目标。一般而言，企业很少单一使用某种促销方式，而是采取复合的促销方式。这使企业的促销活动更具有生动性、艺术性、灵活性和现实价值。

本章思考题

1. 开展营销沟通的步骤有哪些？
2. 描述各种制定促销预算的方法。
3. 列举广告的特点，并说明广告的作用有哪些。
4. 试列举销售促进的内容。
5. 什么是人员推销？它的特点是什么？过程又有哪些？
6. 试描述销售管理过程。
7. 如何制定公共关系计划？
8. 案例研究：

美特斯邦威《变形金刚2》整合营销案例分析[①]

2009年6月24日，美特斯邦威宣布作为首家中国内地的品牌，拿下了与派拉蒙和孩之宝的变形金刚版权中国特许。

美特斯邦威，一个休闲服装类品牌，向好莱坞大片伸出合作之手，除了利用国人对它的高认知度外，还源于两者体现出的很"潮"很"酷"的状态也刚好

---

① 改编自《美特斯邦威〈变形金刚2〉整合营销案例分析》，http://www.doc88.com/p-989393075387.html.

吻合。营销应该做到独特，无论是事件营销、公关营销、还是整合营销，必须有其突出特点才会引起广泛关注。如果别人做过，那你肯定不会是最强的。这次也是如此，美特斯邦威是与好莱坞大片合作的第一个中国内地品牌，可以说因为美特斯邦威具有"对事件敏锐度高"的基因才能有此次合作，才这么引起关注。

美特斯邦威与《变形金刚2》合作的意义，并不只是使美特斯邦威多卖掉点衣服，更在于对品牌的贡献，对企业形象的贡献。在增强了美特斯邦威这一零售品牌的国际形象的同时，也结合这样一个时尚事件制造新的品牌话题。此外，更能抓住当下年轻人，让他们觉得美特斯邦威与他们更贴近。消费者不停地在变，5年前穿美特斯邦威的人现在已经不穿了，新上来的年轻人喜欢的东西又不一样，企业需要一些新的事件、新的话题让这些年轻人觉得他们与美特斯邦威的关系更近，觉得那是属于他们自己的品牌。

从整体的销售带动，到品牌合作的影响力，美特斯邦威都收到了理想的预期效果。由此可见其整合营销的力量。整合营销是一场革命，整合营销意味着变革。营销也需要与时俱进，而与时俱进的营销需要做到：① 必须在创造强力品牌概念方面更加具有战略性，实现企业战略；② 必须重点关注与客户接触的全过程，引领全面的客户体验，与强力品牌概念结合起来；③ 必须以能向大量客户进行营销的方式提供适合客户需要的定制型客户体验。

思考与讨论：

（1）美特斯邦威为什么要选择与《变形金刚2》合作？

（2）简述美特斯邦威与《变形金刚2》合作的意义以及对其他企业的借鉴作用。

本章参考文献

1. 马进军主编：《市场营销学》，机械工业出版社2011年版。

2. 〔美〕乔治·E.贝尔奇等著，张红霞、庞隽译：《广告与促销：整合营销传播视角》，中国人民大学出版社2006年版。

3. 黄鹂、何西军：《整合营销传播：原理与事务》，复旦大学出版社2012年版。

4. 夏俊：《直复营销管理》，中国发展出版社2001年版。

5. 卢小平：《"整合营销传播之父"唐·舒尔茨来粤传经》，《大经贸》2009

年第6期。

6. 王启万:《整合营销传播理论的嬗变及其发展方向》,《商业时代》2009年第6期。

7. 王英铎:《浅谈整合营销传播理论在我国的发展》,《中国商界(下半月)》2009年第4期。

8. 朱红亮、李振国:《整合营销传播及其管理要义》,《河北学刊》2009年第2期。

9. 何军:《浅析我国企业如何实施整合营销传播》,《中国集体经济》2008第1期。

10. 马勇:《整合营销传播在我国企业中的运用》,《合作经济与科技》2008年第8期。

第十章　网络营销

本章学习目标

1. 了解：网络营销的顾客特性、适用产品、基本职能、成功要素和重大影响；
2. 熟悉：B2B营销模式、B2C模式、C2C模式；
3. 掌握：网络营销产品策略、价格策略、渠道策略、促销策略。

本章核心概念

网络营销　B2B　B2C　C2C　个性化产品策略　产品重新定位策略　折扣策略　定制定价策略　使用定价策略　拍卖竞价策略　免费定价策略　链接互换　博客营销　微信营销　APP　网上直销　网络中间商

第一节　网络营销概述

我们已经步入了网络时代。网络与商业结合，为企业的营销活动增添了新的生命力。网络营销是21世纪最有代表性的一种低成本、高效率的全新商业形式。

一、网络营销的基本概念

网络营销是以互联网为核心平台，以网络用户为中心，以市场需求和认知为导向，利用各种网络应用平台去实现企业营销目的的行为。没有任何证据表明，什么产品或服务不能在网络上开展营销活动，或者哪些企业必须在网络上进行营销活动。然而，网络营销不是万能的，也就是说，它有适用性问题。对企业而言，仍然存在如何最大程度地接近消费者的需求的问题。一般而言，消费者易于做出购买决策的产品，如无需亲自去尝试或接触的产品，更容易令其满意；对企业来说，在较大地理范围内存在需求的产品更容易获得销售业绩。

网络营销可用于从品牌推广到销售产品、提供服务、市场调研等一系列工作和环节，这些工作的共同前提就是需要大量的、充分的信息，而网络系统本身具有的优势就是信息的积累和充分流动。所以，这一优势也成就了网络营销的基本职能，并从中逐步演化出了更多的职能。

二、网络营销系统的职能

网络营销的基本职能不仅体现了其对企业的重要作用，同时也反映了其工作内容。

（一）信息的广泛传播

这一功能主要是通过网络营销系统将企业或产品的信息向外广泛传播，实现企业宣传形象、扩大影响的目标。尤其对处于网络营销起步阶段的企业来说，为顾客提供尽可能多的信息，有助于客户了解企业、在众多企业中进行甄别。

通过网络营销系统传播产品信息，是大多数企业网络营销的常态化形式和初步形式。如企业利用网络特有的多媒体技术，全方位地展示产品的外观造型、性能、特征、价格等，客户可以通过对网上产品目录的点击，充分了解产品信息。

（二）实现和客户的信息沟通与订购

一方面，用户可以通过企业网络营销的主页，了解该企业的主要经营业务及商品信息。为了使用户能在企业的网站上顺利选购或订购商品或服务，企业网络营销的网站应为用户提供方便的沟通和订购界面，能使用户在短时间内非常方便地搜索到其所需要的商品或服务，并提供相应商品或服务的详细介绍和相关信息，让用户充分体会到在网上实现购买行为的便捷性。

另一方面，由于网络沟通是交互式沟通模式，所以在用户获得企业产品或服务信息的同时，企业也可以获得用户的信息。比如，可以通过在线调研的方法来了解用户对产品或服务的评价。由于这种在线调研比传统的调研方法成本更低、效率更高，所以使网上市场调研成为网络营销的重要职能之一。

另外，由于互联网技术能够提供比传统服务更方便快捷、更及时的在线客服手段，所以企业可以通过FAQ（常见问题解答）或邮件列表，或BBS、QQ、阿里旺旺、聊天室等各种方式即时与客户进行沟通和互动，对顾客进行指导和服务。这种互动式交流的服务方式也是建立和维系客户关系的重要手段。因此，可以说，网站的交互性和顾客的参与程度等对于企业网络营销的效果具有重要影响力。

（三）品牌推广和销售促进

品牌推广是网络营销的重要任务之一，即在互联网上发布并推广企业的品牌。对于一些知名企业来说，其品牌影响力可以在网上得以延伸；对于一般企业而言，则可以通过开展网络营销活动快速建立品牌形象，并提升企业整体形象。

企业的网络品牌建设是以企业网站建设为基础的。企业可以通过实施一系列的推广策略，达到令顾客和公众认知、认可企业品牌的目的。从某种程度上说，在网络上确立品牌的价值甚至比通过网络获得直接的经济收益更为重要。

营销的重要目标之一就是增加销售，网络营销也不例外。大部分网络营销的方法都与直接或间接的促销手段有关。但是在网上进行促销，其效果往往并不仅限于从网上获得收益，事实上，网络营销在很多情况下对于促进线下或实体店销售也十分有效。

（四）分销渠道的多元化

网上销售是企业实体分销渠道在虚拟市场的延伸。网上销售渠道的建设不仅是企业网站建设本身的问题，还包括在综合电子商务平台上进行的网上商店的建设，以及与其他电子商务网站不同程度、不同形式的合作与业务整合。

（五）网上支付与结算

支付和结算是网上销售活动的最后环节。随着网络技术的不断成熟和提高，网络金融平台的建立和完善，使得企业与个人用户、企业与企业间不仅能在本地、本国顺利、安全地完成结算，还能实现跨境的各种资金往来。

（六）商品及货物的配送

商品及货物的配送是网络营销活动中完成交易的关键环节。消费者在网上完成了商品的选购和支付以后，关注的重心就转移到能否在预期的时间内和指定的地点收到商品上面。所以，企业应选择有能力提供高效率、高质量配送服务的物流公司，或者自己组建专门的物流公司，来配合公司的网络营销活动。如，京东商城就是利用自有物流为客户配送商品，以有效地控制物流服务水平和成本。而大多数企业的网上经营业务的配送服务，都是委托本地区的物流公司来完成的。所以，随着网络营销的发展，物流业也得到了重整和发展。这也是网络营销对社会经济的一大贡献。

企业开展网络营销，需要充分发挥网络营销的各种职能，力求实现网上经营活动的整体效益最大化。网络营销的职能是通过各种网络营销方法来实现的，网络营销的各个职能之间并非相互独立，同一个职能可能需要多种网络营销方法的共同作用。而同一种网络营销方法也可能适用于多个网络营销职能。因此，仅仅由于执行某种职能效果欠佳就否认网络营销的作用是武断的、缺乏依据的。

二、网络营销的基础

网络营销的基础来自于市场，来自于以顾客为导向的现代营销思想。因此，顾客网络的建立与巩固，是企业开展网络营销最基础但又最重要的工作。

（一）顾客网络的建立

网络营销仍以顾客为焦点，因此，争取顾客、留住顾客、建立与顾客的亲密关系等仍是网络营销的重要课题。如何跨地域、跨文化、跨时空地再造顾客关系将成为企业重要的营销行为。所以，企业在建立顾客网络的初期，可以借鉴以下方法：

1. 有偿获得网络用户的资料

这是吸引网络顾客的有效方法。如网络公司向网络用户提供免费电子信箱，这是网络服务公司较为普遍的吸引网络用户的做法。而企业则可以通过合法手段向网络服务公司有偿获得网络用户的资料，以便有针对性地发布电子广告。

2. 提供信息

企业通过网络公司向网络用户发布具有较高商业价值的信息，以招徕顾客。当然，这类信息大多是免费的或低价的，这样既可以扩大网络用户的队伍，也可以扩大企业的网络市场。

3. 组建俱乐部

网络俱乐部是以专业爱好为主题的网络用户中心，针对某一主题或问题，把感兴趣的网络用户组织起来，可以为企业细分网络市场奠定基础。

4. 借助有效的媒体组合

网络营销活动中，网络是主要媒体，但不是唯一。企业可以借助多种媒体来扩大网络上的品牌的知名度，使网络营销活动更具成功的可能性。

（二）顾客网络的巩固

企业建立了顾客网络以后，就必须进一步开展留住顾客、巩固顾客网络的工作。迄今为止，一对一定制化营销是巩固网络市场地位最有效、最具吸引力的手段。以电子商店为例，通过资料库，商家可以全面了解顾客的生日、购买习惯、对产品的偏好、以前购买的产品等方面的信息，从而为企业提供在最适当的时机通过电子邮件向顾客推荐产品的机会。由于这种定制化的营销方式成本低、效果好，因而成为企业普遍应用的方法之一。

三、网络营销的成功要素

不是所有的企业都适合进行网络营销，也不是所有进行网络营销的企业都会成功。但是，当企业具备以下要素时，网络营销的成功率或许会倍增。

（1）适应定制化时代的要求，提供个性化服务；

（2）充分发挥网络互动性优势，开展互动式营销；

（3）遵循网络规划，实施关系营销；

（4）充分利用虚拟化策略，降低营销成本；

（5）为消费者提供购物安全感；

（6）产品或服务具有一定的品牌知名度，是网络营销的切入手段。

四、网络营销发展的难题

（一）网络营销面临的国际性难题

（1）网络安全问题。这是所有从事网络营销的企业共同面临的难题，也是相关技术专家需要攻克的堡垒。

（2）税收问题。包括税收管辖权不易确定、课税手段和方法不统一、税务检查稽核难度大等问题。

（二）在我国开展网络营销所面临的问题

1. 物流等方面的配套服务能力

当网络营销被众多企业普遍采用时，配套服务能力就成为影响网络营销效率的重要因素。在所有配套服务能力中，一个特别突出的问题就是物流服务能力和水平。比如，近年来，每年的"双11"促销活动产生的巨大的交易量给物流企业造成了相当大的压力，也对运输设施提供者提出了相当高的要求。而现有的物流能力和水平尚不足以应对如此突发且量大的交易，因此，这也成了我国网络营销中目前的一大突出难题。

2. 企业需要专职人员从事该项业务

如果某企业重视网络营销活动，并希望切实有效地开展起来，那么，它就必须建立一支专职人员的队伍来从事相关的专业工作。这对大企业是可行的，但对于中小规模的企业来说，无论在资金还是人力资源方面都是一项较大的投入。所以，在当前的网络营销格局中，我们不难看到两种极端的现象，一种是大型企业，另一种则是以个体经营者为主的网上商店，并且其经营者大多是非正规的企业。这就给国家和工商、税务、法律等部门对网络营销活动的管理带来了困难。

3. 法律问题

我国有关网上交易的法规尚未健全，使网上交易尚不能得到法律的完整保护。

第二节　网络营销模式及策略

一、网络营销的基本模式

（一）B2B模式

B2B（Business to Business）是企业与企业间的电子商务活动模式的简称，即进行交易的供需双方都是商家，它们使用互联网技术，在各种商务网络平台中完成交易。B2B的交易过程包括：发布供求信息，订货及确认订货，支付过程及票据的签发、传送和接收，确定配送方案并监控配送过程等。B2B模式是将企业的内部网，通过网站与客户紧密联系起来，通过网络的快速反应，为客户提供更好的服务，从而促进企业的业务发展。国际知名的市场分析公司，如高盛（Goldman Sachs）、IDC等纷纷看好这一电子商务模式。它们认为B2B模式是当前电子商务模式中份额最大，也是最具操作性、最容易成功的模式。

目前，B2B网站主要可分为三类：大型企业的B2B网站、第三方经营的B2B网站、行业生态型的B2B网站。不同类别的B2B网站都有着各自的特点和运作方式。B2B模式应用比较广泛的操作模式有：电子市场中心、电子分销商、B2B服务提供商以及信息中介等。

B2B模式不仅建立了一个网上的买方群体和卖方群体，也为企业之间的战略合作提供了基础和平台。任何一家企业，不论它具有多么强的技术实力或多么完美的经营战略，要想单独实现B2B都是不可能的。企业之间可以通过互联网在市场、产品或经营等方面建立互补互惠的合作，形成水平或垂直形式的业务整合，以更大的规模、更强的实力、更经济的运作真正实现全球运筹管理。如今，企业间建立合作联盟已逐渐成为企业网络营销发展的趋势。

（二）B2C模式

B2C（Business to Consumer）模式，简单地说，就是第三方企业整合上游厂家（或服务提供商）的资源，通过互联网平台向下游商家（消费者）提供产品信息和在线服务的平台。

在B2C模式中存在着三个主体，即产品供应商、网络平台（即网站）和消费者。其中，网站除了作为产品信息的集散地、发布地之外，同时也对上、下游客户提供一定的增值服务，如广告发布、招商加盟信息发布、餐饮娱乐等一条龙增值服务。而网站所属企业本身也并非产品供应商，网站只提供平台，邀请具有共同经营理念的上游厂家（或服务提供商）加盟，一方面，通过增值服务来吸引供货商，以扩大网站中进行交易的产品线；另一方面，由于网站本身具备垂直媒体功能，也具备为上游厂商（或服务提供商）提供品牌扩散的机会。

（三）C2C模式

C2C（Consumer to Consumer）模式，简而言之，就是消费者与消费者之间的电子商务模式。在这种模式的运作中，商品和信息直接从提供商品的消费者通过电子交易平台（即网站）传达给需要商品的消费者。

第十章 网络营销

C2C模式区别于其他模式的重要特点是,只要买卖双方能够进行交易,就有盈利的可能。但前提是必须保证网站实现盈利,这一模式才能够继续存在和发展,否则就将失去存在和发展的前提和基础。因此,可以说,在C2C模式中,电子交易平台提供商(即网站)是一个至关重要的角色。

提供增值服务、交易提成、广告收入等一直以来就是网站的主要盈利模式。随着C2C模式的不断成熟和发展,网站还能够为买卖双方提供保险、借贷等金融类服务,以及第三方支付平台,从而更好地为买卖双方服务,以确保自身的盈利。而从第三方支付平台获得提成,如今业已成为网站的重要盈利途径。

从电子商务诞生开始,一直是以B2B、B2C和C2C三大主流模式为主。但是,在中国电子商务诞生初期出现的C2C模式近年来却逐步衰退,而B2B、B2C模式的发展大有取而代之的势头。以中国最早也是最大的C2C交易网站"淘宝网"为例,几年前,淘宝网为了明确区分C2C业务和B2C业务,开辟了"淘宝商城",后来为了更进一步地细分来自两种模式的业务,宣布将"淘宝商城"从"淘宝网"拆分出来,紧接着又把"淘宝商城"改名为"天猫"。经过几年的发展,"天猫"正在逐渐摆脱"淘宝"的影子。2012年,"淘宝网"和"天猫"的销售额总和达到了1.1万亿人民币,其中B2C(天猫)销售业绩约为2 000亿元,而C2C(淘宝网)业务约为9 000亿元。而进一步分析"淘宝网"的交易数据可以发现,其商户中约95%是企业单位。所以,即便是在"淘宝网",绝对交易额仍是巨大的,并呈上升趋势,但真正意义上的C2C交易已不再是主流。

二、网络营销策略

网络营销使传统的营销方式产生了巨大的变化,传统的营销策略总是从企业注意消费者开始,研究他们的消费习惯和心理诉求,以开发新产品并展开营销推广。而网络营销让更多的消费者开始注意企业。在网络营销中,各网络平台供应商即网站需要吸引大量的商户,继而才能有大量的消费者或客户;另一方面,大量的商户又希望能赢得大量的消费者或客户的青睐。所以,这些网络营销的主体都需要利用一定的手段来提升自己的吸引力和知名度,常用的营销策略有:

（一）产品策略

网络营销与实体市场营销的产品策略相比，其主要区别在于网络营销的产品有一定的特殊性。

1. 网络营销产品的的特点

一般而言，用于网络营销的产品必须具有适合在网络上进行经营活动的一些特性，通常有以下几点：

（1）产品的性质易于识别；

（2）易于做出购买决策的产品，如无需尝试或接触等；

（3）市场需求涵盖较大的地理范围；

（4）不容易设店销售的特殊商品；

（5）网络销售费用远低于其他渠道的产品；

（6）创意独特的产品；

（7）知识含量、技术含量较高（如电脑软件、专利产品等）；

（8）服务或咨询类型的产品。

特别需要指出的是，随着互联网技术的发展和提高，适于在网上进行销售的产品越来越多，既包括有形产品，也包括无形的服务。如"淘宝网"出售的产品中，不仅有服装鞋帽类、箱包皮具类、食品类、各类电子产品等，还有机票、电影票等。顾客在购买电影票时，可以在网上选座位，购买机票还可以在网上办理登机手续。除了以上这些具有一定外在形式的商品外，网上交易还可以是某种服务的买卖，如电脑软件安装服务，服务提供商可以通过互动软件远程操作，在用户支付费用后，为用户安装电脑软件。整个服务过程中，卖家和顾客无需见面，仅需通过某些互动软件进行远程操控就可完成。这大大方便了买卖双方，也大大降低了交易成本。

2. 网络营销的产品品牌和包装策略

在网络营销中，无论是生产商品牌还是中间商品牌，都具有同等的重要性。要在互联网的信息海洋中被浏览者关注，就必须提高被关注的机率，就必须要有明确和醒目的品牌形象。而且，因为消费者在网上购物时无法进行购物体验，同时可供选择的同类商品数量巨大，因此对于消费者来说，他们只能依靠品牌来鉴别商品。有关研究表明，在实体市场被推崇的品牌不一定在网上也受到青睐，比如可口可乐，原有实体市场的品牌形象似乎不能吸引年轻人以同等热情去关注它的网站，那么就必须建立网上的品牌新形象。在中国，可口可乐中国站的官方网站名就注册为www.coca-cola.com.cn。也就是说，企业可以通过注册与企业商标名称相关联的域名（.com或.net等），来提高企业在网络的被关注度。这已经成为有效的网络品牌策略之一。

作为网络经营的针对全球市场的产品，其包装也必须适合网络营销的要求，一方面能体现产品生产商或经营商的特点，另一方面要采用适合专业递送的包装。除一些服务类产品，如软件、信息等可以没有包装，其他实体产品都应该设计一定有特色又有利于递送的包装。

3. 网络营销的新产品开发策略

网络营销的新产品开发策略与实体市场营销的新产品开发策略类似，只是其制定策略的环境和操作方法不尽相同。

（1）个性化策略。网络时代从某种角度上讲也是定制化时代，对于追求个性的消费者而言，互联网就是购物天堂。这种追求个性化的需求也可以称为一种心理需求。但个性化消费并不等于高消费或者高档消费，它只是消费者根据自身条件，如收入、地位、家庭、爱好等来确定自己的需求，以更好地显示其与众不同的特性。因此，经营者为这一类消费者提供的产品或者服务可以与其他产品功能相同但形式不同，或者形式相同但功能不同，或者功能、形式都相同但材质不同。总之，在产品构成要素上具有某种特殊性的产品，是网络营销新产品策略的重要内容。

（2）产品重新定位策略。在开展网络营销的初期，尤其需要对现有的产品进行重新定位，以使其符合新的细分市场的需求特征。由于网络营销面对的市场比实体市场更加广泛，因此，企业可以突破时空的限制，以有限的营销成本进入全球市场，甚至个人也可通过一定的方式，如海外代购，来从事跨国经营活动。比如在"淘宝网"上就有不少从事跨国代购业务的网店，它们利用自己在海外的货源渠道优势，为需要购买国外产品的消费者提供比实体店具有价格优势的海外产品。所以，根据全球消费者的特性来重新定位产品就显得非常有必要了。

（二）价格策略

网络营销的定价策略与传统的定价策略有一定的相同之处。在企业进入网络市场的初期，其定价目标是在市场上立足，求得生存。在经历了初创期后，企业才会追求发展和利润。目前，中国最早的交易网站"淘宝网"已逐步从C2C向B2C转型，这就意味着经过几年的竞争洗牌，网络市场已逐步走向成熟和规范。此时，经营者的定价目标和策略都将发生变化。但与实体市场相比较，低价策略的应用往往更容易被买卖双方接受。

在网络营销中，定价的基础一般有降低采购成本、降低库存、控制生产成本等。因为在网络中，生产商和经营商可以通过共享信息来提高效率。比如利用网络将生产信息、库存信息和采购信息、配送货信息等实现实时共享，从而真正实现"零库存"，大大降低成本。

在实施网络营销定价策略时，应该注意的是明确定价的主体和接受价格的对象，因为无论是哪一种价格策略，由于接受价格的对象不同，则基础价格也不同，价格优惠的幅度不同。以下是几种常用的定价策略：

1. 薄利多销策略

这种策略是一种比较常见的低价策略，就是在产品上线公开价格后，以低于同类产品的价格出售。此时，这种低价一般采用成本加利润的计算方法，有时甚至是零利润，一般情况下，是厂商在网上直销产品时有意识地制定较低的价格，以达到多销和聚集人气的目的。比如，戴尔电脑在网上直销时价格通常比其他品牌的同性能产品价格低10%~15%。

2. 折扣策略

折扣策略是在原价的基础上计算一定的折扣以后再确定价格的定价策略。这种方法需要公布原价和折扣率，以使消费者了解享受价格优惠的幅度。在具体操作中，可以先在顾客提交订单时以原价计算，在消费者支付环节再修改价格。此时，消费者可以即时体验到降低价格后减少支出的愉悦感；同时，卖方也可以借机与买方建立对话，增强互动性和场景感。

3. 定制定价策略

这种定价策略多适用于与利用互联网技术和辅助设计软件等有关的交易，通常是在帮助那些愿意支付一定的费用、自行选择指定的特殊配置，或自行设计能满足其个性化需求的产品的消费者完成购买行为时所采用的定价方法。这种方法现阶段还只适用于少数产品，比如某些品牌的计算机，可以提供用户根据自己的要求配置的计算机产品，同时实施与其他品牌既定配置整机不同售价的定制价格。这种定价策略最大的优势在于，能提高顾客的满意度和满足度，但需要企业在技术指导和售后服务上有更高的水平。

4. 使用定价策略

使用定价的性质类似于租赁价格的制定，即按使用次数来制定价格。这是由于许多产品购买后使用的次数有限，甚至只使用一次，商品可能因长期搁置而造成浪费。所以，这一因素有可能制约购买行为。为了改变这一情况，可以在网上采用类似租赁的、按使用次数或使用时间来收取费用的方法来鼓励人们对这些商品的消费。比如有些软件公司、网络游戏开发公司，将其产品如软件或网络游戏放在网站上，用户在注册后可根据使用软件的时间或玩游戏的时间来支付费用。

5. 拍卖竞价策略

网上拍卖是由消费者通过在互联网上公开轮流竞价，在规定时间内出价高者赢得商品的方法。参与拍卖的消费者只需在网上进行登记即可，拍卖方只需将商品的相关信息提交给专门从事拍卖的网络拍卖公司，经公司审查后即可上网进行拍卖。目前常见的拍卖竞价方式有竞价拍卖、竞价拍买和集体议价（团购）。

6. 免费价格策略

免费价格策略是将企业的产品或服务以零价格的形式出售给顾客。免费价格主要有以下几种类型：

（1）产品和服务全免费。即产品或服务从购买、使用到售后服务，完全不收取费用。如有些报纸的电子版在网上可以完全免费阅读，有些电影在网络上可供完全免费观看等。

（2）产品和服务限制性免费。就是产品和服务可以在一定次数内免费使用，超过规定的时限或次数限制，就不再享受免费待遇。如金山软件公司曾免费赠送可以使用99次的某软件，超过99次就必须支付费用然后才能继续使用。

（3）对产品和服务实行部分免费。如有些调研公司的网站公开部分研究成果，如果要获取全部成果则要支付费用。

（4）产品和服务进行捆绑式免费。即购买某产品或服务时赠送其他产品或服务。如电信公司为了鼓励用户使用移动网络，在用户预存一定金额的电话费后赠送一部手机。

企业采用该价格策略的主要目的是复杂的,既有招揽顾客,在其形成消费习惯后再对其收费的目的,也有为长远目标先抢占市场的动机。具体情形主要取决于企业的发展战略和产品本身的适用性。

(三)渠道策略

网络营销的分销渠道与实体市场的分销渠道类似,也可以分为两种:一种是直接的分销渠道,即生产商在网络中直接将商品销售给消费者,这种模式可称为网上直销;另一种是生产商通过网络市场的中间商将商品销售给消费者。

1. 网上直销

网上直销与实体市场的直销不同,因为企业需要在网上建立自己的网站,这样顾客才能通过网站直接向企业订货。

对于网上直销活动,物流管理和控制显得尤为重要。在网上直销的企业,可以通过两种途径对物流进行管理和控制:一是自建物流系统,如"京东网"就拥有自己的物流系统,在这一系统中除了及时处理各种网上订单、及时配送外,还要对客户的支付行为提供安全保障。因为在整个流程中,客户需要在提交订单后先支付货款,然后才能由公司进行配货送货,所以,保障客户的支付安全也是从事网上直销的企业的义务。二是利用第三方物流为本企业的网上直销提供物流服务。这需要选择合适的、服务水平较高的公司来合作完成直销活动。如果出现顾客不满意的情况,那么也有损网上直销公司的形象。

2. 由中间商经销

网络市场中的中间商,总的来说可以分为两大类:一类是网络零售商和虚拟集市,它们是从事商品交易的网上的商品经销商;另一类是提供网络或网站服务但自己不从事商品交易活动的中间商。这些提供网络平台或服务网站的中间商一般有以下几种类型:

(1)目录服务商;

(2)搜索引擎服务商;

(3)虚拟商场;

(4)互联网内容提供商;

(5)虚拟评估机构;

(6)网络统计机构;

第十章 网络营销

（7）网络金融机构；

（8）智能代理，又称比较购物代理。

（四）促销策略

网络营销的促销策略主要包括网络广告、站点推广、销售促进和网上公共关系。

1. 网络广告

网络广告是指网络信息提供者以数字技术为载体，采用先进的电子多媒体技术设计制作不同的网络广告类型，在网站和网页上发布、传播广告信息。常用的网络广告形式有：旗帜广告、电子邮件广告、电子杂志广告、新闻组广告、公告栏广告等。网络广告可以借助一些知名站点的免费电子邮件服务或者一些免费公开的交互站点，发布企业或产品的信息。

由于网络广告的广泛传播，网上消费者对网络广告的态度也在发生变化。比较常见的有一种网站上的悬浮式广告，对消费者的视线造成一定的干扰，所以容易引起消费者的不满和厌烦情绪，以至于这类广告的被删率不断提高，导致其效果不佳，也使得这种网络广告的形式遭到了质疑。可见，选择恰当的网络广告形式非常重要。

2. 站点推广

企业要推广自己的网站，一定要增加网站的曝光度，以下几种方式是目前较为有效的：

（1）EDM。EDM（Email Direct Marketing）即电子邮件营销，是在用户事先许可的前提下，通过电子邮件的方式向目标用户传递价值信息的一种网络营销手段。EDM营销有三个基本因素：用户许可、电子邮件传递信息、有价值的信息，三者缺少任意一个都不能称为有效的电子邮件营销。

电子邮件营销是利用电子邮件与受众客户进行商业交流的一种直销方式。同时，也广泛地应用于网络营销领域。电子邮件营销是网络营销手法中最古老的一种，可以说比绝大部分的网站推广和网络营销手法都要古老，但也是与客户的接触最深入、全面的，属于一对多的营销模式，但可以得到一对一的用户反馈，对企业的品牌建设有很大的帮助。

（2）链接互换。这是网站的重要推广手段之一，也称交换链接或互惠链接,是具有一定互补优势的网站之间的简单的合作形式。合作网站分别在自己的网站上放置对方网站的LOGO或网站名称,并提供对方网站的超级链接,使得用户可以从合作网站的各方都能够发现合作方的网站,达到网站间互相推广的目的。这种方法在网站推广初期效果显著,也是国外网络营销常用的方法之一。

在中国,根据互联网络信息中心统计,经过一年多的下跌之后,2011年下半年,网站规模显现出稳步回升的势头,截至2011年底,网站规模达到229.6万个,较2010年底增长了20%,并有望进入一个新的增长周期。与此同时,".cn"域名的注册量也开始上升,2011年底注册量达到353万个,较2011年中增长2.6万余个。可见,从成千上万的网站中脱颖而出是网站成功实现营销目标的前提。每个企业的网站均有自己的资源,表现为:一定的访问量、注册用户信息、有价值的内容和功能、网络广告空间等,利用网站资源与合作伙伴开展合作,可以实现资源共享、优势互补和共同扩大收益的目的。在这些资源合作形式中,交换链接是最简单的一种。

(3) SEO和SEM。SEO(Search Engine Optimization)是"搜索引擎优化"的英文缩写,是指通过采用易于搜索引擎索引的合理手段,使网站各项基本要素适合搜索引擎的检索原则;通过对网站结构(内部链接结构、网站物理结构、网站逻辑结构)、高质量的网站主题内容、丰富而有价值的相关性外部链接进行优化,从而使网站及搜索引擎更加友好,更容易被搜索引擎收录及优先排序。比如,通过总结搜索引擎的排名规律,对网站进行合理优化,使企业的网站在百度和Google的排名提高,让搜索引擎给企业带来客户。通过SEO这样一套基于搜索引擎的营销思路,为网站提供生态式的自我营销解决方案,让网站在行业内占据领先地位,从而获得品牌收益。自2002年谷歌搜索引擎、百度搜索引擎先后开辟了这种新的营销模式以来,互联网用户从最初被动地接受一些广告的推送,到现在对某些事情感兴趣而去主动搜索,其行为习惯已经发生了变化。

SEM(Search Engine Marketing)即搜索引擎营销,是一种新的网络营销形式,即全面而有效地利用搜索引擎来进行网络营销和推广。SEM追求最高的性价比,提倡以最小的投入在搜索引擎中获最大的访问量,并产生商业价值。

通常,搜索引擎都是用积分的方法或可能相关性的方法,即搜索关键字在数据库文档中的重要性、重复次数、分布情况以及位置等从而确定网站的排名。但是，键入一个关键词往往会同时出现成千上万条信息，尤其在广告的搜索引擎中，广告主都想让自己的信息名列前茅，于是，一种以广告主付费的高低为标准，按降序的原则进行排名的方法应运而生，这就是对购买同一关键词的网站进行竞价排名，出价高的网站就能获得较靠前的排名。这也是搜索引擎营销的一种方式。

搜索引擎注册与排名是最经典的，也是最常用的网络营销方法之一。虽然近年来，搜索引擎的效果已经不像前些年那样有效，但有调查表明，搜索引擎仍然是人们发现新网站的基本方法。因此，在主要的搜索引擎上注册并获得最理想的排名，是在网站设计过程中就要考虑的问题之一。网站正式发布后，应尽快递交给主要的搜索引擎，这是网络营销的基本任务。

3. 网上销售促进

网上的销售促进与实体市场一样，都被企业重视，被消费者青睐。网上销售促进方法通常有以下几种：

（1）有奖销售。网上有奖销售，通常是指在网上进行有奖竞赛、摇奖活动、或有奖参与某些项目等，这些活动可以给网站带来海量的访问流量。需要注意的是，开展这些有奖促销的产品是否适合在网上销售和推广。如果产品本身不适合在网上推广，那么这些促销活动只能带来访问量，而不能带来实实在在的销售量。

（2）拍卖促销。网上的拍卖市场是新兴的市场，由于在空间和时间上都不受限制，所以能吸引大量的消费者参与。拍卖促销就是将产品在网上进行不限制价格地拍卖，目前我国有许多电子商务公司提供这种服务。

（3）免费资源促销。免费资源促销就是通过提供访问者感兴趣的资源，吸引大量用户参与，提高站点流量并从中获取收益。免费资源促销适用于一些易于通过网络传输的产品，比如许多软件开发商为吸引顾客购买软件，允许顾客在网上下载软件使用，而顾客可以在一定期限后再决定是否购买。这种方式是网络促销的制胜法宝之一。

4. 网上公共关系

网上的公共关系一般可以用病毒式营销来概括。病毒式营销就是利用一些网络媒体，或与其他媒体合作，将营销信息快速渗透到各受众群体。由于它的信息传播具有快速、广泛、方式简单等特征，犹如病毒进入人体便会迅速发散到各个部位一样，所以，这种借助信息的快速传播的营销方式被形象地称为病毒式营销。

（1）博客营销。博客营销是一种通过博客网站或博客论坛接触博客作者和浏览者，利用博客作者个人的知识、兴趣和生活体验等传播商品信息的营销活动，常用于企业与用户之间的互动交流以及企业文化的展示。一般以行业评论、工作感想、心情随笔和专业技术等作为企业博客的内容，以增强用户对企业的信赖。

博客营销可以是企业自建博客，也可以通过第三方BSP来实现，企业借此博客与消费者沟通、发布企业新闻、收集反馈和意见、实现企业公关等。虽然这些博客的内容没有直接宣传产品，但是让用户接近、倾听并与之交流的过程本身就是最好的营销手段。企业博客与企业网站的作用类似，但更随意，并有低成本、贴近大众、新鲜等特点，往往会引起众人的谈论，达到良好的二次传播效果。博客营销的主观性较强，博主通常能够影响到的人群都是博主个人或企业的粉丝甚至拥护者，一旦实施营销，其效果通常很好。

对企业而言，博客营销的主要作用有：① 能够更快发布或更新企业、个人的相关概况和信息；② 密切关注并及时回复平台上客户对于企业或个人的相关疑问以及咨询；③ 帮助企业零成本获得搜索引擎的较前排位，以达到宣传目的；④ 有利于建立用户忠诚度。

（2）SNS营销。SNS（Social Networking Services）即社会性网络服务，专指旨在帮助人们建立社会性交往的互联网应用服务，主要是为一群有着相同兴趣与行动的人创建在线社区。多数社交网络会提供多种让用户交互的方式，如聊天、发信、影音、文件分享、博客、讨论组群等。SNS社交网络营销模式的迅速发展恰恰在于它符合了网络用户的真实需求，包括参与、分享和互动。它代表了现代网络用户的特点，也是符合网络营销发展的新趋势，没有任何一个媒体能够把人与人之间的关系拉得如此紧密。

社交网络的出现，让企业家可以轻松地建立人际关系，使自己的市场始终赢得顾客的关注与参与。在SNS社区中，更重要的是关系而不是内容。网站与用户之间的关系，以及用户之间的关系都发生了彻底的改变。用户因为共同的话题聚集在网站上，而同一个网站的用户也很容易因为共同的爱好而在网站内形成更

第十章 网络营销

小的圈子进行深度交流。

传统的SNS营销思路是直接把SNS网站当作一个普通的媒体来应用。但从实际操作上看，这种作法的效率极低，并且低估了SNS的营销潜力。SNS网站的用户是因为某种关系而聚集在同一社区中，不是因为广告的内容有多精彩。这也显示了网络媒体与传统媒体的重大差别，即权力中心的位移，尤其在社区营销中，媒体不再是主导者，用户甚至是用户的关系才是整个价值链条中至关重要的因素。常用的SNS营销方式有："马甲"互动、活动事件、权威知识、行业话题、视频分享、兴趣群组和第三方软件等。

但SNS营销也存在盲点和诸多问题，如没有清晰的社交营销战略、信息不连贯、回复不及时、错失品牌推广机会、视野受限等，从而导致了该营销模式中的不确定性结果。尽管如此，社交媒体仍然成为不可或缺的营销网络，因为它们已然成了亿万用户趋之若鹜的平台，那些融入社交网络的品牌更容易吸引新的顾客和被人们接受。

（3）微媒体下的网络营销。这里的微媒体是指移动互联网。移动互联网与社交网络的兴起将大数据带入了新的征程，互联网营销将在行为分析的基础上向个性化时代过渡。微媒体网络营销，就是指以移动互联网络媒体为载体的营销活动。通过一些网络监测的软件包括监测代码的安放，可以很明确地看到消费者的行为路径，哪些流量在变现，哪些流量正在流失，都可以被监测到并应用于企业的营销决策。实际上，这种模式是传统的媒体传播在微媒体上的实现，如通过播客、微博、微信，还有一些依托深化媒体营销的终端，如电子杂志，或者基于热门微博的一些其他客户端推送传播的内容。目前常用的微媒体以微博和微信的潜力为最大，即Web3.0加4W的微媒体模式，其中Web3.0是Web1.0和Web2.0功能的叠加，某种程度上避免了网络传播迅速却可信度不高的弊端。

一是微博营销。微博营销是企业以微博作为营销平台，以每一个受众（粉丝）为潜在营销对象，通过更新自己的微博向其传播产品信息，树立良好的企业形象和产品形象的一种网络营销方式。通常，企业每天更新微博内容，或者发布大家感兴趣的话题，获得粉丝的关注，通过交流互动达到传播信息、增进感情、提升口碑的目的。

微博营销的主要功能在于，利用微博的独特魅力联络客户、构建品牌形象、调动粉丝以增加企业网页的浏览量。微博营销的目的主要是实现品牌形象的建立和传播、产品的曝光和市场推广；树立行业影响力和号召力，引导行业良性发展；传播企业价值观，发现目标客户；完成客户转化和订单销售、全面分析营销效果等。在微博营销中，传统的促销手段如广告常常被忽略，重点在于沟通的内容或主题。在进行微博营销的初期，企业往往习惯于用传统的营销思维制定策略，如以有奖活动聚集粉丝等。实际上有很多更好的方法，如发布产品知识、搜索关键词、开展话题讨论，找到对特定关键词和话题感兴趣的受众，积极与之互动，激发其热情，更符合微博营销的本质。微博营销的出现，使更多的企业将网络营销的目光聚焦于个人用户。据统计，2013年微博个人用户的市场规模约为110.9亿元人民币，竞争也进入了白热化阶段，因而发展速度明显趋于缓慢。

相比之下，此时的企业级移动应用被忽略了。2012年3月21日，新浪联合CIC发布的"企业微博白皮书"称，截至2012年2月底，共有130565家企业开通了新浪微博。其中，餐饮美食类企业独占鳌头，以近5万个企业微博账号排名第一。而汽车交通（以汽车经销商为主）类为7 546个、商务服务类为7 212个、电子商务类6 594个、IT企业6 047个。与此同时，其市场规模正以50%的增幅高速发展。其中，教育部门、政府部门以及金融、电信等行业对于微博营销的需求较大，均占总需求比例的10%以上。但是，面对如此广阔的企业级应用市场，目前尚未能通过某种商业模式来解决开发者与有开发需求的企业的营销目标。对于中小企业而言，微博营销显然是一个非常理想的营销环境，无论是提高企业知名度还是产品销售额，都是一个拥有巨大潜力的平台。

二是微信营销。微信是腾讯旗下当前比较火爆的一款手机通信软件，支持发送语音短信、视频、图片和文字，还可以群聊。企业利用微信平台中大量的用户，借助微信所具有的诸多沟通功能开展一系列营销活动，就是微信营销。

微信一对一或一对群的交流方式具有良好的互动性，在精准推送信息的同时更能形成一种朋友关系。基于微信的种种优势，借助微信平台开展客户服务和营销，已成为继微博之后的又一新兴营销渠道。根据2013年11月微信公布的官方统计数据，国内外月活跃用户超过2.7亿。其中，微信公众帐号在15个月内增长到200多万个，每天保持8 000个的增长，以及超过亿次的信息交互。

第十章 网络营销

相比而言,微博的特性更适合于企业品牌的传播。作为企业或组织的自媒体,其传播的速度和广度都是惊人的,但由于微博是企业将信息推向受众,受众被动搜寻信息,所以其传播的深度与微信相比略显欠缺。而且,微博的信息瞬时滚动,不断更新,所以信息的曝光率极低,企业的广告信息很容易被湮没在其中。而微信是定向的,是建立在一定的社会关系基础上的移动信息,受众主动获取信息,所以在微信朋友圈内的信息曝光率是100%,而且还可以实现用户分组、地域控制等类型的精准消息推送。所以,企业如果努力策划每一则文案,控制好发送频次与发送的内容质量,一般来说用户不会反感,并有可能转化为忠诚的客户,从某种角度上讲,微信公众平台上的粉丝质量要远远高于微博粉丝。

微信营销的主要功能可以归纳为以下几种:

第一,精准的点对点营销。利用微信的庞大用户群,借助移动终端、天然的社交和位置定位等优势,让每个个体都有机会接收到信息,继而帮助商家实现点对点的精准化营销。

第二,灵活多样的信息发布方式。可以通过"漂流瓶""扔"出语音或文字信息,用户只要"捞"到即可进行对话。这就使信息的受众在接受信息的同时也感受到了乐趣。

第三,强关系网络的发展机遇。强关系理论是由美国社会学家格兰诺维特(Mark Granovetter)提出的。他认为,个人的人际关系网络可以分为强关系网络和弱关系网络两种,强关系指的是个人的社会网络同质性较强(即交往的人群从事的工作、掌握的信息都是趋同的),人与人的关系紧密,有很强的情感因素维系着人际关系。微信的点对点产品形态注定其能够通过互动的形式将普通关系发展成朋友性质的强关系,从而产生更大的效应。企业可以通过微信的互动形式,如聊天、解答疑惑、讲故事甚至"卖萌",与用户建立联系,采取一切方式让企业与潜在消费者形成朋友关系,增进信任。

三是移动App营销。App是Application的缩写,是指智能手机的第三方应用程序。在App软件的应用初期,它只是作为一种第三方应用的合作形式参与互联网的商业活动。随着互联网的开放程度越来越大,App与移动应用系统盈利模式共存的思想开始被越来越多的互联网业大亨所重视。如淘宝网开放平台、腾讯微博开发平台、百度应用平台等都是App思想的具体表现者。一方面,它可以积聚不同类型的网络受众；另一方面，可以借助App平台获取流量，包括大众流量和定向流量。移动App形态的演变，至少在三个方面重新定义了网络营销的对象和内容：

第一，App归档模式的变化。在此，小众行业被归档和重新定义。如室内装修业、KTV行业、美容美发业、餐饮行业等都可以通过App的应用建立自己的粉丝群。

第二，碎片化社交。App可以将用户分群，点到为止且形成优质的交流，对活跃用户气氛具有重要的意义。

第三，交互设计创新。它基于与用户的互动模式来实现线上设计创新，是企业的创意源泉。

App营销的功能可以分为"全功能包含品牌"和"单一功能展现品牌"两大类。"全功能包含品牌"是指一款App里包含了除品牌推广以外的多种其他功能。如上海的全家便利店推出的App，提供产品信息、门店信息、卡路里测算、选餐机等多种服务功能。而"单一功能展现品牌"则是指一款App实现一个功能，可以是推广品牌文化，可以是发布产品信息，也可以是一款小游戏等，功能单一，清晰明确。

本章小结

网络营销是指企业借助互联网进行的相关营销活动。由于目前的互联网用户具有年轻化、富裕程度高、个性化程度高、好胜而缺乏耐心等特点，所以，没有理由说哪些产品不能在网络上开展营销活动，并使得在网络上开展营销活动的产品具有易于作出购买决策等特点。企业开展网络营销，必须建立和巩固其顾客网络，并通过一对一的定制营销来巩固这一顾客网络。但是，企业开展网络营销应具备一些要素才能获得成功，例如提供个性化服务，开展互动式营销，实践关系营销，利用虚拟化策略，为顾客提供购物安全感等。网络营销虽然对企业和个人都产生了重大影响，但无论从国际还是国内的情况看，都存在着诸如安全、税收、法律、观念、文化等问题。

本章思考题

1. 网络营销的适用性有哪些？

第十章 网络营销

2. 网络营销的主要功能有哪些？
3. 网络营销的基本模式和主要方式有哪些？
4. 什么是博客营销？什么是搜索引擎营销？
5. 什么是微媒体营销？目前的微媒体营销主要有哪些方式？
6. 案例研究：

"李宁"公司的网络营销

运动品牌"李宁"是运动服装市场上的一大巨头，但在品牌上总被耐克和阿迪达斯压制；在销量上又有"安踏"这样的民族企业紧随其后。随着市场发展，竞争日趋白热化，"李宁"所面临的前有堵截后有追兵的尴尬境地越来越明显。加上金融危机的袭击，运动服装市场的竞争就显得更为血雨腥风。

一开始，"李宁"并没有盲目地开通自己的B2C官网，而是把自己的第一个网上商店放到了淘宝网上。同时，对淘宝上原有的C2C卖家也没有一棍子打死，而是结合网络用户的购物习惯，聪明地采用了"先招安，后整治"的办法。在淘宝商城开业两个月后，李宁B2C的官网才姗姗来迟。电子商务方面，"李宁"没有采用多数服装品牌（如佐丹奴、报喜鸟等）的自建电子商城型网络直销，而选择了将网络渠道外包，其淘宝网旗舰店和折扣店只能算作一个展示平台。在此过程中，"李宁"通过核心团队的自建和支持团队的外包相结合，打造了一支完整的B2C团队；而物流、资金流方面，李宁电子商务部门已经通过对内、外部机制的改革，迅速满足了电子商务高速运转的需要。现在，李宁公司已经拥有了中国最大的体育用品分销网络。在建立网络渠道之前，李宁公司还进行了一系列策划工作，包括网络营销前的品牌特性分析和目标群体分析，网络营销渠道选择和建设，网络营销体系如信息系统、配送系统、购物系统、支付系统、数据库等方面的建设，并对网络渠道采取一系列管理措施，如渠道推广和渠道协调等。在这套B2C体系的构建过程中，公司敏锐地捕捉到了用户网络购物的关键节点，并有针对性地对终端消费者关注的问题——进行了解决。

李宁公司开展网络营销的简单历程如下：

2007年8月，林砺加盟"李宁"，"李宁"决定开始进入电子商务领域；

2008年1月，李宁公司的电子商务部正式成立；

2008年4月，李宁官网在淘宝商城上线；

2008年底,李宁公司收编了400多家网络加盟店,总销售额达到2亿元人民币;

2009年以来,李宁公司对网络商店进行统一规划,为各网店提供专用的CI和VI系统……

思考与讨论:

(1)李宁公司的网络营销遵循了哪些营销学原理?

(2)李宁公司网络市场的目标消费群是哪类消费者?

(3)还可以利用哪些网络营销的方式更好地与该公司的目标消费群体增进互动?

本章参考文献

1. 瞿彭志:《网络营销》,高等教育出版社2004年版。

2. 陈拥军、孟晓明:《电子商务与网络营销》,电子工业出版社2012年版。

3. 彭进清:《我国网络营销发展的现状障碍与对策》,《商场现代化》1999年第11期。

4. 叶舟:《信息化环境下企业市场营销模式创新》,《现代营销(学苑版)》2011年第1期。

5. 欧阳浩男、李虹:《论网络营销及其发展趋势》,《市场论坛》2004年第12期。

6. 梁红波:《市场营销与网络时代》,《濮阳教育学院学报》2001年5月第2期。

7. 吴海威:《网络营销策略分析》,《海南广播电视大学学报》2009年第3期。

8. 周凯:《网络营销发展趋势浅谈》,《互联网周刊》2008年第10期。

9. 韦秀:《电子商务环境下企业营销的变迁》,《中小企业管理与科技(下旬刊)》2010年第10期。

上海大学出版社
实用经济管理专业规划教材

《管理学》（已出）：
从企业管理的实际出发，为读者提供更具实践指导价值的管理思想和方法，并通过案例分析、管理实践认知和自我学习，加深对现有管理理论和方法的理解。

《现代物流管理》》（已出）：
紧扣现代物流业的发展趋势，系统介绍了现代物流的基本理论和基本知识，对现代物流发展的热点问题予以密切关注，内容丰富，体系完整。

《组织行为学》（已出）：
摒弃了一些复杂的组织行为学理论，以深入浅出的写作风格，将组织行为学的基本概念和知识介绍给读者，并辅以简单的案例让读者能更好地理解和应用这些知识。

《经济法》（已出）：
依据国家最新立法信息编写，立足于实践岗位对经济法知识与应用能力的需要，合理取舍，内容简洁但重点突出，选用经典案例，实现理论与实践、法律与案例的有机结合。

《管理经济学》（已出）：
摒弃了一些复杂的理论分析，按照管理经济学的核心内容，用通俗易懂的语言进行阐述，所选案例新颖、实用，便于学生理解、应用。

《国际贸易理论与实务》》（已出）：
紧扣当前国际贸易的实践，从理论和实务两个方面系统介绍了国际贸易的各个方面，引用大量案例，重视基本技能的训练和学生实践能力的培养。

《财务管理基础》（已出）：
吸收最新的财务规则和财务方法，以通俗易懂的语言进行介绍；着力于在假设确定性的未来环境下的财务管理问题；设计不同类型的练习题，非常适合财务管理初级课程的教学和学习。

《运输管理与实务》》（已出）：
采用任务引领、项目驱动、案例分析、模拟实训相结合的编写方式；培养学生运输计划编制、运输方案决策、运输过程组织三大技能；结合企业实际工作流程，分解为七个任务驱动项目。

《企业文化新教程》（已出）：
系统地介绍了企业文化的塑造与传播、企业文化与品牌、文化营销的关键、企业文化评价体系的构建思路、S管理理论原理及应用条件等内容，并附有《福建企业文化评价体系》，可供企业文化建设参考使用。

《管理技巧开发》（已出）：
本教材立足于高校学生的知识背景和人生阅历，立足于国际化和大学生社会需求的结构性要求，介绍十个基本管理技能的原理以及技能开发的练习，旨在培养基本的管理素养。

《人力资源管理》(2014年5月)：根据国际通用的人力资源管理理论分析框架，紧扣中国劳动力市场运行的实际特点，阐述完整全面的人力资源管理基本概念及相关技术方法。突出可读易懂及理论与实践紧密结合的实用性特点。

《基础会计》(2014年5月)：介绍会计的基本概念、凭证、账簿和财务报告，并按照资产、负债、所有者权益、收入、费用和利润的顺序介绍了基本经济业务的会计处理。

《市场营销理论与实务》(2014年5月)：立足于实践，以社会需求为中心，特别是在把握中国本土特色的前提下，系统介绍与掌握市场营销的理论、方法与创新。

《战略管理》(2014年5月)：基于经济全球化、信息化和服务化发展的背景，介绍战略管理的基本概念、原理、方法和工具。

上海大学出版社
实用经济管理专业规划教材

随着我国高等教育事业的迅速发展,应用型院校本、专科学生的规模明显扩大,与全日制教育密切相关的成人教育也发生了显著的变化。为了配合高校专业调整和成人教育管理的改革,上海大学出版社特推出这套《实用经济管理专业规划教材》。

与以往的经济管理专业教材相比,本套教材具有以下特点:一是本着"必需与够用"的原则,压缩教材内容,强调各门课程中最基本、最实用的章节,简洁实用;二是引用丰富的案例,列举我国现实经济生活中的现象和事实,并通过网络导航和其他书刊的介绍帮助学生获取更多的案例信息;三是启发和引导学生将理论应用于实际,每章后都设置练习题,帮助学生全面理解、学以致用。因此,本套教材较好地体现了高等教育"十二五"规划纲要提出的加快教育改革发展,全面实施素质教育,提高学生就业的技能和本领的要求,既适合作为应用型院校和成人教育学院教材,也适合广大爱好者自学。

书名	主编/作者	出版日期
管理学	贡小妹　林英晖	2014年1月
现代物流管理	徐勇谋　郭湖斌	2014年1月
管理经济学	聂永有	2014年1月
经济法	王燕华	2014年1月
国际贸易理论与实务	董勤　朱珠	2014年1月
组织行为学	林英晖	2014年1月
财务管理基础	戴书松	2014年1月
市场营销理论与实务	马进军	2014年5月
战略管理	李怀勇	2014年5月
人力资源管理	胡晓龙	2014年5月
基础会计	曹雅姝	2014年5月
电子商务通识教程	戴德宝	2014年5月
运输管理与实务	吴小燕	2013年7月
外贸实用速查手册	王佳	2012年1月
财政学	孟一坤　朱立芬　王瑞兰	2011年11月
外贸英语口语	潘锡娟	2011年8月
管理技巧开发	吕康娟	2011年9月
计量经济学	应益荣	2012年9月
企业文化新教程	吴声怡　谢向英	2012年9月